河南省教师教育课程改革研究项目（2025-JSJYYB-064）与河南省专业学位研究生精品教学案例项目（YJS2022AL116）资助

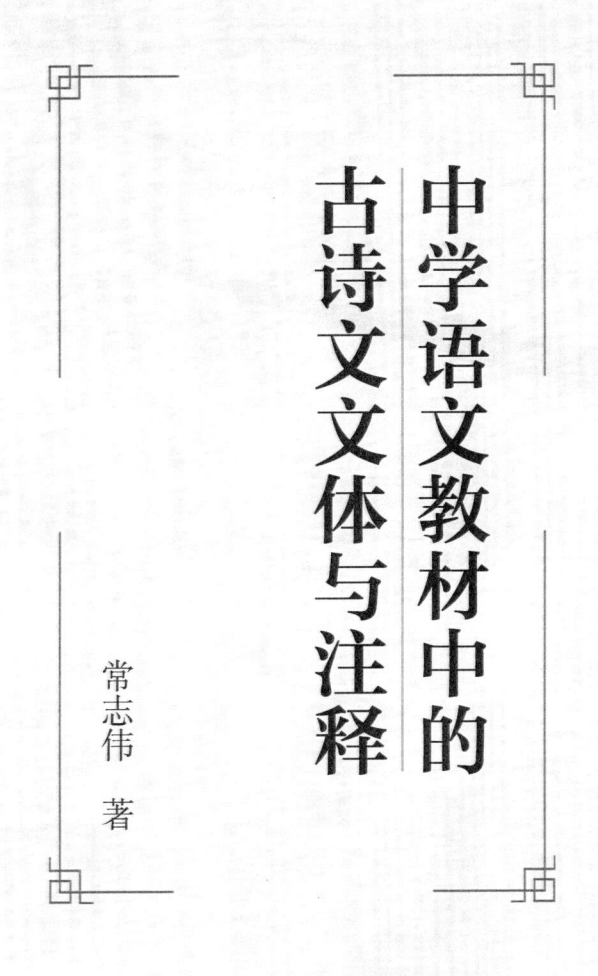

中学语文教材中的古诗文文体与注释

常志伟 著

中国社会科学出版社

图书在版编目（CIP）数据

中学语文教材中的古诗文文体与注释 / 常志伟著. -- 北京：中国社会科学出版社，2025. 7. -- ISBN 978-7-5227-5102-3

Ⅰ. G633.302

中国国家版本馆 CIP 数据核字第 2025PF2765 号

出 版 人	季为民
责任编辑	安　芳
责任校对	张爱华
责任印制	李寡寡

出　　版	中国社会种学出版社
社　　址	北京鼓楼西大街甲 158 号
邮　　编	100720
网　　址	http：//www.csspw.cn
发 行 部	010 - 84083685
门 市 部	010 - 84029450
经　　销	新华书店及其他书店
印　　刷	北京明恒达印务有限公司
装　　订	廊坊市广阳区广增装订厂
版　　次	2025 年 7 月第 1 版
印　　次	2025 年 7 月第 1 次印刷
开　　本	710×1000　1/16
印　　张	14.75
字　　数	235 千字
定　　价	79.00 元

凡购买中国社会科学出版社图书，如有质量问题请与本社营销中心联系调换
电话：010 - 84083683
版权所有　侵权必究

目　录

绪　论 ……………………………………………………………… (1)
　一　选题缘由 …………………………………………………… (1)
　二　研究意义 …………………………………………………… (4)
　三　研究现状 …………………………………………………… (4)
　四　研究目标 …………………………………………………… (8)
　五　拟解决的关键问题 ………………………………………… (9)
　六　研究方法 …………………………………………………… (10)

第一章　古代文体概述 ……………………………………… (11)
　第一节　古代散文 ……………………………………………… (12)
　第二节　古代骈文 ……………………………………………… (18)
　第三节　辞赋 …………………………………………………… (28)
　第四节　近体诗格律 …………………………………………… (34)

第二章　古书的用字概述 …………………………………… (44)
　第一节　古今字 ………………………………………………… (44)
　第二节　异体字 ………………………………………………… (48)
　第三节　通假字 ………………………………………………… (51)

第三章　初中语文古诗文文体概述与注释问题 …………… (55)
　第一节　七年级上册 …………………………………………… (55)

第二节　七年级下册 …………………………………………（65）
　　第三节　八年级上册 …………………………………………（70）
　　第四节　八年级下册 …………………………………………（77）
　　第五节　九年级上册 …………………………………………（86）
　　第六节　九年级下册 …………………………………………（92）

第四章　高中语文古诗文文体概述与注释问题 ………………（104）
　　第一节　必修上册 ……………………………………………（104）
　　第二节　必修下册 ……………………………………………（111）
　　第三节　选择性必修上册 ……………………………………（119）
　　第四节　选择性必修中册 ……………………………………（124）
　　第五节　选择性必修下册 ……………………………………（128）

第五章　中学古诗文教学中的文体与注释系统的应用 ………（133）
　　第一节　文体与注释系统 ……………………………………（133）
　　第二节　文体与注释系统的应用 ……………………………（138）

附录　注释问题个案研究 …………………………………………（142）

结　语 ………………………………………………………………（222）

主要参考文献 ………………………………………………………（225）

绪　　论

一　选题缘由

当前，中学语文教学使用的教材全部是温儒敏先生任总主编、由人民教育出版社出版的新版部编版教材。新教材较之之前的人教版教材无论是选文还是编排都有较大变化。鉴于此，我们先对调研学校（周口一高、淮阳羲城中学、商水县阳城一中、西华县奉母一中）所使用的新版语文教材古诗文部分的教学内容和方法进行了调查研究，教学内容方面主要从古诗文的体裁、时代性、随文注释方面进行考察，并归纳概括出当前中学古诗文教学所使用的教学方法，旨在通过调研为当前中学古诗文教学提供些许有针对性的参考性资料。

当前，中学语文现代文阅读与教学中非常重视文章的体裁分类，如记叙文、议论文、说明文、写景散文、小说等。每种体裁都概括出了各自的写作特点以便于师生把握。记叙文一般包括六个要素：时间、地点、人物与事件的起因、经过、结果；议论文的三要素分别为论点、论证、论据，论证方法主要有实例论证、正反对比论证、因果逻辑论证等；说明文主要包括说明对象、说明方法等，说明方法主要有举例子、分类别、列数字、作比较、打比方等；写景散文的核心特点是"形散神聚，情景交融"，写景的目的是抒情，什么样的景抒发什么样的情是文章的主要把握方向；小说的三要素是人物、故事情节和环境，环境包括社会环境和自然环境。这些现代文的文体特点可为教师的教和学生的学提供较好的思路和抓手。

相对而言，当前中学古诗文教学中的文体意识并不明显，通常把古诗文统称为文言文。这种不区分时代、文体"一锅煮"的讲解方式不利于教师的教和学生的学。基于此，我们从选文的时代性和文体特点入手，对统编版中学语文教材中的古诗文进行研究，在此基础上对当前中学古诗文教学模式进行调查，然后针对当前古诗文教学中存在的一些问题，提出一些建设性意见。

古今文体，有同有异，相较之下，异大于同。即使相同的文体，其形式、特点也古今有别。如同属韵文的古诗与新诗，其形式很不一样。另有一些古代文体，现在已基本消亡，可它们在特定的历史时期内却产生过重大影响，今天学习古代作品时还要接触这些文体，如骈文和应用文等。所以，学习古诗文时，了解古代文体的特点及其演变情况，对古诗文的学习是很有必要的。

古代文体是指古代文章的体裁，即古代文学作品的表现形式，可以按照不同的标准来分类：根据有韵无韵可分为韵文和非韵文，根据结构和语言形式可分为诗词、戏曲、散文、小说等。每种体裁的文学作品都有自己特定的结构形式和语言特点。统编版教材的文体系统是指统编版课本中所有古诗文的体裁类别与特征。古诗文的注释系统，是指统编版教材中所有古诗文随文列出的解释字句的文字。

2017年9月，教育部组织编写的新版中小学语文教材古诗文比重大幅增加，相关统计表明，小学语文教材较之于原来的人教版教材增幅达80%，中学语文教材中古诗文选篇所占比重在所有选篇中达50%以上。《义务教育语文课程标准（2022年版）》指出："教材选文要体现正确的政治导向和价值取向，文质兼美，具有典范性，富有文化内涵和时代气息。题材、体裁、风格要丰富多样，各种类别配置适当，难易适度，适合学生学习。"[①] 可见，当前中学古诗文教学中也要让学生根据各种体裁的特点来把握古诗文的内容，而当前古诗文教学中体裁意识普遍不强，有的甚至一律统称为"文言文"。总体而言，教材的古诗文注释做到了简明、准确、稳妥，但由于参编者众多，成书时间不一，偶有疏漏，在所

---

① 中华人民共和国教育部制定：《义务教育语文课程标准》，北京师范大学出版社2022年版，第52页。

难免。指出不足之处，就一些疑难问题展开讨论，是广大语文工作者共同的义务，巧妙地利用这些注释可以训练学生的思维能力。

有鉴于此，本书从体裁、时代性和随文注释的精确性方面对当前中学语文教材中的古诗文进行系统考察，根据不同的文体类别，分别归纳出各类文体的特点，为因体施教、精准释读和有针对性的教学方案设计提供帮助。

古代常用的文体是丰富多彩的。首先，就同一时代而言，文体种类就相当繁多。南朝梁代昭明太子萧统的《昭明文选》除去诗歌和辞赋，共把文章分为三十六类，大体都是南朝齐、梁时期所具有的。其次，就同一文体在历史上的演变看，也是复杂的。原来的某种文体，到后代可能发展为几种。例如臣子给最高统治者的书信，在秦时只称"书"，到后来逐渐有了奏、疏、议、章、表、启、对、策、劄子、奏折、封事等许多名目。这里面有些是不同时代所产生的不同名称，有些是某个时代特有的文体，到后代就消失了。尽管存在着这种新陈代谢现象，文章体裁的由少到多，分类由粗到细仍然是文体发展的总趋势。

这里还有一个值得注意的问题就是，古代文体中的同名异实与同实异名现象。同名异实是指文体的名称相同，实际上所指却不是同一体裁。例如同是"铭"，但"座右铭"和刻在一些器物上的铭不同；同是"赞"，但史书中的传赞和后来的画赞不同。同名异实则与此相反：虽然名称不同，其实是同一体裁。例如"墓碑"与"墓碣"，只是所立的石版形制有别，文章体裁却无二致。

我国对于文体的研究，一般认为，始自魏、晋，到齐、梁时就有了很高的成就。这是由于从魏、晋起，作家的单篇作品大量涌现，并且形式多样化了。关于文体归类的分歧也就从这时开始了。之所以产生这种现象，主要是归类的标准不同。例如史书中的"传赞"，有人归入"颂赞"，有人归入"史论"。这是因为从班固的《汉书》开始，每篇"传"后面的补充或议论文字前面都加了"赞曰"二字的缘故。若着眼于形式，不妨说它是"颂赞"一类；若究其实质，却都是史论，观察的角度不同，归类也就各异。

古代研究文体的著作，既然是为人们学习写作服务的，所以比较注重文体的起源以及写作的注意事项等。今天了解古代文体的知识是为了有助于阅读和欣赏古代作品,因此,我们的着眼点放在各种文体的特点方面。

二 研究意义

(一) 理论意义

当前的中学语文教学文体研究大多集中在现代文层面,有关现代文体的研究不但成果多而且相当有深度,相较之下,古代文体的研究则相对不足。能够将古代文体的相关研究成果与中学语文古诗文教学巧妙结合的研究成果更是鲜见。本书致力于将中国古代文体特点与中学古诗文教学的深度融合研究,总结其规律,力求在理论层面上寻求突破。这将有助于丰富中国古代文体研究的相关成果,有助于为当前的中学语文古诗文教学提供文体方面的参考资料。对当前学界有争议的随文注释进行研究,对这些注释的合理利用可以训练学生的思维能力并有助于统编版中学语文教材的进一步修订完善。

(二) 实践意义

根据古代文体的特点来进行古诗文教学,从语用层面解读古诗文,凸显不同文体的特定用途,有助于丰富教学内容,提升教学效果;将古代文体与中学语文古诗文教学结合,可以提升师生的文体知识水平,准确把握不同文体的特点,明确作者的写作动机,有利于激发学生的学习兴趣;思维能力的培养是当前语文核心素养中非常重要的一个方面,对当前学界有争议的随文注释进行研究,有助于训练学生的思辨能力,提升思维品质。

三 研究现状

我国古代文体的研究最早可追溯到三国曹魏时期曹丕的《典论·论文》,曹丕将文体分为四类:奏议、书论、铭诔、诗赋。此后文体发展的总趋势是:分类由粗变细,由少到多。晋代的挚虞在《文章流别论》中将文体分为四十一类;南朝梁代的刘勰在《文心雕龙》中将文体分为七十八类;南朝梁代萧统的《昭明文选》将文体分为三十九类;到了明代,徐师曾的《文体明辨》竟达到了一百二十种。就为了欣赏古代的作品、了解各类文体的特点而言，分类过细，就很难系统把握，自然失去了分类的意义。直到清代姚鼐编的《古文辞类纂》，才有了以简驭繁的分类法。他把文章分为十三类，性质和功用相近的归并在一起，标以能够代表这一类共性的名称，在他的序里，又逐一概述了各类的特点，的确有助于读者掌握。

近几十年来，有关中学古诗文教学的文体和注释系统研究，主要集中在以下三个方面。

第一，古诗文文体教学意义研究。将古代文体知识融入古诗文教学之中，意义重大。20世纪90年代，学界已经意识到古诗文教学要从文体出发。王国彬（1994）最早提出文言文教学要注意文体，总结出了古代应用文这类文体特点①。刘世友（1994）提出古文教学要区分文体。近十余年来，文体学视域下的中学古诗文教学得到了更加深切的关注②。伏斐（2010）强调，教师教学一定要含有文体意识，这样才能更高效率地使学生抓住文章思想内容③。张华（2013）以《赤壁赋》为例，指出教师应当抓住辞赋的文体特征进行教学，如《赤壁赋》的主客问答，抓住这一特点，从文体知识切入教学是保证阅读教学更有深度、更加有效的重要途径④。张君平（2014）以《阿房宫赋》为例，指出抓住文体才能教出文章特色⑤。孙占华（2018）提出，古诗词教学把握文体特征，有利于塑造学生审美人格，提高学生核心素养⑥。近几年来，研究的深度与细度进一步深化。黄成叔（2021）对部编版初中古代散文教学中的文体教学进行研究，认为区分古代散文的不同类别可以提升学生的分类思维能力和

---

① 王国彬：《中学文言文中的应用文体》，《中学语文教学参考》1994年第6期。
② 刘世友：《"古文体教学小札"补记》，《中学语文教学参考》1994年第5期。
③ 伏斐：《感悟文言不同文体教学方法的异同》，《湖北函授大学学报》2010年第1期。
④ 张华：《阅读教学设计要凸显文体特征》，《中学语文教学》2013年第12期。
⑤ 张君平：《关注文体特征 感受文言之美——以〈阿房宫赋〉为例谈文言文教学内容的确定》，《语文学习》2014年第1期。
⑥ 孙占华：《古诗词教学应凸显文体特征》，《汉字文化》2018年第15期。

整体感知能力①。张琴（2024）对部编版中学语文宋词教学进行研究，指出，立足宋词的词体特点，分析宋词的词牌特征、句法特征和章法特征可以提升学生对宋词的鉴赏力并可以为一线教师提供参考②。

第二，古诗文文体教学策略与文体性质研究。以学生语文核心素养培养为指引，将古诗文文体融入教学，以提升学生的古诗文鉴赏能力，需要巧妙的古诗文文体教学策略。李丽杏（2014）指出，文体教学要以明辨文体、体察体貌风格及诵读点拨为主③。王志营（2015）将文言文文体分为论说文、史传文、杂记文、应用文，指出教师在完成讲解字词、理顺文意的教学环节之后，向学生讲解其文体特征④。赵红艳（2017）指出，基于文言文文体的教学应当言、文、章、道并重，教学内容应当分为探究、诵读、比较三大部分⑤。许翠翠（2017）将文言文依据现代散文分类标准进行分类，共分为五类：记叙散文、游记散文、议论散文、人物传记和抒情散文，认为讲解古代叙事散文时要以故事情节为主；讲解古代游记类散文时要以情景交融呈现的特点以及方法为主；讲解古代议论文时要以论证的逻辑为主；讲解古代人物传记时要以人物为主；讲解抒情散文时要以感情的变化线索为主⑥。赵彬（2019）以《五柳先生传》的教学为例，提出传记类散文需弄清文体特点，根据"托传"功能进行教学⑦。范程鹏（2022）对部编版初中语文古诗词文体教学策略进行研究，概括出了"一辨、二读、三赏、四实践"的教学模式⑧。王亚男（2023）经过考察得知：小令均只在初中教材入选，而套数、杂剧、传奇

---

① 黄成叔：《部编版初中古代散文教学中的文体教学研究》，硕士学位论文，重庆师范大学，2021年。
② 张琴：《部编版中学语文宋词教学研究》，硕士学位论文，贵州师范大学，2024年。
③ 李丽杏：《高中文言文文体教学研究》，硕士学位论文，广西师范大学，2014年。
④ 王志营：《高中文言文文体教学研究》，硕士学位论文，河南大学，2015年。
⑤ 赵红艳：《基于文体特征的中学文言文教学研究》，硕士学位论文，青岛大学，2017年。
⑥ 许翠翠：《基于文体分类的高中文言文教学策略研究》，硕士学位论文，华中师范大学，2017年。
⑦ 赵彬：《从文体角度看中学阅读教学——以〈五柳先生传〉教学为例》，《西部学刊》2019年第6期。
⑧ 范鹏程：《部编初中语文古诗词文体教学策略研究》，硕士学位论文，东华理工大学，2022年。

剧本均只在高中教材入选。小令篇幅较短，形态近于短章诗词，学生在陆续背诵小令作品、掌握小令的文体特征后，才适宜进入套数、杂剧、传奇剧本的学习。这一安排也符合"小令—套数—戏曲"的文体逻辑①。吴怀东（2024）认为："《五柳先生传》历来被视作反映陶渊明个人生活与思想的代表作，具有'实录'性质。然而，传主信息的模糊性、行为的传奇性却表明此文并非陶渊明个人生活的如实记录。实际上，汉代以来兴起的史书'杂传'为其提供了基本的文体要素，此文人物的类型化、内容的虚构性、精神的娱乐性与思想的寄托性表明其并非典型的'杂传'，而是在'杂传'基础上发展出来的具有鲜明的小说因素或小说性质——兼具典型性、叙事性、虚构性和寄托性——是作为现代文体意义上的单篇小说唐传奇的'前身'。"②

第三，古诗文随文注释辨误研究。关于中学语文教材古诗文随文注释的辨误研究以单篇论文为主。许嘉璐（1980，1984）两篇文章分别从不明风习、不明古训、不明假借、不明词例、古今观念、古今礼仪制度不同等方面分别对当时中学语文课本的 40 余处古诗文随文注释提出了商榷③。汪维辉（1990）从沿袭旧注之误；旧注不误，新注反误；新增篇目中的注释问题三个方面对当时教材古诗文随文注释中 16 处错误提出了商榷④。李运富（2002）从语言文字规律、文情语境、逻辑事理和客观实际等几个方面来发疑解难，对当时教材古诗文随文注释中 20 处错误提出了商榷⑤。方一新（2006）从标注读音失误、解说文字失误、注释词义失误、串讲句义失误、注解语法失误五个方面指出了当时教材古诗文随文

---

① 王亚男：《中学语文教材中的古代曲体文学编选及教学启示》，《中学语文教学参考》2023 年第 5 期。
② 吴怀东：《陶渊明〈五柳先生传〉文体性质论》，《苏州教育学院学报》2024 年第 1 期。
③ 许嘉璐：《中学课本文言文注释商榷》，《北京师范大学学报》1980 年第 6 期；《中学课本文言文注释商榷（续）——兼论注释学的研究》《北京师范大学学报》1984 年第 3 期。
④ 汪维辉：《评新版中学语文课本文言文的注释》，《古汉语研究》1990 年第 3 期。
⑤ 李运富：《中学语文教材文言文注释应注意的几个问题》，《课程·教材·教法》2002 年第 11 期。

注释中的 20 处错误①。近年来，以单个注释探讨为主。王鑫、常志伟（2015）指出，教注为"打听消息"的"问讯"，其实应为"问候"义②。常志伟（2019）指出，《鸿门宴》中"翼蔽沛公"中的"翼蔽"应为同义连文③。常志伟（2022）针对教材近体诗中一些应注未注的多音字进行了辨析④。此外，还有一些硕士学位论文对注释的准确性和应用策略进行了研究，如陈浩（2010）⑤、尚善利（2015）⑥、陈海燕（2020）⑦等。

综上所述，学界对古诗文文体教学意义的认识较为深入，从文体特点入手，在单篇古诗文教学内容和教学策略研究方面提出了很多有见地的建议，能够有效解决教师古诗文教学时如何将文体知识融入其中的问题。在中学语文教材古诗文的随文注释的辨误研究方面以个案为主，有些讨论得非常深入细致，为教材的修订提供了很好的参考资料。但总的说来仍不够深入全面，本书将对统编版中学语文教材所选古诗文的文体特点和随文注释进行系统全面的调查研究，逐一辨别每篇文章的文体，概括其文体特点并结合一线中学教师的教学实践，为当前的中学古诗文教学分类设计每类文体的教学方案提供切实可行的参考资料。

四　研究目标

（一）理论目标

本书致力于将中国古代文体特点与中学古诗文教学的深度融合研究，总结其规律，在理论层面上寻求突破，丰富中国古代文体研究的有关研

---

① 方一新：《人教版高中课本文言文失误举例》，《浙江师范大学学报》（社会科学版）2006 年第 6 期。

② 王鑫、常志伟：《也说"咸来问讯"之"问讯"》，《中学语文教学参考》2015 年第 5 期。

③ 常志伟：《〈鸿门宴〉中"翼蔽沛公"句法结构辨正》，《语文学刊》2019 年第 3 期。

④ 常志伟：《近体诗多音字的定音辨义探析》，《现代语文》2022 年第 1 期。

⑤ 陈浩：《人教社课标版高中语文古诗文注释研究》，硕士学位论文，华东师范大学，2010 年。

⑥ 尚善利：《语文版高中语文教材（必修）文言文注释研究》，硕士学位论文，海南师范大学，2015 年。

⑦ 陈海燕：《部编本中学语文教材文言文注释研究》，硕士学位论文，重庆三峡学院，2020 年。

究成果，为当前的中学语文古诗文教学提供文体方面的参考资料。对当前学界有争议的随文注释进行研究，有助于统编版中学语文教材的进一步修订完善。

（二）实践目标

提升师生的古代文体知识水平，准确把握不同文体的特点，明确作者的写作动机，将古代文体与中学语文古诗文教学结合归纳出相应的教学内容，设计出合适的教学策略；对当前学界有争议的随文注释进行研究，训练学生的思辨能力，提升思维品质。

五 拟解决的关键问题

长期以来，古诗文教学均以疏通字词句为主，忽视了古诗文的文体特征。不同文体所体现出来的在行文构思、情感表达和遣词造句上的差异性，可以帮助师生更好地学习古诗文。古诗文的注释对于古诗文的学习有重要意义，注释越完善正确越能帮助师生更好地理解古诗文，对于疑难注释进行辨析可以培养学生的思维能力。有鉴于此，我们归纳出以下三个关键问题。

（一）对统编版中学语文教材中古诗文的文体进行系统研究

首先，对统编版中学语文教材中的古诗文的文体类别逐篇进行辨别，在此基础上归纳出各类文体的特点。

其次，将文体知识与当前的古诗文课堂教学有机融合、紧密衔接，并设计出合适的教学方法。

最后，改进当前的教学模式，归纳总结其融合规律，形成新的教学模式，提升教学效果，也是本书需要解决的关键问题之一。

（二）对统编版中学语文教材中古诗文的注释进行系统研究

对当前学界有争议的统编版中学语文教材中古诗文的注释进行系统地归纳整理研究，从中选取一些适合学生讨论的问题融入课堂教学，总结经验、把握规律，形成一套行之有效、可提升学生思维能力的古诗文教学方法，是本书要解决的又一关键问题。

（三）构建基于文体与注释系统的中学语文古诗文教学模式

在当前中学古诗文教学模式基础上，总结教学经验，把握将文体知识与疑难注释融入课堂教学的内在机制及规律性内容，探索文体与注释系统视域下中学语文古诗文教学的有效模式。

六　研究方法

（一）文献分析法

仔细研读《义务教育语文课程标准（2022年版）》《普通高中语文课程标准（2017年版，2020年修订）》，根据语文核心素养的培养要求，对统编版中学语文教材中的古诗文文体和随文注释逐一进行全面系统的统计调查研究，概括出各类文体的特点和当前学界有争议的随文注释条目。

（二）案例分析法

本书以周口一高、商水县阳城一中和西华县奉母一中为调查案例，对当前中学一线教师在古诗文教学中的教学内容、教学方法进行调查与访谈，总结出当前教学内容、教学方法的经验与不足，听取师生对课堂教学的意见，分析影响学生学习兴趣、素质养成的主要原因，掌握学生对教学内容的需求状况。为文体与注释系统融入课堂教学寻找切实可行的实施方案，为有针对性地进行教学方法、教学模式改革提供帮助。

（三）试行验证法

当前的古诗文教学方法仍以讲授法为主，同时兼用启发式和合作研讨法教学。本书在教学改革过程中，创新学习模式，采用学会—会学—会思考分层学习模式。语言知识以讲授法为主，讲授过程中注重理论联系实际，多从现实语境中寻找理据，以激发学生的学习兴趣。对于较难的问题以分组启发研讨式教学为主，首先分组研讨寻找解决问题的方法，每组随机抽取一位同学汇报研讨情况，教师总结找出科学合理的问题解决方式。整个过程一直贯穿着团队合作意识的培养。学术思维训练的培养以自学法为主，对当前学界有争议的注释问题，鼓励学生自己查资料，阅读文献，独立思考，以培养学生独立分析问题解决问题的能力。这一学习模式先在试点学校不断地试行验证，在此基础上不断修改完善，再逐步推行。

第一章

古代文体概述

一 古代文体的定义

在现代汉语中，文体指文章的体裁、类别。在古代，"文体"有两种不同的含义：一种是指文章的风格、流派。如南朝梁武帝萧衍说沈众（沈约的孙子）"文体翩翩①，可谓无忝尔祖"。南朝梁代文学家钟嵘在《诗品》中说陶渊明"文体省净，殆无长语"。这些例句中的"文体"都是指风格特征。

"文体"的另一种含义就是指文章的体裁、类别。曹丕说："文非一体，鲜能备善。""文非一体"，就是说，文章体裁多样，不只是一种体裁；"鲜能备善"是说很少有人能够各种体裁的文章都写得好。

二 古代文体的分类

（一）曹丕的分类

曹丕是最早研究文体特点的一个人，他在《典论·论文》里将文体分为四类：奏议、书论、铭诔、诗赋。奏议：古代臣下上奏帝王的各类文字的统称，包括表、疏、议、封事等，如晁错《论贵粟疏》、诸葛亮《出师表》等。书论：书与论。书，即"信"；论，即"议论文"。如曹丕《与吴质书》②，范缜《神

---

① 翩翩，指文采优美。如《文选·曹丕〈与吴质书〉》："元瑜书记翩翩，致足乐也。"
② 吴质，是曹丕心腹，在曹丕与曹植争夺帝位过程中是一位重要谋士，与曹植手下的杨修齐名。《与吴质书》中名句："少壮真当努力，年一过往，何可攀援？"

灭论》①等。铭诔：铭是指刻写下来以表示纪念的文辞，既可歌功颂德，也可纪念死者（墓志铭）；诔是叙述死者生前事迹的悼词，类似于今追悼会上致的悼词。如刘禹锡《陋室铭》、曹植《与王仲宣诔》等。诗赋：诗和赋。

（二）传统的分类

我国古代的文体，根据作品的语言形式是否押韵，可以把所有的文章分为三大类："散文""韵文"与"骈文"。散文：句末不押韵、不讲究每句话的字数，长短句间行。韵文：句末押韵，包括诗、辞、歌、赋，铭、箴、颂、赞等。骈文又可分为两类：非韵骈体文②和押韵骈体文③。

第一节　古代散文

一　古代散文的分类

根据散文的使用、通行范围又可以将散文分为四类。

（一）史传文

史传文就是记叙历史事件、记载历史人物生平事迹的历史散文。主要有三种体裁：

1. 编年体，编年体史书以年代为线索来编排历史事件，线索清楚，系统性强。最早的代表作品是《春秋》《左传》。后来司马光主编的《资治通鉴》继承了《左传》的传统，用的也是编年体。

2. 纪传体，纪传体史书以人物为中心，通过记载人物活动来反映历史。代表作品：《史记》《汉书》等。

《史记》开创了纪传体史书的先河，自此以后，不仅历代官方所编的史书沿用了这种体裁，而且人物传记散文往往独立于国史之外也获得了广泛的发展。人物传记散文的作者不再限于史官，立传的对象不再限于

---

① 范缜，南北朝时期著名的唯物主义思想家、无神论者。《神灭论》主要观点："神即形也，形即神也，形存则神存，形谢则神灭。"

② 讲究每句话的字数，通常为四六句式，讲究对仗（字义虚实相对），不押韵。

③ 押韵的骈文，又叫骈赋，兼有骈文和赋的特点，讲究每句话的字数，通常为四六句式，讲究对仗，句末押韵。

死去的高官，活着的人，甚至普通百姓也可以立传。由此种体裁引申而来的单篇人物传记散文，主要包括他传（为他人写的传记）、自传（为自己写的传记）与行状（记述死者生前一生生命轨迹的一种文体）。他传体如：柳宗元《童区寄传》、侯方域《李姬传》等。自传体如：《太史公自序》、《汉书》的《叙传》（自叙的传记，以记述家世生平为主兼及编纂旨趣），后来的序言、跋语就是由此发展而来。序，一般写于书、文之前，说明写作原由、内容、体例等；跋，一般写于书后，类似于今天的"后记"。行状（行述、行略、事略），本来是供给官方议定谥号或国史立传时用的材料，但有的行状就是一篇传记，如柳宗元《段太尉逸事①状》。

"二十四史"中《史记》《南史》《北史》是通史，即通记几个历史朝代的史书。《史记》记载从黄帝到汉武帝时的史事；《南史》记载宋、齐、梁、陈四朝的史事；《北史》记载北朝北魏、北齐、北周的史事。其余21部为断代史，即仅记述一个朝代史事的史书。

传记散文的进一步发展，还影响到小说、故事等文学形式的发展，立传的对象不限于真人真事，也有虚构其人其事或者确有其人而虚构其事创作的传奇小说，唐人的传奇小说就与传记散文有着密切的联系。

3. 纪事本末体

纪事本末体史书，以事件为主线，将有关某一事件专题的材料完整地集中在一起，便于读者了解某一事件的全面情况。这种体裁的首创者是（南宋）袁枢的《通鉴纪事本末》，全书分为239个专题，第一卷三个专题分别为"三家分晋""秦并六国""豪杰亡秦"。

（二）论说文

"论"是议论，它的说理方式以论证为主；"说"是说明，它的说理方式以解释为主。

1. 根据内容可分为四类：哲学论文、政治论文、史论、文论。哲学

---

① 佚事、轶事、逸事是一组全等异形词，表示世人不大知道的关于某人的事迹。根据通用性原则《现代汉语词典》（第7版）已经将"逸事"作为规范推荐词形。"逸"的本义是逃跑；"佚"的本义是逃亡；"轶"的本义是前车超过后车。三者古代通用。在现代汉语中，在"散失、失传"义上其使用有了分工："逸闻""逸书""逸文""散逸"中的"逸"也可写作"轶"；"佚名"中的"佚"仅写作"佚"。

论文，指《论语》《墨子》《老子》《庄子》《孟子》《韩非子》《神灭论》等。我国最早的说理文是《论语》，它是语录体的说理文，多用对话形式，直接表明观点，不进行论证，形式短小，哲理性强。但还没有题目，没有完整的篇章结构，只不过是只言片语的汇编。真正可以称得上论说文的要从《墨子》算起，它的主题明确，结构严谨，逻辑性强。战国时期，百家争鸣，论说文获得较快发展，各家在说理方面也各具特色，如《庄子》常用寓言说明哲理，《孟子》善用比喻说明道理。寓言是用比喻或故事来说明某一哲理的。先秦诸子中保存了许多寓言故事，庄子、韩非子都很善于运用这种体裁，如《庖丁解牛》《守株待兔》《自相矛盾》等。政治论文，指从政府治理国家的角度来阐述和评论当前重大社会事件和重大社会问题的议论文，如班彪《王命论》，论述了帝王都是命中注定这一观点。史论，是指对历史事件和历史人物进行评论的论文。如贾谊《过秦论》，论秦之过也；柳宗元《封建论》，论证历史上的封土建国的分封制与郡县制相比是过时的制度；苏洵《六国论》，对战国时期六国灭亡这一历史事件的本质与原因进行论述。文论，是指对文学创作、文学体裁、文学作品等进行评论的论文。如南朝梁代刘勰的《文心雕龙》，对文学体裁、文学创作、不同时代的文风进行了批评性评论；（清）王国维《人间词话》，是在接受西方美学思想之后，以崭新的眼光对词这种旧的文学体裁所作的评论。

  2. 根据部头来分，可分为两类：用整部著作来阐明一种理念和单篇论文。用整部著作来阐明一种理念，如语录体：《论语》《孟子》等；散文体：《墨子》《庄子》《韩非子》、（唐）刘知几《史通》、（清）王国维《人间词话》等。单篇论文，秦之前无单篇论文。汉以后，写单篇论文的人才多起来，它的形式也得到进一步发展。论说文最重要的体裁有"论""说""辩""原"，"论、说、原"为立论文，"辩"为驳论文。立论文：论，是议论，它的说理方式以论证为主。有专题论，也有专人论，前者如我国最早的单篇论文（西汉）贾谊的《过秦论》，后者如北宋苏轼的《留侯论》等。说，源于战国游说，是指解释说明。说理方式可以直接阐述关于某一事物、问题的道理，也可以借助人、事、物来说明道理。如韩愈《师说》（阐述要从师学习的道理）、柳宗元《捕蛇者说》（捕蛇者的主张道理)、周敦颐的《爱莲说》(借物喻理,借莲花的特性喻做人的道理)。寓言是用比喻或故事来说明某一哲理的,从柳宗元的《三戒》开始把寓言发展成了一种独立的文学体裁,再如刘基《卖柑者言》等。原,这种体裁源于唐代,就是指探求事物的本原,即对一种理论、制度或社会习俗从根本上加以探索、考察,如韩愈《原道》、黄宗羲《原君》等。驳论文:辩,指的是驳论,反驳订正一个错误观点或不可信的事实,如韩愈的《讳辩》、柳宗元的《辩列子》(辨别一部作品的真伪)等。

(三) 杂记文

杂记文的范围比较广,除史传、碑志以外,其他的记叙文大都可以归入杂记文这一类。记叙:记载,即把东西写下来;叙,叙述,把事情叙述清楚。大体上可分为以下两类:

1. 山川景物、人事记

记山川景物的记叙文,即写景散文,这类文体的文章在描景、状物时,一般讲究语言的洗练和文字的富有表现力。诗情画意、情景交融是这类文章应有的特色。记山水地理的,如郦道元《水经注》、柳宗元《永州八记》;记景物和社会风土人情的,如杨衒之的《洛阳伽蓝记》、陶渊明《桃花源记》等。

记事的记叙文,即叙事散文,一般具有记叙文的六要素:事件发生的时间、地点、人物,事件的起因、经过、结果。叙事的同时,一般都夹有一定的议论成分,如龚自珍的《病梅馆记》等。叙事散文虽然以记事为主,但也有夹叙夹议,甚至议论多于记事的,如范仲淹的《岳阳楼记》。

2. 笔记小说文

笔记小说文是一种以随笔记录为主的著作体裁,多由分条的短篇汇集而成,内容广泛。古人多把笔记归入小说类,其实古今小说很不相同。古人所说的小说指的是残丛小语、街谈巷议之说。

笔记小说文以记事为主,其特点是篇幅短小,长者不过千八百字,短者则寥寥数语而已。而它的内容则是五花八门,有历史掌故、逸闻轶事、文艺随笔、人物短论、科学小品、文字考证、志怪杂录、读书杂记等。志怪类,如(晋)干宝《搜神记》;志人类,如(刘宋)刘义庆《世说新语》,以品评人物为主;资料考证类,如(清)袁枚的《随园随笔》，以学术评论为主。

（四）应用文

应用文的范围是相当复杂的，有的应用文是适应封建社会的政治制度的需要而产生的。主要包括以下几类：

1. 公文

（1）以皇帝为核心的上行或下行文书

古代公文是指古代社会中由官方机构、官员或代表官方身份的个人所撰写的，用于处理政务、传达政令、沟通关系等公务活动的书面文件。经常应用的文体主要有：以皇帝为核心的上行或下行文书，上下级官员、官府或平级官府之间的公文。以皇帝为核心的上行或下行文书主要有：

①上行文书

奏议：是指臣下写给皇帝的所有文字类东西的总称，其中有奏、议、书、疏（逐条陈说）、表（奏表，多用于诉衷情）、封事（为防泄露而密封的奏章）、劄子。如书：李斯《谏逐客书》；疏：晁错《论贵粟疏》；表：诸葛亮《出师表》；封事（密封的奏章）：胡铨《戊午上高宗封事》；劄子（札子，指官府中用来上奏或启事的一种文书）：王安石《本朝百年无事劄子》。

②下行文书

诏令：皇帝给臣下的书信命令，其中包括策（册）书、制书、诏书、戒敕等。策（册）书：指帝王册封、罢免官员以及鞭策臣下的文书。制书：颁布皇帝重要的法令制度的专用文书。诏书：是指古代帝王发布的命令或重要文书，如汉文帝《求言诏》、曹操《求贤令》等。戒敕：皇帝行文用以警诫、告诫臣下的一种文书。不同朝代的敕，使用范围、语言形式也不完全相同。唐朝的敕就比汉代的戒敕范围要广；汉敕是散文，六朝以后的敕有不少是骈文。檄文也是诏令的一种附类，属于军用文书，是敌对双方用来夸己之美，揭人之短的文告，如骆宾王《为徐敬业讨武曌檄》。

（2）上下级官员或平级官府之间的公文主要有：

①体现上下级官员尊卑关系的文书

教：侯王对臣下的指示性文告，如诸葛亮《与群下教》；笺：下级对上级的文书，如杨修《答临淄侯笺》。

②平级官府之间的公文

平行文书，即平行机关之间的书信体文告。移文，指平级官府间的一种通告、布告，这种文书常常是针对内部不同意见而发，多用于劝喻、训诫，与檄文相比，文辞相对温和，重在改变对方看法。如（南朝宋）孔稚珪《北山移文》。

2. 个人书信

造纸术发明之前，书信写在竹片（简）、木片（札、牍）上或白绢（素）上，因所用竹片、木片、绢帛长约一尺，所以书信又叫"尺牍、尺素"。书信，如司马迁《报任安书》、鲍照《登大雷岸与妹书》等。

3. 哀祭类

哀祭文包括哀辞、祭文、诔等，都是哀悼死者的文辞，一般是韵文。哀辞：又叫哀文，多用于哀悼夭亡或不幸暴亡的人，有的用楚辞体，即句末用兮字，如韩愈《欧阳生哀辞》。祭文：是祭祀时宣读的。祭文原用于祭奠亲友，请死者魂魄前来享用祭品，篇末有"尚飨"，即希望鬼神歆享，如韩愈《祭十二郎文》。诔：指在丧礼中宣读，哀悼死者，陈述、怀念其事迹与功德，如曹植《与王仲宣诔》等。

4. 其他类

铭箴颂赞都属于韵文，从其作用来看，都属于应用文。送序是唐朝才有的一种文体，是为送别亲友而写的一类文章，相当于现在写的临别赠言。送序的内容多表示对远行人的勉励、安慰等，如韩愈《送孟东野序》。铭箴：包括铭和箴，属于韵文。铭，原意是镂刻，铭文就是指镂刻在山石、器物或碑板上的文字，这类文字后来成了一种文体。立碑纪念大概始于秦汉时期，秦始皇为了向后人彰显功绩，开启立碑丰功的先河。碑铭：凡山川、城池、宫室、神庙、寺观等皆可立碑刻文以记其事，如韩愈《平淮西碑》。铭文有两种：一种主要用于纪念和规诫。铭的内容有记功的，如班固的《十八侯铭》；勒勋的，如班固的《封燕然山铭》；有宫室铭，如刘禹锡《陋室铭》；有器皿铭，如庾信的《团扇铭》，还有座右铭之类。铭文一般都是四字句，最短的只有几句话。一种是墓志铭，包括埋在地下和立于地上的刻在墓碑上的记述死者生前事迹的文体。为死者立碑大概始于秦汉时期，开始时立于地表，曹操在汉献帝建安十年（205）下令禁碑，此后魏晋两代也沿袭了这一禁令。由于世人追念亡者的情感仍需有所寄托，于是就产生了将地表墓碑埋入墓中的墓志铭形式，南北朝以后禁碑令虽然废除，此风仍盛行，通常即使墓表立碑，也要在墓中埋一件墓志，南宋以后墓志铭才逐渐与神道碑合流立于墓表。墓志铭，埋于地下的墓碑，分上下两层：上层曰盖，下层曰底；底刻志铭，盖刻标题。碑志包括碑铭和墓志铭。墓志铭，埋在坟墓里面，又叫埋铭、墓记，据说始于汉代。它的形状是两块方石，一底一盖，底方石刻写"志"与"铭"。"志铭"内容也分为两部分，一部分是志，这是散文体，记载死者姓名、籍贯、官职及生平事迹；另一部分是铭，这是韵语，很短，如韩愈《柳子厚墓志铭》。墓碑（墓碣、墓表）用于死者的坟墓，专用来述写死者生平事迹。墓碑形制大，五品以上的官员可立碑；墓碣形制小，五品以下的官员可立碣；没有官职品位的人可立表。墓碑、墓碣的内容一般都有两部分，前面是文，后面缀有韵语，即铭文。墓表有的有韵文，有的则没有。至于普通百姓，死后一般只有墓砖，上面刻写死者姓名与埋墓者对其的称呼。

箴，即古"针"字。最早的针是用竹子做的，所以字形从竹。后来出现了金属的针，"箴"写作了"鍼"，再简化为"针"。古人用针治病，即今天的针灸疗法。因而把劝谏别人和揭示自我过失、自我警诫的格言称为箴，如韩愈《五箴》。

颂赞：赞主要用于表彰、赞扬历史人物，一般是四字韵语，如陶渊明的《扇上画赞》，每四句赞一人，共赞了九个人。也有书后赞，如《文心雕龙》的篇后赞语。颂，用于歌功颂德，一般是四字韵语，但也有不押韵的，如韩愈《伯夷颂》。

第二节　古代骈文

骈文是中国古代特有的一种文体，它是受汉代辞赋的影响而形成的。它形成于魏晋，南北朝时期成为文章的正宗。唐以后受古文（散文）运动的影响逐渐衰落。自东汉至唐初，文学一天天向形式美的方向发展，骈文就是文学创作过程中片面追求形式美的结果。

一　骈体文的形成过程及命名的由来

《说文》："骈，驾二马也。从马并声。"其本义是两马并驾一车。因此"骈文"中的"骈"是"对偶"的意思。骈体文中的每一句话都可以分为上下两联，两联之间形成对偶，两两相对，直到篇末。它的行文就好像两马并驾齐驱（两马并驾曰骈），所以叫作骈体文。又因为，两人并行称"偶"或"俪"，又称之为"骈偶"或"骈俪"。从句式上看，这种文体多用四字句和六字句，所以又称作"四六"或"四六文"。

二　骈体文的分类

赋在骈体文形成的过程中起到了很大的作用，赋本身在魏晋南北朝时期也就骈俪化了。"诗辞赋"在形式上均追求整齐划一，如《诗经》以四言句式为主，《楚辞》以六言句式为主。西汉中期汉武帝好大喜功，为了迎合其喜好，出现了以写赋为职业者，汉赋达到了极盛。"辞赋"的特点就是追求词语的华美与外在的形式美，它们多注重藻饰文辞与句式的对偶。汉代的赋在对偶时还不局限于每句话的字数，如枚乘的《七发》，司马相如的《子虚赋》《上林赋》，扬雄的《甘泉赋》《羽猎赋》等。汉赋虽然注重形式美，但对每句话字数还没有严格的限定。

到了魏晋南北朝时期，出现了许多通篇全用对偶的形式来写的赋，并且以四六句式为主，通常称为骈赋。如曹植的《洛神赋》，陆机的《文赋》，王粲的《登楼赋》，嵇康的《琴赋》，鲍照的《芜城赋》《飞蛾赋》，江淹的《别赋》《恨赋》，陶渊明的《归去来兮辞》等。

受用对偶形式写成的赋，即骈赋的影响，在这一时期，同时也出现了除了讲对偶与藻饰（辞藻华美）之外还严格限定每句话的字数（基本上全是四六句式），却不押韵的骈文。骈文是一种具有诗的字句形式而不押韵的文体，兼有"诗"与"散文"的形式特点，有人称之为"诗化的散文"。如鲍照的《登大雷岸与妹书》，嵇康的《养生论》等。

从是否押尾韵来看，骈体文可分为两类：有韵之骈文和无韵之骈文。这里所谓的有韵与无韵是指押尾韵而言的，至于句中要注意协调平仄、掌握节奏、讲究用典和藻饰，使文句读起来抑扬顿挫，则是所有骈体文共同的要求。有韵的骈文种类有骈赋、骈铭、骈颂等；无韵的骈文种类有论辩、诏令、序跋、表启、碑志等。

三　骈体文的语言特点

骈体文的文体特点主要有：对偶显示对称美，句式整齐显示构造美，用典显示含蓄美，藻饰显示语言美，平仄显示声韵美。

（一）语句方面：骈偶（对仗）。全篇文章都是用对偶句组成。均可分为上、下联；上、下联之间的字数、语句结构和词性都是相互对称、相互配对的。

对偶就是用语法结构基本相同或相近、音节数目完全相同的一组句子，来表达一个相关的意义。对偶所呈现的是一种感觉和意义上的均衡，是对称的美。而且有的对偶相当精巧工整，如人名对人名、数字对数字、颜色对颜色、地名对地名、动物对动物等等。

骈文通篇对仗。由于古人没有明确的语法概念，所以骈体文中的对仗，一般只讲究虚字与虚字相对、实词与实词相对和句法结构的整体上相对。如：

1. 主谓结构对主谓结构

（1）时运不齐，命途多舛。[①]（王勃《滕王阁序》）

（2）其中腾波触天，高浪灌日。（鲍照《登大雷岸与妹书》）

2. 述宾结构对述宾结构

（1）临帝子之长洲，得天人之旧馆。[②]（王勃《滕王阁序》）

（2）若乃综述性灵，敷写器象。（刘勰《文心雕龙·情采》）

[①]　各人遇到的时机不一样，我的命运多不顺。

[②]　来到滕王当年管辖的赣江岸边，看到了滕王当年建造的阁殿。弟子、天人：均指滕王。

3. 偏正结构对偏正结构

(1) 勃三尺微命，一介书生。① (王勃《滕王阁序》)

(2) 式观元始，眇觌玄风。(萧统《〈文选〉序》)

4. 复句对复句

(1) 层台耸翠，上出重霄；飞阁翔丹，下临无地。② (王勃《滕王阁序》)

(2) 屈贾谊于长沙，非无圣主；窜梁鸿于海曲，岂乏明时。③ (王勃《滕王阁序》)

(3) 圣人之行法也，如雷霆之震草木，威怒虽甚，而归于欲其生；人主之罪人也，如父母之谴子孙，鞭挞虽严，而不忍致之死。(苏轼《乞常州居住表》)

(二) 整齐的四六句式

南朝梁刘勰在《文心雕龙·章句》中提出了"四字密而不促，六字格而非缓"的句式美学观。意味着四字句句式紧凑而不急促，六字句句式变长而不松散。骈体文的句式通篇都是以四字句、六字句为主的，这就为作家追求视觉上的整齐美和听感上的舒适美奠定了基础。

用四字句和六字句组成对偶句，即"上四下四、上六下六、上四四下四四、上四六下四六、上六四下六四、上六六下六六"。例如：

1. 上四下四

时更七代，数逾千祀。(萧统《〈文选〉序》)

急湍甚箭，猛浪若奔。(吴均《与朱元思书》)

蛇胆明眸，虎须牢齿。(李商隐《道士胡君新井碣铭》)

2. 上六下六

冬穴夏巢之时，茹毛饮血之世。(萧统《〈文选〉序》)

---

① 王勃自谦之辞，说自己官阶卑下，只是一个书生。三尺，古时士大夫腰间大带在腹部打结后下垂的部分，此部分叫"绅"。绅的长短代表着官位的高低。三尺之绅是小官。如"绅士""乡绅"。

② 层层耸起的楼台是翠绿色的，直插云霄；飞架在空中的阁道是红色的，下面好像没有地。

③ 贾谊离开京城到长沙任小官受到委屈，不是没有圣明的君主；东汉梁鸿在海边逃窜，哪是缺乏开明的时代。贾谊因权臣反对汉文帝只得让他任长沙王太傅。梁鸿因讥讽国君被迫隐于海曲(今山东日照)。

窥地门之绝景，望天际之孤云。（鲍照《登大雷岸与妹书》）

蒙德重于丘山，论报亡于毫发。（欧阳修《谢致仕表》）

3. 上四四下四四

从岭而上，气尽金光；半山以下，纯为黛色。（鲍照《登大雷岸与妹书》）

泉水激石，泠泠作响；好鸟相鸣，嘤嘤成韵。（吴均《与朱元思书》）

大地搏搏，非以载愁；惟天穹穹，岂云可问。（洪亮吉《〈伤知己赋〉序》）

4. 上四六下四六

譬陶匏异器，并为入耳之娱；黼黻不同，俱为悦目之玩。（萧统《〈文选〉序》）

渔舟唱晚，响穷彭蠡之滨；雁阵惊寒，声断衡阳之浦。（王勃《滕王阁序》）

老当益壮，宁移白首之心；穷且益坚，不坠青云之志。（王勃《滕王阁序》）

5. 上六四下六四

申包胥之顿地，碎之以首；蔡威公之泪尽，加之以血。（庾信《哀江南赋》）

宋微子之兴悲，良有以也；袁君山之流涕，岂徒然哉！（骆宾王《为徐敬业讨武曌檄》）

6. 上六六下六六

虽莫陪鸳鹭班，肃上宾荣之贺①；傥得与牛马走，愿窥帝典之晖。（方岳《代贺李右史》）

骈体文的对仗和"四六"句式，都有一个逐渐发展的过程，魏晋时期的骈体文对仗不太讲究工整，"四六"句式要求也不是太严格，一般以四字句为多。"四四/四四""四六/四六""六四/六四"类句式到刘宋时期才兴起，齐梁以后，逐渐增多。唐代以后"四六"格式才定型化。

六朝时期的骈体文中间夹杂着五字句、七字句等，后期的骈体文不

---

① 鸳鹭班：朝官的行列；宾荣贺：使宾客荣宠的朝贺。

但要求对仗工整，而且严格按照"四六"句式。偶尔短到三字句，长到八字句以上，都是少有的情况。

（三）用典和藻饰

1. 用典

用典不是骈体文的专利，但是，骈体文特别注重用典，有时甚至是一句一典或数典，遣词也喜欢运用成语以显古雅。这样一来，用典繁富也就成了骈体文的一个突出特点了。骈体文之所以重视用典，是因为用典可以使文章委婉、含蓄、典雅、精练，具有典雅的含蓄美。不过如果片面追求用典，就会使文章晦涩难懂，失去其意义。

就用典的种类而言，大致可分为两类：一是用事，一是用词。用事者，援古事以证今也；用词者，引彼语以明此义也。如：

（1）孟尝高洁，空怀报国之志；阮籍猖狂，岂效穷途之哭？（王勃《滕王阁序》）

（2）杨意不逢，抚凌云而自惜；钟期既遇，奏流水以何惭？（王勃《滕王阁序》）

（3）义重于生，虽匹夫不可夺志；士失其守，或一言几于丧邦。（汪藻《宋齐愈书张邦昌字送御史台责词》）

例（1）、例（2）为"引事"；例（3）为"引言"。例（1）前联的典故出自《后汉书·循吏传》，说的是东汉孟尝任合浦太守时，很有政绩，后来终不被用的故事；后联的典故出自《晋书·阮籍传》，说的是晋朝阮籍性格狂放，常常独行外出，见到无路可走的地方就痛哭而回。例（2）意为"没遇到杨得意那样的人，只能抱守着自己的凌云之志而独自痛惜；而今又像俞伯牙遇到了钟子期，奏一曲《流水》又有什么惭愧的呢？意为"赋诗作序又有什么惭愧"。例（3）前联"匹夫不可夺志"出自《论语·子罕》；后联"一言几于丧邦"出自《论语·子张》。

2. 藻饰

藻饰，就是追求辞藻的华丽。注重文采当然也不是骈体文的专利，崇尚藻饰能够成为骈体文的文体特点，是作家们追求语言美的结果。片面追求辞藻的华丽就会形成一种唯美主义、形式主义倾向，进而影响内容的表达。骈体文的藻饰，主要表现在以下三方面。

(1) 善于铺排，对描写对象反复形容，多重勾勒。江淹的《恨赋》列举了"帝王之恨""列侯之恨""名将之恨""美人之恨""才士之恨""高人之恨""贫困之恨""富贵之恨"，将无形的感情有形化多方面进行描绘。

(2) 善于夸饰。通过夸饰，可以极其鲜明地突出描写对象的基本特点，因而能产生极强的艺术效果。庾信《谢明帝赐丝布等启》："天帝赐年，无逾此乐；仙童赠药，未均斯喜。"该句采用夸张手法突出地表现了自己的喜悦之情。

(3) 善于选词炼字。骈文作家喜欢选用色彩极其浓重、鲜明的词汇。如鲍照《登大雷岸与妹书》："若华夕曜，岩泽气通，传明散彩，赫似绛天。左右青霭，表里紫霄。从岭而上，气尽金光；半山以下，纯为黛色。"该部分接连运用了"彩""绛""青""紫""金""黛"等色彩极为鲜明的词汇来描写山水的雄奇形象。

(四) 节奏与平仄

1. 节奏

骈体文四字句的节奏一般是二二，六字句的节奏主要有三三、二四和四二三种。三三的句式，一般是第四字用个虚词，也可以划分为三一二；二四和四二的句式是以二字为基础的，也可以划分为二二二。例如：

横柯/上蔽，在昼/犹昏；疏条/交映，有时/见日。（吴均《与朱元思书》）

窥地门/之//绝景，望天际/之//孤云。（鲍照《登大雷岸与妹书》）

经正/而后//纬成，理定/而后//辞畅。（刘勰《文心雕龙·情采》）

闾阎/扑地，钟鸣//鼎食/之家；舸舰/迷津，青雀//黄龙/之舳。（王勃《滕王阁序》）

骈体文中除四六句式以外，偶尔还夹杂一些五字句和七字句。骈体文的五字句和五言律诗诗句的节奏是不同的。五言律诗诗句的节奏一般是二三，如《送杜少府之任蜀州》："海内/存知己，天涯/若比邻。"骈体文五字句的节奏一般是二一二或一二二。例如：萧统《文选序》："孝敬/之/准式，人伦/之/师友。"《文心雕龙·情采》："虎豹/无文，则鞟同/犬羊；犀兕/有皮，而/色资/丹漆。"骈体文中的"二一二"式大多是在四字句中间插进一个虚词,"一二二"式大多是四字句的前面加一个连词或别的虚词。

骈体文的七字句和七言律诗诗句的节奏不同。七言律诗诗句的节奏一般是四三,如杜甫《登高》:"无边//落木/萧萧//下,不尽//长江/滚滚//来。"骈体文七字句的节奏类型很多,主要是"三一三""二五""二三二""四一二""一二四"等。例如:《文心雕龙·情采》:"(夫)水性虚/而/涟漪结,木体实/而/花萼振。"《文心雕龙·情采》:"(若)择源/于//泾渭之流,按辔/于//邪正之路。"王勃《滕王阁序》:"落霞/与孤鹜/齐飞,秋水/共长天/一色。"

2. 平仄

语音方面:讲究平仄相对。"平仄"是与"四六"对仗有关的,即上下联之间在对仗的同时要求平仄相对。平是平声;仄是非平声,包括上声、去声、入声。

南北朝,齐梁时期发现了汉字有平上去入四个声调,随后骈文在对仗时也逐渐追求平仄相对。唐代以前的骈体文一般是不讲究平仄的,唐代以后的骈体文受诗律平仄规则的影响,在对仗的时候,不仅要求句法结构、词语意义以及词性上相互对仗,还要求在字音上以平对仄,以仄对平。

在平仄相对时,节奏点的平仄要求严格。节奏点指:四字格式的第二、第四字;六字格式(如果是三三式,第三、第六字是节奏点;如果是二四式,第二、第四、第六字是节奏点)。

(1)四字格式(二二)

时运不齐,命途多舛。(仄起平收 平起仄收)

仄仄平平　　平平仄仄

星分翼轸,地接衡庐。(平起仄收　仄起平收)

平平仄仄　　仄仄平平

(2)六字格式(三三)

临帝子之长洲,得天人之旧馆。(平起平收　仄起仄收)

平仄仄仄平平　　仄平平平仄仄

望长安于日下,指吴会于云间。(仄起仄收　平起平收)

仄平平平仄仄　平仄仄仄平平

（3）六字格式（二四）

庶旌西土之游，远嗣东平之唱。① （平起平收　仄起仄收）

平平仄仄平平　　仄仄平平仄仄

坐眛先几之兆，必贻后至之诛。② （仄起仄收　平起平收）

仄仄平平仄仄　　平平仄仄平平

（4）四四对四四

他日趋庭，叨陪鲤对；今晨捧袂，喜托龙门。

仄仄平平　　平平仄仄　　平平仄仄　　仄仄平平

此例借孔鲤过庭的典故，表示要到父母那里接受教诲；现在捧着长者的袖子，表示已在有名望的长者身边。龙门，在黄河上游，今河南洛阳龙门石窟附近，传说中，黄河中的鱼游过龙门就变成了龙。因此有"鲤鱼跃龙门"一说。

四　骈体文的历史演变

秦汉时期是骈体文的逐渐萌芽时期。骈体文能够萌生于秦汉，有多方面的原因，有社会需要，有美学追求，有作家们的努力。在大一统的封建王朝里，皇帝制诏提倡骈俪化，无疑是一个无声的命令，对当时的文人学士有极大的诱导作用。其实，社会需要在骈体文的形成发展过程中起着非常重要的作用。它不仅推动了骈体文的形成，而且在经历了唐、宋两次古文运动后仍然在公牍文章里保留着绝对优势。如李斯《谏逐客书》被一些学者看作"骈体初祖"，这种书牍文章发展到西汉邹阳的《狱中上梁王书》，其体制就已经比较完备了。

魏晋南北朝是骈体文的繁盛时期。这一时期的骈体文不断向精美化方向发展，可以说已经达到了一个最为完美的艺术境界。应用范围极为广泛，无论是帝王诏令、赠答笺启，还是碑颂序跋都大胆运用骈体文形式进行创作。辞赋的骈俪化自然是这一时期表现得最为明显的一种。庾

---

① 打着各色旗帜游览蜀地的风光，我们要继承古人再唱赞歌。
② 因为看不清事先出现的微小预兆，一定要给他一个以迟后为罪名的诛杀。

信《哀江南赋》、江淹《恨赋》《别赋》、沈约《丽人赋》等都音韵谐美，用典贴切，文辞清丽，已成为众所皆知的名篇。书牍文章的骈俪化在魏晋南北朝时期的发展也令人瞩目。如果说李斯的《谏逐客书》已有了明显的骈俪化倾向，到此时则有了突破性飞跃。吴均《与朱元思书》、鲍照《登大雷岸与妹书》、丘迟《与陈伯之书》都善于写景状物，描写细腻，简直都是写景小品。以骈俪化形式写作碑文最早也最多的是蔡邕。徐陵、庾信密藻丽思，使骈体碑文达到了一个新的境界。碑文以叙述碑主生平为主，祭诔文抒发作者对被祭对象的怀念之情。祭诔文的骈俪化也是从魏晋南北朝时期才开始兴盛起来，但发展迅速，不但祭文的内容表现多样，而且表现手法也颇为丰富，如颜延年《祭屈原文》。论说文、序文也开始骈俪化，如陆机《辨亡》、王羲之《兰亭集序》。由此可见，这一时期的作家，无论写什么文章，都有一种追求骈俪化的强烈愿望。

　　魏晋南北朝时期是骈体文创作的一座高峰，高峰过后在唐代仍有一段时间的发展。王勃《滕王阁序》、骆宾王《讨武曌檄》气势充沛刚健，词采宏博瑰丽，是初唐时期骈体文的代表。经过唐宋两次古文运动的打击后，许多种类的文章又返回到"古文"的怀抱里，到了宋代，骈体文只固守在实用性较强的章表启奏了。欧阳修、苏轼不像唐代张说、苏颋、陆贽那样，终其身写作的都是骈体文，也不像李商隐从古文转学骈文后，其写作的大多数作品是骈体文，欧、苏写作的许多种类的文章皆已运用古文的形式，只有很少的应用文是采用骈体文。

　　元、明时期的骈体文衰败下去了，清代的骈体文却得以复兴，重新繁荣了起来。清人打破了宋代骈体文仅有章表启奏的狭隘的写作范围，重新使骈体文创作走向多样化：它可以玩味自然风光，也可以拥抱现实生活；它能表现人际关系，也能吐露个人情怀；它有时是辛辣的讽刺，有时又是幽默的揶揄；它能说今，也能怀古。他们显然与宋人拉远了距离，却与六朝人走到一块儿来了。清代复兴过后，骈体文迅速衰落，现代骈体文创作已经没有大的作为了。

第三节　辞赋

辞和赋都是韵文。"辞"的名称来源于"楚辞"。"楚辞"最初不是书名，只是指"楚国的诗歌"。汉代的刘向把屈原、宋玉等人的长诗编辑起来，统称为《楚辞》。楚国的诗歌在形式上有它的特点，和《诗经》很不相同。《诗经》一般用四字句，《楚辞》变为以六字句为主，兼用四字句到十字句。《诗经》虽然也用语气词"兮"，但远远不如《楚辞》用得那样广泛；至于语气词"些（suò）"，例如《楚辞·招魂》"魂兮归来，南方不可以止些"，则更是《楚辞》所特有的。

一　诗的特点

诗与散文相比，除了重视内容以外还注重外在的形式美。如《诗经》多是四字句，看起来整齐。在听感上要押韵，押韵除了听起来好听，还可以满足人们的一种心理期待，给人以回环往复的美感。

诗为什么要押韵？因为从源头上看，诗歌与音乐的关系极为密切。诗歌与音乐关系密切的表现主要体现在以下两个方面：（1）诗的重章叠句的咏叹。重章叠句以应和音乐回环往复的声音节奏。（2）衬字。衬字在文义上为不必要，乐调漫长而歌词简短必须加上衬字才能与乐调合拍，如《诗经》《楚辞》中的"兮"字。

《诗经》奠定了古诗中的四言句式。一般认为，按内容可以将其中的诗歌分为"风""雅""颂"三部分。"风"即"国风"，与"雅"相对，即民间诗歌。这些民间诗歌是诗歌的源头，是群众的艺术，最初可能由某一个人创作，后来获得了群众的认可，大家争相传唱。它们都是配合着音乐来歌唱的。"雅""颂"这类诗歌，是乐师将采集来的"国风"曲调根据国君的喜好加工之后，配上词而成的，因此今天有"采风"一词。后代人的诗就是在官方规定格调形式下所写成的，于是写诗就成了少数人的专利，成了一门艺术。

风、雅、颂、赋、比、兴被称为《诗经》中的"六义"。前三者是指《诗经》的内容分类，一说是根据乐调的不同所作出的分类；后三者是

《诗经》的表现手法。风，即国风，风吹万物而发声，于是就以此来比喻民间歌谣。雅，是周王室朝廷之内的歌谣，主要是朝会宴享之歌。根据曲调的不同又可将雅分为大雅与小雅两类：大雅音乐规模较大，主要用于国家层面的庆典活动，其内容多是歌颂祖国；小雅音乐则规模较小，主要用于宫廷内部的私人社交场合，其内容是抒发个人情感，讥讽时政等。颂，是祭天祭祖时所唱的歌谣。朱熹《诗集传》对"赋、比、兴"均作了介绍：赋，敷陈其事直言之者也，即直接叙述事件描写事物的方法，即按照一定顺序直接把事件的经过再现出来，客观的成分多些。如《七月》即按时令变化多角度描绘了农夫一年四季的劳动情形。《氓》以时间为序写出了主人公由恋爱、结婚到被弃的过程。由此可见，"赋"原本是"诗"的一种，即叙事状物类的长诗。比，就是比喻。如《柏舟》："我心匪石，不可转也。我心匪席，不可卷也。"用石头的坚贞来比喻主人公对爱情的忠贞。《硕鼠》以大老鼠比剥削者，形象生动。兴，先言他物以引起所咏之词也。通常以一种自然事物引出诗人所要吟咏之物，这两事物之间在人们的心里会产生一种自然的联想。如"杨柳"，有轻柔缠绵的特性，多使人想起人们之间的离愁别绪。《诗经》："昔我往矣，杨柳依依；今我来思，雨雪霏霏。"王维《送元二使安西》："渭城朝雨浥轻尘，客舍青青柳色新。劝君更尽一杯酒，西出阳关无故人。"柳永《雨霖铃》："多情自古伤离别，更那堪冷落清秋节。今宵酒醒何处，杨柳岸晓风残月。"《关雎》由纯情专一的雎鸠鸟的鸣叫起兴，引出男女之间相思之情的描写。《蒹葭》以"蒹葭苍苍，白露为霜"起兴，描绘出一幅萧瑟清冷的画面，为抒发主人公的忧伤失望之情渲染了气氛。《桃夭》："桃之夭夭，灼灼其华。之子于归，宜其室家。"前两句起兴，以桃花盛开引出婚礼的热闹场景。

二 辞赋的形成

"赋"本是《诗经》中的一种表现手法，也可以说成是一类诗歌，即直接铺陈事物的一类诗歌。"楚辞"，即楚地的歌词。它是在楚地民歌的基础上创作的一种新诗体。它是以屈原为代表的南国诗人吸取楚地民歌的基础上而创作的带有浓郁楚地色彩的新体诗。实际上是用赋这种手法写成的诗歌，只不过比《诗经》中对赋这种手法的运用有所发展，即不仅仅是直言其事，而且还运用了大量的充满幻想的浪漫主义手法来抒情，抒情的成分多了，更具有了诗的特征。汉代人把《楚辞》中的诗歌仍叫作"赋"。《史记》："屈原作怀沙之赋。"《汉书·艺文志》中列有屈原赋、宋玉赋等。

《楚辞》作为一部诗歌总集，其中的"诗"称为"辞"是从《楚辞》这部书编定之后开始的。西汉人刘向收录了战国楚人屈原、宋玉等人的作品编辑整理而成的一部书，命名为《楚辞》。《楚辞》是我国第一部浪漫主义诗歌总集，由于《楚辞》之中主要是屈原的作品，屈原的代表作是《离骚》，故又把"楚辞"称为"骚体赋"。作为一种文学体裁，"辞"与"赋"都是诗歌一种，从本质上看，没有什么区别。要说有区别的话，就在形式上和内容上有些区别。《楚辞》以六言为主，内容偏重抒情。因此，"辞"也是赋，两者之间没有本质上的区别。早期的"辞"侧重于抒情，"赋"侧重于叙事，后来辞赋无别。汉代以后不再称"辞"，而全部称"赋"。

三　辞赋的历史演变

（南朝梁）刘勰《文心雕龙·诠赋篇》云："诗有六义，其二曰赋。赋者，铺也；铺采摛文，体物写志也。"[1]（南宋）朱熹《诗集传》："赋者，敷陈其事而直言之也。"[2] 可见，"赋"在先秦时期是作为一种表现手法，用于直接铺陈、描写事物，如《诗经·七月》直接铺陈农人一年之生活状况。袁济喜（1999）指出："荀子的《赋篇》首次将自己的创作命名为赋。而他所说的赋，就是用铺陈的手法，描写五种事物的状态。"[3] 其实"赋"在先秦时期，作为一种表达方式，其主要用于讽谏、劝谏等用途。向君王劝谏多采用隐晦曲折的方式，荀子就采用"隐"这种表达方式向齐宣王进行劝谏。（清）魏源（2004）指出："荀卿赋蚕，

---

[1] （南朝梁）刘勰著，范文澜注：《文心雕龙注》，人民文学出版社1958年版，第134页。
[2] （南宋）朱熹：《诗集传》（卷一），上海古籍出版社1980年版，第1页。
[3] 袁济喜：《中国古代文体丛书》，人民文学出版社1999年版，第13—14页。

非赋蚕也；赋云，非赋云也。"① 表面上是说礼、智、云、蚕、箴等不相关的事物，实际上是礼、智、圣、贤、士。而这些正是荀子思想的核心观点。因此，《荀子·赋篇》是荀子为投齐宣王所好，采用隐语的表达方式向齐宣王进谏的实录，命名为"赋"主要是因为"赋"在先秦时期的特点，即口述文章、铺陈描写以及用于谏言的功用。因是荀子与齐宣王对话的实录，故采用问答的形式。《荀子·赋篇》虽然各篇体制短小，但已经具备了赋的基本特征，奠定了后世赋体的基本内涵。关于赋体的文体学意义，对汉代赋体的发展产生了重要的影响。在创作体制上，汉赋不仅继承了荀子"赋"之名，这种对问的结构模式为后世赋体所继承。在《荀子·赋篇》之后，宋玉的《高唐赋》《风赋》《神女赋》等虽然在内容上存在虚构的成分，但仍然保留了"宋玉对曰""王曰"等格式，保留了其实录的形式，到汉赋，其对问的结构由实录的形式变为虚构的问答形式。如枚乘《七发》围绕"楚太子"和"吴客"的对问展开；扬雄《子虚赋》《上林赋》以"子虚""乌有""亡是公"结构全篇；班固《两都赋》以"东都主人"和"西宾客"布局全篇。从《荀子·赋篇》到汉赋的发展历程，正体现对问结构从实录到虚构演变过程。

散文本是先秦时期占主导地位的一种文学体裁，与诗歌、辞赋相比，它形式自由，语言质朴，专门以达意明快为主。而"诗辞赋"则追求形式上的整齐划一，如《诗经》以四言句式为主，《楚辞》以六言句式为主。

赋可分为骚赋、古赋、骈赋、文赋四种。骚赋指模拟《楚辞》而写的一种赋，如汉代司马迁的《悲士不遇赋》，扬雄的《甘泉赋》，贾谊的《吊屈原赋》等，在形式上与《楚辞》没有多大区别，也以"兮"字入句。内容重在抒情，不在叙事状物。汉初的骚赋是楚辞转变成赋的开端。

古赋指的是骚赋以外的汉赋，如班固的《两都赋》，枚乘的《七发》，司马相如的《子虚赋》《上林赋》，扬雄的《羽猎赋》等。汉初的文章，仍以质朴的散文为主。文景之后，社会安定，经济繁荣，文风也开始发生改变，逐渐追求外在形式的华美。西汉中期武帝好大喜功，为了迎合

---

① （清）魏源：《诗比兴笺序》（《魏源全集》12册），岳麓书社2004年版，第137页。

其喜好，出现了以写赋为职业者，汉赋达到了极盛。"辞赋"的特点就是追求词语的华美与形式美，汉赋多注重藻饰文辞与句式的对偶，在对偶时还不局限于每句话的字数。一般多采用问答的形式，往往可以分为三部分。开始有段散文，近似于序；中间是赋的本身，主客之间，或彼此夸张形势，或极力渲染声色犬马之乐，韵文中夹杂散文，用散文叙述，用韵文描写；结尾部分再用一段散文，发点儿议论，以寄托讽谕之意，类似于《楚辞》的"乱"或"讯"。在句式上一般不再用"兮"字，主要是用四言或六言，杂以三言、五言。

到了魏晋南北朝时期，出现了许多通篇全用对偶的形式来写的赋，并且以四六句式为主，通常称为骈赋。骈赋指六朝赋，它是由古赋发展而来的。在古赋中已经有很多对偶的句子，到了南北朝，赋中用对偶已经成为定型，一般都是四字句和六字句，而且讲究平仄，堆砌典故。如曹植的《洛神赋》，陆机的《文赋》，王粲的《登楼赋》，嵇康的《琴赋》，鲍照的《芜城赋》《飞蛾赋》，江淹的《别赋》《恨赋》，陶渊明的《归去来兮辞》等。早期的骈赋只是以四六句式为主，也夹杂着少数不是四六句式的句子。后期的骈赋受骈体文的影响才通篇都是四六句式。实际上骈赋等于有韵的骈体文，既有骈体文的一般特点，又体现赋的夸张铺陈的特色。从源头上看，骈赋的四字句来源于《诗经》，六字句来源于《楚辞》。

从具有代表性的文学体裁的发展来看，从先秦时代的《诗经》中的诗到《楚辞》中的辞，再到汉代的赋。从语言形式上来看，越来越注重语言的华美与形式美。如：东汉文学家张衡的《西京赋》，西晋著名文学家左思的《三都赋》都是构思十年才写成的。

到了魏晋时期受汉代辞赋、散文骈偶化的影响，出现了一种新的文体——骈体文。它要求句式以"四六"为主，每句话的上下联之间都要讲究对仗。骈体文独特的表达方式，使它与一般的散文、韵文互相区别开来。到了南北朝时期这种文体逐渐转为正统。由于过于注重形式，就忽略了内容的表达，文章的抒情性就大大减弱，词语的雕琢痕迹非常明显。用骈体文的形式来写散文的内容被一些文人看成是散文的堕落，所以在我国文学史上曾掀起了两次声势浩大的古文运动。以至于宋代以后骈体文就逐渐失去了市场，仅限使用于一些应用性较强的章表启奏中。唐宋古文家在赋的创作方面，也摆脱了骈偶平仄的桎梏，不重视铺排和藻饰，通篇贯穿散文的气势，重视清新流畅，在艺术形式上给赋体注入了新的活力，创作了一些用散文的形式写成的赋——文赋，例如苏轼的《赤壁赋》就是这样的作品。

四　辞赋的特点

（一）辞赋的押韵

辞赋都是有韵的。辞赋的押韵和诗歌押韵的道理是一样的。在古代辞赋中，有些押韵的地方用现代汉语来读仍是押韵的。例如《离骚》："鸷鸟之不群兮，自前世而固然。何方圆之能周兮①，夫孰异道而相安!""然""安"押韵。但是，还有不少地方，用现代汉语来读就不押韵。如《离骚》："惟夫党人之偷乐兮，路幽昧以险隘，岂余身之惮殃兮，恐皇舆之败绩。"用现代汉语来读，ai 和 i 韵母相差很远，是无法押韵的。但是在上古时代，"隘"和"绩"都在锡部，韵母也是相近的，当时两韵相押是很谐和的。总之，分析古代韵文和诗歌的用韵，必须有明确的时代概念，懂得不同时代的语音系统是不同的，绝不能以今律古。

在辞赋中，押韵的规则与诗歌基本相同，最常见的是奇句不押韵，偶句入韵。《离骚》上半篇，《哀郢》全篇，《别赋》全篇，基本上都是这样用韵的。

奇句也有入韵的，那是全篇的首句或换韵的开头。如《楚辞·九歌·湘君》："君不行兮夷犹，蹇谁留兮中洲？"② 当句尾是语气词时，往往是语气词前的一个字押韵。这种押韵的方式，语气词不作韵脚，直到苏轼的《赤壁赋》也是遵循的。如"月明星稀，乌鹊南飞，此非曹孟德之诗乎？西望夏口，东望武昌（换韵），山川相缪，郁乎苍苍，此非曹孟德之困于周郎者乎"。

---

① "之"相当于"而"，"何方圆之能周兮"，即"方与圆怎么能相合啊"。
② "夷犹"，即"犹夷""犹豫"，为押韵而倒。蹇，文言发语词。湘君啊你犹豫不动身前来，被谁留于水中沙洲。

汉赋和唐宋古文家所作的赋，押韵比较自由，有句句韵、隔句韵，也有隔两三句才押韵的。同时还常以散文与韵文兼行，因此有的地方是不用韵的。苏轼的《赤壁赋》"壬戌之秋"至"窈窕之章"也是无韵的。

（二）辞赋的句式

《楚辞》的句式与《诗经》不同，《诗经》以四字句为主，《楚辞》一般用六字句，或者加上"兮"字成为七字句，两句合成一联。如《离骚》："帝高阳之苗裔兮，朕皇考曰伯庸。摄提贞于孟陬兮，惟庚寅吾以降。"有时把"兮"字夹在句中间，句句都带"兮"字。如《九歌·国殇》："操吴戈兮被犀甲，车错毂兮短兵接。旌蔽日兮敌若云，矢交坠兮士争先。"句中不用"兮"字，又不是六字句的，在屈原的作品中很少见，只有《天问》是以四字句为主，又极少用"兮"字。

《楚辞》的另一句式特点是很少运用连词，这是与《诗经》及其他诗歌相一致的。诗歌不像散文，它重在抒情，而不重在说理，在语言表达上偏重内在的联系，且有韵律作为纽带，因此句与句之间、段与段之间，无须加上连词，读者自然可以意会。《湘夫人》《哀郢》都没有使用连词。

至于赋的句式则是不拘字数，但大多数是以四字句、六字句为主，特别是六朝的赋。例如江淹的《别赋》，几乎全是四字句和六字句。这与骈体文有关。汉赋则不同，例如枚乘的《七发》虽然以四字句、六字句为主，但短到一字句，长到十几字句都有。汉赋和唐宋古文家所作的赋，是夹杂着散文的。散文是不拘字数的。赋的句子不仅不拘字数，而且常用"而""则""虽""今夫""于是"等词语连接，不仅汉赋，唐宋人写的赋和六朝的赋也是如此。如江淹的《别赋》就用了"况""复""故""至若""乃有""又有""倘有""是以""虽"等连接词语。总而言之，赋咏物叙事的成分多，抒情的成分少。它的性质在诗和散文之间，这就使它的句式比诗歌自由得多。

第四节　近体诗格律

诗与散文相比更注重形式，比如《诗经》大都是"四字句式"整齐划一，看起来好看；再者押韵，听起来好听。诗歌与音乐关系密切，诗的重章叠句和音乐的回环往复相呼应。因乐调漫长而歌词简短，必须加上衬字（在文义上不必要）才能与乐调合拍。如《楚辞》里的"兮"。诗本源于民间，如国风。乐师将国风曲调根据君王喜好加以加工改造后再配词。这时的配词就需要文人来做。后代人在设定好的曲调或格式下写诗，写诗就成了少数人的专利。格式一直都存在，只是到唐代更为严格。

古人写诗不但讲究诗的内容与意境①，还讲究形式。只要是诗歌，一般都要押韵，押韵的目的一方面可以形成一种回环往复的美感；另一方面可以满足人们的一种心理期待。

所谓近体诗格律，就是指近体诗在格式上的规律。

一　古代诗歌的分类

（一）古诗（古体诗）与近体诗

在诗歌史上，一般把魏晋南北朝之前的诗称为古诗。古诗主要包括以《诗经》为代表的风体诗、以《离骚》为代表的骚体诗与汉魏六朝的诗。到了唐代，唐代的诗人也模仿古诗来写诗，称为古风，人们把这种由唐代的诗人模仿唐代之前的古诗写成的诗，称为古体诗。唐代诗人所写的、遵守严格的格律要求的诗，就是近体诗。

有些学者把古诗与古体诗通称为古体诗，由此可以看出，是否遵守严格的格律要求是区分古体诗与近体诗的最主要的标准。

（二）近体诗与古体诗在格律要求上的区别

古体诗在形式上是比较自由的。对整首诗的平仄押韵，每首诗的句数，每句诗的字数，都没有固定的限制。近体诗是指唐代初年才形成的一种按照严格的格律写成的诗。对一首诗的平仄押韵，每首诗的句数，每句诗的字数，都有严格的限制与规定。

---

① 诗歌意境的特征主要有：1. 虚实结合，相得益彰。叙事、写景为实，抒情、议论为虚。2. 以形传神，形神兼备。通过人物的外在活动，显示其内心世界。3. 动静相映，跌宕有致。只动不静，则乱浮躁；只静不动，呆板沉闷。4. 寓情于景，情景交融。一切景语皆情语，触景生情、情寓于景、情景相映和情景交融均为设有限之景蓄无限之情。

二 古体诗的特点

（一）对一首诗的字数和句数没有限定，意长诗也长，意短诗也短。如最长的乐府双璧之一《孔雀东南飞》共 357 句，最短的只有两句——（西晋）傅玄《杂言》："雷隐隐，感妾心；倾耳听，非车音。"三句的诗有刘邦的《大风歌》："大风起兮云飞扬，威加海内兮归故乡，安得猛士兮守四方。"每句诗的字数有多有少，如汉乐府《东门行》，每句字数最少的只有 1 个，最多的有 13 个。

东门行

出东门，不顾归。

来入门，怅欲悲。

盎中无斗米储，还视架上无悬衣。

拔剑东门去，舍中儿母牵衣啼：

"他家但愿富贵，贱妾与君共哺糜。

上用仓浪天①故，下当用此黄口儿②。今非！"

"咄！行！吾去为迟！

白发时下难久居。"

（二）押韵，用韵宽。可以句句押韵，也可以隔句押韵；可以用一个韵从头到尾，也可以中途换韵；可以押平声韵，也可以押仄声韵；可以

---

① 沧浪天，即苍天。"沧浪"的反切注音为"苍"。"苍"，本义"植物的青色"。《说文·艹部》："苍，草色也。从艹仓声。"苍天，即青天。"蓝"本为一种植物，蓼蓝。一年生草本植物，茎红紫色，叶子长椭圆形，干时暗蓝色。其叶含蓝汁，可以做染料，故荀子《劝学》"青，取之于蓝而青于蓝"。"蓝"表蓝色始于汉末，汉末之前蓝色均用青色、苍色来代替。如王充《论衡·本性》："至恶之物，不受蓝朱之变也。"青，在汉代之前还可以表示青色，如《古诗十九首》之二"青青河畔草，郁郁园中柳"；黑色，如《尚书·禹贡》"（梁州）厥土青黎（通'黧'），厥田惟下土"（唐）孔颖达疏"王肃曰'青，黑色'"。

② "黄口儿"，指"幼儿"。"丁黄"指古代对壮年人与幼儿的合称，如（唐）杜佑《通典》卷七《食货七·丁中》："大唐武德七年，定ややや男女始生为黄，四岁为小，十六为中，二十一为丁，六十为老。"古代"黄发"代指老人，黄为颜色，黄色表示枯萎。"黄口"，由幼鸟口黄隐喻指幼儿。

用同一个字作为韵脚,也可以相邻的两个韵通押。句句押韵如曹丕《燕歌行》:

秋风萧瑟天气凉,草木摇落露为霜。群燕辞归雁南翔,念君客游思断肠。慊慊思归恋故乡,何为淹留寄佗方?贱妾茕茕守空房,忧来思君不敢忘,不觉泪下沾衣裳。援琴鸣弦发清商,短歌微吟不能长。明月皎皎照我床,星汉西流夜未央。牵牛织女遥相望,尔独何辜限河梁?

(三)不讲平仄、粘(nián)对和对仗。古体诗每句之内不讲究平仄相间,一联之内不讲究平仄相对;两联之间不需要平仄相粘;一联之内也不需要必须对仗。

三 近体诗的特点

(一)有严格的格律要求,每首诗句数、字数固定,绝句四句、律诗八句,每句五字或七字。就是我们通常所说的五绝、七绝,五律、七律。

(二)讲究对仗。律诗一般中间两联(颔联、颈联)用对仗,如王维的《山居秋暝》:"空山新雨后,天气晚来秋。明月松间照,清泉石上流。竹喧归浣女,莲动下渔舟。随意春芳歇,王孙自可留。"对仗的种类主要有:

1. 工对。一联的出句与对句不仅字数相等,整体的句法结构相同,并且词性相对,甚至用同小类的词来构成对仗,叫作工对。如杜甫《绝句》:"两个黄鹂鸣翠柳,一行白鹭上青天。"

2. 借对。一个词有两个或两个以上的意义,诗人在诗中用的是甲义,但是同时借用它的乙义来与另一词相为对仗,这叫借对。杜甫《曲江》:"酒债寻常行处有,人生七十古来稀。"该诗中的"寻常"为表示高频的副词"经常"义,古代八尺为寻,倍寻为常,"寻常"也可以表示长度,在这里借其长度义来与"七十"相对。

3. 流水对。即一联中的两句,字面上是对仗的,意义却构成一种复句关系。王之涣《登鹳雀楼》:"白日依山尽,黄河入海流。欲穷千里目,更上一层楼。"

4. 宽对。一联中的出句与对句总的句法结构与词性要大体上相同。

近体诗对仗的基本要求：字数要相等，平仄要相对，词性要相同，句法结构要相当，节奏要相应，意义要相合。

(三) 近体诗的用韵

近体诗的用韵合于平水韵。押韵非常严格，只能押平声韵。平水韵共106韵，平声韵共30个，上平声15个，下平声15个。上平声：东、冬、江、支、微、鱼、虞、齐、佳、灰、真、文、元、寒、删；下平声：先、萧、肴、豪、歌、麻、阳、庚、青、蒸、尤、侵、覃、盐、咸。

杜甫《月夜》："今夜鄜州月，闺中只独看。遥怜小儿女，未解忆长安。香雾云鬟湿，清辉玉臂寒。何时倚虚幌，双照泪痕干。"李商隐《无题》："相见时难别亦难，东风无力百花残。春蚕到死丝方尽，蜡炬成灰泪始干。晓镜但愁云鬓改，夜吟应觉月光寒。蓬山此去无多路，青鸟殷勤为探看。"夏完淳《别云间》："三年羁旅客，今日又南冠。无限山河泪，谁言天地宽。已知黄泉路，欲别故乡难。毅魄归来日，灵旗空际看。"以上三首诗，都押"寒"韵，其中的韵脚字"看"均应读阴平调。

近体诗的押韵，只能偶句入韵，奇句不入韵，首句例外，有时首句可以入韵。再者，近体诗不能"出韵"，即韵脚（押韵的字）必须只能用同一个韵中的字，不准用邻韵的字，并且一韵到底。同一个韵脚字不能重复出现；避同义字入韵，如（花、葩）（忧、愁）。押仄声韵的极少，如柳宗元的《江雪》"千山鸟飞绝，万径人踪灭。孤舟蓑笠翁，独钓寒江雪"。

(四) 句式

全诗每句都是"三字尾"。每一句最后三个字的意义要相对独立完整。

时代不是区分古体诗与近体诗的主要标准。因近体诗唐代才开始出现，因此可以说以唐代作为分界线，唐代以前的诗是古体诗。古体诗主要包括风体诗、骚体诗与汉魏六朝诗。但是唐代以后的诗并不一定都是近体诗，因为唐代以后的诗人也有模仿古体诗而写的一些诗歌，这些诗歌仍属于古体诗。是否讲究严格的格律形式才是两者之间的本质区别。

"五言诗"与"七言诗"也不是判断近体诗的主要标准。最早的五言诗是在汉代的民歌中出现的。最早的文人五言诗，现在学界比较公认的是班固的《咏史》："三王德弥薄，惟后用肉刑。太苍令有罪，就递长安城。自恨身无子，困急独茕茕。小女痛父言，死者不可生……"代表汉代文人五言诗最高艺术成就的是无名氏的《古诗十九首·行行重行行》："行行重行行，与君生别离。相去万余里，各在天一涯……"

最早的七言诗是汉武帝的《柏梁台诗》。完整而成熟的七言诗是魏文帝曹丕的《燕歌行》。

（五）近体诗最主要特点：平仄与粘对

1. 平仄

平仄是近体诗最重要的一个格律因素。平仄是针对古代的四声来说的。古代的声调分为四类，和现代普通话不太一样——平、上、去、入。平：指平声；仄：包括上、去、入三声。最早发现四声的是魏晋南北朝时期，南朝齐梁年间的一位著名的文学家、政治家沈约，他写成《四声谱》一书，说明他当时对四声已经有了相当深入的研究。

诗歌为什么要讲究平仄？因为文似看山不喜平，美的东西都是要讲究变化的，四声交错可以形成一种抑扬顿挫、回环往复的美感。英语没有声调，所以就不好听。

2. 粘对

（1）平仄的排列法

一首律诗的排列规则可以概括为：一句之中平仄相间；一联之中平仄相对；两联之间平仄相粘。对，指近体诗每一联中出句与对句第二个字平仄相对。粘，指近体诗中上一联对句与下一联出句第二个字平仄相同。近体诗平仄的四种基本格式为：

五言：

甲：仄仄—平平—仄　　乙：平平—仄仄—平

丙：平平—平—仄仄　　丁：仄仄—仄—平平

七言：

甲：平平仄仄—平平—仄　　乙：仄仄平平—仄仄—平

丙：仄仄平平—平—仄仄　　丁：平平仄仄—仄—平平

就汉语词汇而言，唐宋时期以双音词为主要形式。因此，律诗中的平平、仄仄都是成对出现的。又因为重心一般落在第二个音节上，所以就有了"一、三、五不论，二、四、六分明"的说法。

通过粘、对的规则可以将所有近体诗的平仄概括为以下四种形式：

A. 甲乙丙丁甲乙丙丁

甲　仄仄平平仄　　　　甲　平平仄仄平平仄
乙　平平仄仄平　　　　乙　仄仄平平仄仄平
丙　平平平仄仄　　　　丙　仄仄平平平仄仄
丁　仄仄仄平平　　　　丁　平平仄仄仄平平
甲　仄仄平平仄　　　　甲　平平仄仄平平仄
乙　平平仄仄平　　　　乙　仄仄平平仄仄平
丙　平平平仄仄　　　　丙　仄仄平平平仄仄
丁　仄仄仄平平　　　　丁　平平仄仄仄平平

B. 丙丁甲乙丙丁甲乙

丙　平平平仄仄　　　　丙　仄仄平平平仄仄
丁　仄仄仄平平　　　　丁　平平仄仄仄平平
甲　仄仄平平仄　　　　甲　平平仄仄平平仄
乙　平平仄仄平　　　　乙　仄仄平平仄仄平
丙　平平平仄仄　　　　丙　仄仄平平平仄仄
丁　仄仄仄平平　　　　丁　平平仄仄仄平平
甲　仄仄平平仄　　　　甲　平平仄仄平平仄
乙　平平仄仄平　　　　乙　仄仄平平仄仄平

C. 乙丁甲乙丙丁甲乙

乙　平平仄仄平　　　　乙　仄仄平平仄仄平
丁　仄仄仄平平　　　　丁　平平仄仄仄平平
甲　仄仄平平仄　　　　甲　平平仄仄平平仄
乙　平平仄仄平　　　　乙　仄仄平平仄仄平
丙　平平平仄仄　　　　丙　仄仄平平平仄仄
丁　仄仄仄平平　　　　丁　平平仄仄仄平平

| 甲 仄仄平平仄 | 甲 平平仄仄平平仄 |
| 乙 仄仄仄平平 | 乙 平平仄仄仄平平 |

D. 丁乙丙丁甲乙丙丁

丁 仄仄仄平平	丁 平平仄仄仄平平
乙 平平仄仄平	乙 仄仄平平仄仄平
丙 平平平仄仄	丙 仄仄平平平仄仄
丁 仄仄仄平平	丁 平平仄仄仄平平
甲 仄仄平平仄	甲 平平仄仄平平仄
乙 平平仄仄平	乙 仄仄平平仄仄平
丙 平平平仄仄	丙 仄仄平平平仄仄
丁 仄仄仄平平	丁 平平仄仄仄平平

（2）避免犯孤平

五言乙种句如果第一个字变成仄声，那么整句诗除韵脚之外只剩下一个平声字，这叫犯孤平。

（3）避免"三平调"

丁种句如果第三个字变成了平声字，就出现了末尾三个平声调的字连用的情况，这种情况叫三平调。

（4）讲究拗救

拗：在律诗中，本该用平声的地方用了仄声，或者本该用仄声的地方用了平声，这种不合平仄声律的诗句就叫"拗句"。

救：在律诗中"拗句"出现之后，一般都应在本诗的另一处相应的地方把仄声字改为平声字或把平声字改成仄声字来补救因拗而损失了的音乐上的美感。这在诗律上叫拗救。

乙：平平—仄仄—平，第一字必须是平。如果第一字是仄，那么救的办法是将本句的第三字改为平声。其他句式的拗救问题，标示如下：

五言：

甲：仄仄平平（仄仄）仄　　本句第三字或第四字拗，对句第三字救

乙：平（仄）平仄（平）仄平　　第一字拗，本句第三字救①

丙：平平平（仄）仄（平）仄　　第四字拗，本句第三字救

七言：

甲：平平仄仄平平（仄仄）仄　　第五字或第六字拗，对句第五字救

乙：仄仄平（仄）平仄（平）仄平　　第三字拗，本句第五字救②

丙：仄仄平平平（仄）仄（平）仄　　第六字拗，本句第五字救

四　怎样给律诗标平仄

根据五言律诗第一句的第二字和第五个字就可以确定整首诗的平仄格式，可以称之为"二五定式法"；根据七言律诗第一句的第四字和第七个字就可以确定整首诗的平仄格式，可以称之为"四七定式法"。具体步骤如下：

第一步：看一首诗的首句是否入韵。如果首句不入韵则是（甲乙丙丁甲乙丙丁）或（丙丁甲乙丙丁甲乙）的格式；如果首句入韵则是（丁乙丙丁甲乙丙丁）或（乙丁甲乙丙丁甲乙）的格式。

第二步：看这首诗的第二个字的平仄来确定是"平起"还是"仄起"。如果是首句不入韵，"五言（仄起）七言（平起）"的则是（甲乙丙丁甲乙丙丁），如果是"五言（平起）七言（仄起）"则是（丙丁甲乙丙丁甲乙）式。首句入韵的做法相同。

第三步：根据句式再看看有关拗救的问题。例如：

我宿五松下，（甲）　　仄仄平平仄　　第三字拗，对句第三字救

寂寥无所欢。（乙）　　平平仄仄平　　第一字拗，第三字救

田家秋作苦，（丙）　　平平平仄仄

邻女夜舂寒。（丁）　　仄仄仄平平　　　　第一字可平

跪进雕胡饭，（甲）　　仄仄平平仄

---

① 本句第三字既可以救本句第一字，上句的第三字或第四字，也可以同时救以上三个拗的地方。

② 本句第五字既可以救本句第三字，上句的第五字或第六字，也可以同时救以上三个拗的地方。

月光明素盘。（乙）	平平仄仄平	第一字拗，第三字救
令人惭漂母，（丙）	平平平仄仄	第一字可仄
三谢不能餐。（丁）	仄仄仄平平	

该诗首句的最后一个字为"下"，声调为去声，故不入韵。再看首句第二个字，为"宿"，去声，就可知该首诗为仄起仄收式，首句不入韵，类型是：甲乙丙丁甲乙丙丁。

用韵：欢，寒，盘，餐，押寒韵。平仄：第二、第六句第一字拗，本句第三字救。此诗没有失粘、失对和其他不合律的地方。对仗：颔联是工对。句式：全诗每句都是三字尾。

第 二 章

古书的用字概述

汉字在初创之际，一般一个字只对应一个意义，这个字与所对应的词的意义之间存在着一一对应关系。但是，在语言的发展过程中，词义往往会引申，汉字在使用过程中，常常会被假借或通假，这样就会出现一个汉字记录多个意义的情况。一个汉字负载的意义过多，就会出现记载不明确、表意不清楚的现象，所以某些义项就由别的字来记录了。这样一来，汉字在发展过程中，在初文、本字的基础上就衍生出许许多多的汉字来。例如，"辟（法也）"衍生出僻、避、劈、闢、譬、擗等，后起字是由于假借字的义项分立。"采"衍生出菜、彩、採、綵等字，是由于其引申义的义项分立。"其"分化出"箕"是由于本字被假借的结果。"陈"与孳乳出的"阵"是古今字关系；"辻"与演化出的"徒"是异体字关系。由"从"衍生出"從"是笔画增生；由"雧"演化为"集"是繁体简化。由"受"分化出"授"是相反意义原来同存一体而分化。

汉字的孳乳分化，主要分古今字、异体字和通假字。几千年来，汉字为了不断适应变化着的汉语的需要，就是这样不断孳乳着、衍生着，调整着与汉语的关系，担负着记录汉语的作用。

第一节 古今字

一 古今字的定义

什么是古今字？大多数学者只作说明而不作定义，如王力（1962/

2018)①、朱声琦等（1998）②、洪成玉（2013）③ 等均是。一些学者尝试从语言学的角度来给古今字下定义。谷衍奎（2008）："同一个意思，古代和后代用不同的两个字来表示的就是古今字。古今字常用'×同×'来表示。"④ 董志翘、杨琳（2012/2019）："古今字是一对或一组为了区分一字多义现象而形成的古本字与后起字的关系字。"⑤ 黄德宽（2015）："古今字指同表某一意义而古今用字有异的一组字。"⑥

综上可知，各家观点表述虽异，其实质则同。古今字就是指一个多义字的其中一个义项，后来用另一个字来记录，在这个义项上原先的这个字与后来的这个字便组成一对"古今字"。也就是说，一个多义字的其中一个或几个义项在先后不同时代用不同的字去代替，在前的称为"古字"，在后的称为"今字"。

二 古今字的分类

若从古今字的意义关系来分，可分为以下两类：

（一）古字用于表示引申义或假借义，为它的本义造今字。例如：责债、孰熟、县悬、莫暮、然燃、要腰、云雲、自鼻、亦腋、益溢等。

"责"的动词本义为"求取"，名词本义为"债务"。由名词本义引申出"责任"。由动词本义引申出"要求"，如成语"求全责备"，再引申出动词"责备"义。《说文》无"债"字，这不等于说上古没有"债务"这个概念，只是这个概念当时是由"责"表示的。如《战国策·齐策》："谁习计会，能为文收责于薛者乎？"《史记·孟尝君列传》："何人可使收债于薛者？"（三国·魏）吴质《答东阿王书》"而无冯谖三窟之效"，李善注引《战国策》曰："能为文收债于薛者乎？"可见"债"汉代始见，中古以后才逐渐兴盛。益，本义"水漫出来"，引申为"增加"

---

① 王力主编：《古代汉语》（校订重排版），中华书局2018年版，第169页。
② 朱声琦等：《古代汉语使用教程》，江苏人民出版社1998年版，第215页。
③ 洪成玉：《古今字字典》，商务印书馆2013年版，第2页。
④ 谷衍奎：《汉字源流字典》，语文出版社2008年版，第2076页。
⑤ 董志翘、杨琳：《古代汉语》（第二版），武汉大学出版社2019年版，第139页。
⑥ 黄德宽主编：《古代汉语》，高等教育出版社2015年版，第78页。

"更加",后来本义写作"溢"。

孰熟、县悬、莫暮、然燃、要腰、云雲、自鼻、亦腋,其后一字均为表本义的今字。孰,"熟"的本字,假借为疑问代词。南朝梁顾野王《玉篇》始见"熟"字。县,本义悬挂,假为郡县之县字。莫,日落将冥。《石钟山记》:"莫夜月明。"假借为否定词。然,用火烤烧狗肉,假借为指示代词。要,本义腰,假借为动词。云,本义云彩,假借为动词"说"。自,鼻子,假借为己身之称。亦,腋窝,假借为副词。

(二)古字用于表示本义,又为它的引申义或假借义造今字。例如:反返、栗慄、舍捨、取娶、景影、赴讣、坐座、要邀、竟境等。

"反"本义"翻转手背"。《说文·又部》:"反,覆也。"如《孟子·公孙丑上》"以齐王,由反手也",成语"易如反掌"等。由于"翻转手背"与"返回原处""把借来的东西还给原主"有相似之处,故引申出"返回""归还"义。"返回""归还"义古字写作"反",今字写作"返"。例如:《尚书·西伯戡黎》:"祖伊反,曰:'呜呼!乃罪多……'"《说文》引此语作"祖甲返"。上例中的"反""返"均为"返回"义。《左传·宣公五年》:"冬,来,反马也。"杨伯峻注:"至大夫以上者取妇,则乘母家之车,驾母家之马。既婚三月以后,夫家留其车而返其马。""返"的归还义,先秦时期还没有,约产生于西汉末。(汉)刘向《说苑·臣术》:"晏子朝,乘敝车。……公使梁据秋遗之辂车乘马,三返不受。"

栗慄、舍捨、取娶、景影、赴讣、坐座、要邀、竟境,其后一字均表引申义或假借义。"栗"本义"栗子",后来借指"发抖、哆嗦",如"不寒而栗","发抖"义后来写作"慄"。"舍"本义"客舍"。《说文·亼部》:"舍,市居也。从亼从屮从口(wéi)"又引申指"房屋"。"客舍""房屋"是用来止息的,又引申指"停止",停止不用就是"舍弃",后来"舍弃"义又造了"捨"来代替。"十三经"里完全没有"捨"字,《说文》里有"捨"字,不是说在"十三经"中没有"舍弃"这个概念,这个概念是由"舍"字来代替的,如《左传·隐公元年》"食舍肉"。故在"舍弃"义上,"舍—捨"是一组古今字。"取"本指在战争中割取敌人左耳,以作为报功请赏的凭据。引申为凡取之称,娶妻也是取。"景"

的本义为"日光",有光就有影,引申出影。《说文·日部》:"景,日光也。"贾谊《过秦论》:"斩木为兵,揭竿为旗,天下云集响应,赢粮而景从,山东豪俊遂并起而亡秦族矣。""影"的"彡"是受"形景"的"形"的沾染类化而来,(晋)葛洪《字苑》始见"影"字。赴,本义疾走、前往。《说文》:"赴,趋也。"后来引申出"奔赴"义,多指奔向凶险之地。由"奔向凶险的地方"引申为"报丧或报丧的信或告示"。因报丧或报丧的文告、信函,一般都用语言文字,后改"赴"字的形符"走"为"言",另造一个"讣"字。《说文》无"讣"字,"讣"字约产生于汉代。如"赴吊"(《左传·文公三年》)、"讣告"(西汉班固《白虎通义·崩薨》)。"坐"字的本义是席地而坐。《说文·土部》:"坐,止也。""坐"为动词,引申为可供坐的席位,成为名词,即"座"。如《史记·项羽本纪》:"请以剑舞,因击沛公于坐,杀之。""座"字,《说文》无。"要"本义为"腰"。如《墨子·兼爱中》:"昔者楚灵王好士细要,故灵王之臣皆以一饭为节,胁息然后带,扶墙然后起。""要"被假借指"要求"义,善意友好的要求即邀请,该假借义引申为"邀请"义。如(晋)陶潜《桃花源记》:"便要还家,设酒杀鸡作食。""邀请"义的"要"后来写作"邀"。"竟"本义"乐曲终了",引申为"国土终了的地方",引申义后来写作"境"。

三 古今字的使用

在古书的校勘、注释与考证中,遇到古今字问题,要特别注意"古今字可注不可改"的原则。有的人不知道某字是某字的古字,还以为是古人文化水平低,写了错别字,于是就直接替古人改字。这是非常错误的。

例如《藏外佛教文献》第一辑第34页《天竺国菩提达摩禅师论一卷》:"何名'安心门'者?由常看守心故,孰看诸境种种相貌,一切境界悉知不从外来。"该页下校记云:"'熟'底本作'孰',据文意改。"

"孰"是"熟"的古字,《说文》"孰,食饪也"。段玉裁注:"后人乃分别熟为生熟,孰为谁孰矣。曹宪曰:'顾野王《玉篇》始有熟字。'"既然底本作"孰",就应该尊重原卷,怎么可以据文意改呢?这是违背古籍校勘的基本原则的。

四　古今字的注释

古今字，在古书注释中一般应这样表示：

×，××，这个意义后来写作×。

×，×的古字。

×，今字作×。

如：

责，债务，这个意义后来写作"债"。

责，"债"的古字。

责，今字作"债"。

第二节　异体字

一　异体字的定义

当前学界对异体字的界定有广义和狭义之分。裘锡圭（1988）在《文字学概要》中给异体字下的定义是："异体字就是彼此音义相同而外形不同的字。严格地说，只有用法完全相同的字，也就是一字的异体，才能称为异体字。但是，一般所说的异体字往往包括只有部分用法相同的字。严格意义上的异体字可以称为狭义异体字，部分用法相同的字可以称为部分异体字，二者合在一起就是广义的异体字。"[1]

为了方便教学和与古今字、通假字相区分，学界一般多认同狭义异体字。王力（1962/2018）："异体字跟古今字的分别是：两个（或两个以上的）字的意义完全相同，在任何情况下都可以互相代替。"[2] 黄德宽（2015）："异体字也称'或体'，指字义相同而字形不同的一组字。"[3] 从定义来看，它们没有强调完全同音，这就和同义字纠缠不清，但从其所

---

[1] 裘锡圭：《文字学概要》，商务印书馆1988年版，第205页。
[2] 王力主编：《古代汉语》（校订重排版），中华书局2018年版，第172页。
[3] 黄德宽主编：《古代汉语》，高等教育出版社2015年版，第78页。

举例来看，都是音义完全相同的字。谷衍奎（2008）："所谓异体字，是指同一个词（语素），某一个时代或地区已经造了一个字来记录，另一个时代或地区又造了另一个字来记录，像这样音义完全相同、可以互相代替，只是形体不同的两个字就是异体字。如：遍与徧、咏与詠、够与夠，后者都是前者的异体字，如今已经淘汰不用。异体字也常用'×同×'来表示。"① 董志翘、杨琳（2012/2019）："异体字就是音同义同而形不同的两个或多个的字。"②

从方便教学和与古今字、通假字相区分的角度来看，我们所说的异体字仅指狭义异体字。异体字是指同一个字有两种或两种以上不同的写法，它们的写法不同，但读音和意义完全相同，在任何情况下都可以互相替代。

二 异体字的类型

异体字主要有两个来源：一类源于"造字之初"的构形，一类源于文字应用的书写。当然这里所说的"造字之初"是个相对概念，指这个字形的出现时间，不一定是远古时期。根据异体字的来源，可以把异体字分为"异构字"和"异写字"两种类型③。

（一）异构字

异构字即用不同的构形方式或选取不同构件造成的异体字。异构字有以下几种类型。

1. 采用不同的构形方式产生的异构字。汉字主要有象形、指事、会意、形声等不同的构形方法，由于不同时期、不同地区的人分头造字，常常会采用不同的造字方法给同一个词造字，从而形成异构字。如："羴""羶""膻"都是为表示羊身上散发出的气味这个词造的字，"羴"为会意字，"羶""膻"则为形声字。"嵩、崧""泪、涙"均是前者为会意字，后者为形声字。

---

① 谷衍奎：《汉字源流字典》，语文出版社 2008 年版，第 2076 页。
② 董志翘、杨琳：《古代汉语》（第二版），武汉大学出版社 2019 年版，第 141 页。
③ 李国英：《异体字的定义与类型》，《北京师范大学学报》（社会科学版）2007 年第 3 期。

2. 用同一种构形方式而选用不同偏旁产生的异构字。如"杯、盃""溪、谿"都是形声字，而形符不同；"线、綫""勋、勳""蜨、蝶"都是形声字，而声符不同；"村、邨""剩、賸"都是形声字，而声符、意符都不同。

3. 用同一种构形方式且选用相同的偏旁而偏旁的位置不同产生的异构字。除形合的会意字之外，一般来说，汉字偏旁的位置并不体现构形意图，所以汉字偏旁的位置并不固定。早期汉字形体尚未定型，偏旁的位置很不固定，甲骨文当中存在着大量由于偏旁位置不同构成的异构字。后来，随着汉字的不断定型，偏旁的位置也越来越趋于固定。但是，隶、楷之后仍然存在着一些由于偏旁位置不同构成的异构，如"和、咊""鞍、鞌""群、羣""裡、裏"等。

（二）异写字

异写字即由于书写变异而形成的异体字。异写字与异构字不同。从来源看，异构字是造字的产物，异写字是书写变异的产物。从理据保持的情况来看，异构字都能直接解释构形理据，异写字正体可以解释构形理据，变体则因为书写变异而失去构形理据。

异写字的来源主要有：（1）由于书写变异造成笔画微异的异写字，如"亞、亜"。（2）由于偏旁减省造成的异写字，如"雧、集"。（3）由于隶定造成的异写字。隶定本来是指隶书通行以后用隶书写定古文。后来也指楷书通行以后用楷书写定古文字，这种情况也称为楷定。隶定的形体与隶变通行的形体不同，就构成了异写字。如《集韵·姥韵》："暜，隶作普。""暜"为隶定字，"普"为隶变字，两者为异写字。

三 判定异体字应注意的问题

判定异体字应注意以下三点。

1. 有些字虽然意义相近，后代读音也相同，但不能把它们看作异体字。如：寔与實。寔：从宀是声，是一个形声字。本义为停止。《说文》："寔，止也。"此字在古文献中多不用本义，一般用来表示假借义。可通"是"，有"这"的意思。《国语·晋语五》："赵穿攻灵公于桃园，逆公子黑臀而立之，寔为成公。"可以通"實（实）"。《礼记·坊记》："寔受其福。"實：会意字，从宀从貫。本义富有。也引申虚化出副词义，表实在、确实。《左传·隐公四年》："此二人者，實弑其君，敢即图之。"两者仅在副词义"实在、确实"上相通。

2. 有些字虽然自古同音，但意义的广狭不同，有相通之处，也有不通之处，因而也不能看作异体字。如：置与寘，沽与酤，游与遊等。"置""寘"均有"放置"义，如《史记·项羽本纪》"项王则受璧，置之坐上"；《诗经·魏风·伐檀》"坎坎伐檀兮，寘之河之干兮"。除该义项外，"置"还有"赦免、释放"义，如《史记·淮阴侯列传》"高帝曰：'置之。'乃释通之罪"。

3. 通假字只是偶尔通用，更不能看作异体字。如：剥与攴、蚤与早等。

四 异体字的标写

关于异体字问题，古书注释的规范是：

×，同×。

×，×的异体字。

如：

杯，同"盃"。

盃，"杯"的异体字。

第三节 通假字

一 通假字的定义

"本无其字"的假借，是许慎"六书"中的假借，有人称之为造字假借。"本无其字"的假借的产生，使一部分现成的汉字成为纯粹表音的符号，用来记录没有造出的那个字的音和义。这样，既可以达到记录语言的目的，而又不用造新字。假借没有造新字，只是运用甲字表示另一个概念的音和义，不是造字法，而是用字之法。

本有其字的假借指有甲字该用而不用，却用了乙字。甲、乙两字在意义上没有什么关联，只是由于读音相同或相近而通用，所以叫"通假"。

谷衍奎（2008）："在文言中，语言里已有某个意思或汉字里本来已有某个字，但写文章的人不知道用哪个字，或一时想不起来了，或根本不知道已有，便临时找一个同音字来代用，并且沿用下来，为人们所承认，便形成了两个字通用的现象。通假字常用'×通×''×借作×''×用作×'来表示。"[1]

通假字是已有本字的临时性借用，有的显然是古人写的错别字。因为每个通假字都还有原来各自的意义和用法，并且是根本的、常用的、主要的，而其借用义则是临时的，不固定的，除一些使用极普遍并沿用下来为人们所承认的外，一般不列入该字的义项内，只是一种字用现象。

通假字与被通假的字之间，严格地说，意义上毫无关系，仅有读音上的联系，同音才能通假。故辨析通假，要找到二者语音上的联系是关键。但要注意，所谓同音，是就当时的语音说的，后代随着语音的演变、方言的混杂，现在有的仍然同音，有的已变成近音，有的则已经完全不同了。所以今天确定古诗文中的通假关系，一定要借助音韵学知识。凡通假字都要按照被通假字的字音去读，按照被通假字的字义去讲。

二 通假字的分类

因为是由于读音相同或相近而产生了本有其字的假借，所以按同音、近音可以分为两类：

（一）同音通假

同音是指声、韵都相同，一般不考虑声调是否相同。如：

距—拒 《鸿门宴》："距关，毋内诸侯。""距"原是雄鸡的后爪，是格斗时的武器，走路时用不到它。《说文》："距，鸡距也。"距、拒上古都是群母鱼部。

厝—措 《愚公移山》："一厝朔东，一厝雍南。"厝，本义为磨刀石，可以用来琢磨玉石。《说文》："厝，厝石也。"厝、措上古都是清母

---

[1] 谷衍奎：《汉字源流字典》，语文出版社2008年版，第2076页。

铎韵。

（二）近音通假

近音通假，是指通假字和被通假字的字音是相近的，又可分为双声通假和叠韵通假两类。

1. 双声通假

双声通假指两个字的声母相同或相近。如：

有—又　《劝学》："虽有槁暴不复挺者，𫐓使之然也。""有"上古"匣母之部"，中古"云母有韵"；"又"上古"匣母之部"，中古"云母宥韵"。

倍—背　《鸿门宴》："愿伯具言臣之不敢倍德也。""倍"上古"並母之部"，中古"並母海韵"；"背"上古"帮母职部"，中古"並母队韵"。

2. 叠韵通假

叠韵通假指两个字的韵部相同或相近。如：

釐—僖　《信陵君窃符救赵》："魏安釐王。""釐"上古"来母之部"，中古"来母之韵"；"僖"上古"晓母之部"，中古"晓母之韵"。

适—谪　《孔雀东南飞》："贫贱有此女，始适（被休弃）还家门。""适"上古"奚母锡部"，中古"端母锡韵"；"谪"上古"知母锡部"，中古"端母锡韵"。

三　古今字与通假字之间的区别

通假字，是本有其字，人们临时借一个音同或音近的字来表示这个字的意义。通假字与本字之间只有音同或音近的关系，只是在具体的语境中临时表示这个本字所具有的意义，离开这个语境，各自恢复其原有的意义。如：蚤—早，《鸿门宴》："旦日不可不蚤自来谢项王。""蚤"本义"跳蚤"。《说文·䖵（昆）部》："蚤，啮人虫也。"

古今字，是未有今字之前，这个字的意义由古字来兼职。就某个义项而言，古今字就是同一个字的先后不同的写法。它不限于具体的语境，在任何语境下它都具有这个意思。如：兑—说—悦。《说文》："兑（yuè），说也。""兑"本为会意字，从儿（人）从口从八（表分开），会人咧开嘴嬉笑之义。《说文·儿部》："兑，说（yuè）也。""说"，会意"有说有笑"，后来专指"说话"，音变为"shuō"，就另造"悦"来表示"高兴"义。古今字在某一段时期内古字与今字并存，都表示同一个意义，后来才逐渐分化开来。例如：《论语·学而》："学而时习之，不亦说乎？"《韩非子·五蠹》："民说之，使王天下。"《韩非子·喻老》："桓侯又不悦。"

四　在教学中如何识别通假字

一般说来，一个字在古文中如果按照它的通用义讲不通，或者虽然勉强可以讲通，但总有点儿疙瘩，那么这个字就有可能是通假字。例如《愚公移山》"河曲智叟亡以应"中的"亡"，讲"逃亡、丢失"，都不通。它就可能是通假字（通"无"）。《孔雀东南飞》"始适还家门"，教材注"出嫁"①。"始适"讲成"才出嫁"。刘兰芝明明已出嫁有年，诗中有"兰芝初来时，小姑始扶床。今日被驱遣，小姑如我长""共事二三年"等为证，怎么"才出嫁"呢？这里就比较疙瘩。那么"适"就有可能是通假字（通"谪"）。要识别通假字，必须求之于古音，并参之以古代文献资料。

五　通假字的标写

关于通假字，古书注释的规范是：

×，通×。

×，×的通假字。

如：

蚤，通"早"。

蚤，"早"的通假字。

---

① 温儒敏总主编：《普通高中教科书〈语文〉》（选择性必修下册），人民教育出版社 2020 年版，第 10 页。

第三章

初中语文古诗文文体概述与注释问题

第一节 七年级上册

本册教材共包含六个单元,古诗文部分根据主题内容分散于每个单元中,占整册教材的三分之一。共收录古诗文19篇:教读课文11篇,自读课文8篇;从选文的时代来看,上古2篇、中古5篇、近古12篇(唐代8篇、南宋1篇、元代1篇、清代2篇)。从选文的体裁来看,其中散文7篇:语录体1篇、寓言2篇、书信1篇、文言小说3篇;诗词12首:律诗1首、古体诗1首、元曲1首、七绝8首、五绝1首。为了便于观察,列表如下:

表3-1　　　　　　七年级上册古诗文选文情况统计

篇目	单元安排	时代特点	文体特点		
		作者/时代	散文	韵文	
				非律诗	律诗
《观沧海》①	第一单元	曹操/曹魏	—	古体诗	—
《闻王昌龄左迁龙标遥有此寄》		李白/唐代	—	—	七绝
《次北固山下》		王湾/唐代	—	—	五言
《天净沙·秋思》		马致远/元代	—	元曲	—

---

① 篇名加黑的为教读课文,篇名不加黑的为自读课文。下同,不再说明。

续表

篇目	单元安排	时代特点		文体特点		
		作者/时代		散文	韵文	
					非律诗	律诗
《咏雪》/《世说新语》	教读课文	第二单元	刘义庆/南朝	笔记体志人小说	—	—
《陈太丘与友期行》/《世说新语》			刘义庆/南朝	笔记体志人小说	—	—
《〈论语〉十二章》			孔子/春秋末	语录体论说文	—	—
《峨眉山月歌》	自读课文	第三单元	李白/唐代	—	—	七绝
《江南逢李龟年》			杜甫/唐代	—	—	七绝
《行军九日思长安故园》			岑参/唐代	—	—	五绝
《夜上受降城闻笛》			李益/唐代	—	—	七绝
《诫子书》	教读课文	第四单元	诸葛亮/三国蜀	书信	—	—
《狼/聊斋志异》		第五单元	蒲松龄/清代	寓言（笔记体志怪小说）	—	—
《穿井得一人》/《吕氏春秋》			吕不韦/战国末秦	寓言	—	—
《杞人忧天》/《列子》			旧题列御寇/战国（晋代）	寓言	—	—
《秋词》（其一）	自读课文	第六单元	刘禹锡/唐代	—	—	七绝
《夜雨寄北》			李商隐/唐代	—	—	七绝
《十一月四日风雨大作》（其二）			陆游/南宋	—	—	七绝
《潼关》			谭嗣同/清末	—	—	七绝

一 文体介绍：论说文

论说文是一种论证事理、阐明主张的文体。现代的论说文被排斥在散文之外，因为它们是用论点、论据、论证等逻辑推理的方法来表达主旨的。我国古代的论说文则被视为散文作品，因为它们在论说的过程中运用了不少文学的方法、技巧和语言，形成了一种独特的论辩艺术。根据论辩的重心不同，可将论说文分为"论体文"和"说体文"两类。"论体文"，即"议论文"；"说体文"，即"说理文"。

（一）论体文

论体文，即议论文，主要用于表达作者的论点，要运用逻辑推理和证据来证明自己观点的正确性，其目的是说服读者接受自己的观点。论体文可分为两类：立论文与驳论文。立论文就是发表自己的主张，阐明事物的道理，其目的主要在立；古代驳论文通常叫"辩"，就是辨析与反驳，即辨别道理的是非，反驳别人的言论，首要任务往往在破。

1. 论体文的历史演变

我国古代的论体文源远流长，先秦诸子的书都可以看作论体文。从体制上看，诸子文可分为语录体、对话体和说理体。这三种体式的先后出现，体现了论说文从起步到成熟的发展历程。《论语》是语录体的代表。它只记下了孔子对各种各样问题的看法、观点的结论，即仅表明论点，没有论证过程，不见论据。这些观点精辟准确，可以成为格言，供后人借鉴。《孟子》是对话体的代表。所谓对话体就是通过记录人物的对话来表述人物的思想和学术观点。对话，就意味着言辞交锋，围绕着对话往往还伴随着场面的描写、过程的记载，以及环境的烘托，就像一场场论辩会的纪实。孟子能言善辩，咄咄逼人，并且多用比喻和寓言说服别人听从自己的观点，因而使文章生动而有气势。以叙事推理为主要手段的说理性论体文，以《庄子》《荀子》《韩非子》为代表。先秦时期说理性论体文的特点是：（1）有明确的论题作为议论的中心；（2）篇幅宏富、结构完善；（3）论辩的方法仍不以抽象的逻辑推理为主，而是以比喻、寓言等形象的说理见长，所以虽是理论文章但并不枯燥。随着学派的不同，作家的风格各异，每一部作品又各具风采。《庄子》想象丰富而奇特，语言深微而曲折。《荀子》的每一篇文章几乎都是专题论文，每一篇都有一个能高度概括内容的标题，都有较严谨的结构、完备的体制。而且根据论题的不同，采取不同的论证方式，以求得最佳效果。论辩中善于运用比喻，引物连类，巧妙设喻，使得论证严密而不枯燥。《韩非子》善于逻辑推理，论证严密；文辞上高度概括，又不乏形象说明。思辨中包含着形象，冷峻中掺杂着幽默，体现出先秦论辩文的最高成就。

属于说理性论体文的还有《管子》《孙子》《吕氏春秋》等。《墨子》成书时间较长,有不少是其弟子和再传弟子在不同时间补缀进去的,所以体例不一,其中有语录体、对话体,也有说理体。

两汉的论体文,以政论文的成就最为突出。前期的政论文作家,大多以秦的覆亡为鉴,向汉王朝提出各种各样的建议。如贾谊《论积贮疏》、晁错《论贵粟疏》等。汉代中期偏重于思想领域的政论,如王充的《论衡》;汉代后期的政论文则转向议论时政得失,如王符的《潜夫论》。魏晋南北朝时期,由于长期的分裂和不断更迭的政权,一向迎着时代风尚的论体文开始避开尖锐复杂的社会问题,而转入了尚清谈、崇口辩的以论辩名理为主要内容,如嵇康的《养生论》。随着古文运动的发生,唐代论体文又恢复了汉代气象,唐初的论体文都以短命的隋朝为镜子为唐王朝出谋划策,如魏征的《谏太宗十思疏》、柳宗元的《封建论》等。宋王朝积贫积弱,民族矛盾加剧,论体文就成了思想斗争、政治斗争的有力武器,如苏轼的《留侯论》《贾谊论》等。元代以后,文网加密,论体文最先走向衰亡之途。

在现存的文献中,单篇的论体文以贾谊的《过秦论》为最早。从先秦诸子起,在论说一个问题时,也用驳论的方法,但只是作为一种修辞手段来使用。驳论文章的独立,则在作家写短篇文章的风气盛行之后。在这过程中唐代的古文运动起到了划时代的作用。运动的主将如韩愈、柳宗元,写了不少很好的驳论文章。如柳宗元的《辩列子》,韩愈的《讳辩①》。

2. 论体文的写作特点

论体文的写作特点是说理深刻、逻辑严密、条理清楚。写论体文所必需的三个条件是:心里想得要正确清楚;说理要明白深刻,没有漏洞破绽;遣词造句精审严密。

不同时代、不同作家的论辩文,风格不同。自汉代至南北朝,其论述往往层层递进,沿着一条线直贯而下。唐代自韩、柳起,就很讲究文

---

① "辩""辨"古代通用,所以作家用以标题常常混淆不分。大体来说,唐以前多用"辨",唐以后多用"辩"。"辨"是"辨别、分析","辩"是辩驳、辩论之义。

章的波澜起伏、回转曲折，而作者的结论就在这中间得到淋漓尽致的发挥。到了宋代，以苏轼为代表，除了继承前代遗风外，又有通畅明快、气势浩然的特色。试以贾谊《过秦论》、韩愈《杂说一》、苏轼《留侯论》作一简单比较就可看出这种区别。

《过秦论》一般分为上中下三篇。上篇依次叙述：秦从孝公起日益强大；其他诸侯网罗人才、合纵缔交以攻秦，反为秦所败；延至始皇帝，灭山东六国统一天下；此后秦行愚民弱民政策，想传业万世；但陈涉揭竿而起，很快就推翻了秦；结论：秦之速亡，是由于在靠暴力取得胜利后却不能施行仁义以守业。中篇承上篇继续论述秦不能安民的过失：首言处于战国动乱之后人民思安；次言始皇帝"怀贪鄙之心，行自奋之智，不信功臣，不亲士民，废王道，立私权，禁文书而酷刑法，先诈力而后仁义，以暴虐为天下始"；再言秦二世更为暴虐，以致国事一发不可收拾；最后得出结论："故先王见终始之变，知存亡之机，是以牧民之道，务在安之而已。"可以说，上篇以述代论，从事实中引出作者所要论述的命题；中篇才做了系统的推论，历史事实的论述是作为论据出现的。其论述一泻而下，酣畅淋漓。

《留侯论》是就汉代张良为圯上老人纳履的故事所发的议论。其论述并不是平淡地展开，而是凌空提出"古之所谓豪杰之士，必有过人之节"这一命题，接下来指出"匹夫"与勇者面临屈辱时能忍与不能忍的差别。在这之后才谈到张良。但又一转折，撇开张良"强忍下取履"的事。却去论证这老人并非鬼物，"其意不在书"，而在深惜张良当初因不能忍而去刺杀秦始皇并差点儿送了命；然后才说老人是在试探张良是否能忍，亦即是否"可教"；其间又引郑伯服于楚、勾践困于吴的故事，以证明为了大志而忍的重要性，并且推测刘邦项羽的成败，就"在能忍与不能忍之间"。这时又突然作出进一步推断：刘邦之所以能忍，是张良教的。最后引用司马迁所说的张良"状貌如妇人女子"的话，并以"呜呼，此其所以为子房欤"结束全文。这篇文章句句平易，一气贯注，偌大事件如刘项之争，却能轻点一句给以总结，高屋建瓴，任意纵横。

具体来说，"论"行文要有一个中心论点，围绕论点阐明是非观念，思路清晰，说理透辟，讲究论点、论证方法和论据。如《六国论》一文开篇提出六国灭亡的根本原因在于贿赂秦国的论点，然后列举贿赂过秦国与不曾贿赂过秦国的两类国家，进行正反面的论证，一方面论断国家的治理者不要妥协于强国的威势，另一方面警诫当朝统治者要从六国破亡的历史事件中汲取教训。论点明确，论证方法丰富，布局严整，实属史论佳作。

（二）说体文

说体文，属于说明文范畴，即向读者介绍一个人、事、物或者道理，其目的是让读者明白说明对象的特点或一个抽象的道理。从现代文体的观点来看，介绍具体人、事、物的属于说明文；介绍一个抽象的道理则通常归入说理文一类。我们这里所介绍的说体文，只限于说理文。

从形式上看，说理性论体文与说体文没有区别，都是以叙事为手段来阐明道理，但两者的写作目的不同。说理性论体文通常先直接表明论点，以所叙之事为论据来论证自己观点的正确性；说体文则重叙事，目的是通过摆事实来讲明道理，有时所说的道理并不直接说出来，而是蕴含在所叙事、物之中，让读者去体会。

说体文的明显特征是解说性、阐释性，目的是让读者理解，明白所说的道理。这种文体至少涉及三个方面的内容：谁在"说"——创作者或叙述者，"说"什么——客观现象、事件及由此产生的道理，"说"给谁听——读者、行文对象。说理时，既可以先直接点明所说的道理，再摆事实，指出某种突出的社会现象进行论说，来让读者信服自己所说道理的正确性；也可以直接摆事实，将所说的道理蕴含在所叙述事实之中。前者为一般性说理文，后者则通常称为寓言。

1. 一般性说理文

韩愈《师说》，直接阐述关于从师学习的道理。《师说》开头先进行理论性解说，即说明教师的职责、从师的重要性，以及择师的原则；接下来从三方面对当时士大夫之家耻于求师的不良风气进行批判：（1）违背古训，古代圣人有超人之智尚且从师而学，今之众人则耻于从师而学；（2）只知为儿子择师，而不知为自己择师；（3）百工之人尚且不耻相师，士大夫之族反耻于相师，其智不及百工之人。

2. 寓言

这种借助人、事、物来说明道理的说体文就是寓言。如《掩耳盗铃》，将自己欺骗自己终将失败的道理蕴含在整个叙事之中。柳宗元《捕蛇者说》，借助捕蛇者的口吻叙述了不惜牺牲生命也要捕毒蛇来抵赋税的事实，说明苛政毒于毒蛇的社会现实，摆明了统治者应该革除弊政、减轻徭役，关心民生的道理，属于借事喻理性寓言。周敦颐的《爱莲说》，借物喻理，通过介绍莲花中通外直、不蔓不枝的特点，讲述了做人虽然身处浊世也应洁身自好，不与世俗同流合污的道理。文章的写作目的在于借物喻理，咏的是莲的习性，表现的却是人的品质。先与世人喜爱的菊花、牡丹比较，突出莲花的个性特征，表明自己独爱莲花的道理：菊花虽好，却离居独处；牡丹很美，但太艳丽，难免带点儿俗气；只有莲花根连叶密花盛，出污泥而不染，濯清涟而不妖，洁身自好，清高不凡；以此说明不与世俗同流合污的人才值得爱慕和赞颂。《马说》以伯乐和千里马为喻，将前者比喻成能够选贤举能的君主，将后者比喻为实有才干却未被挖掘、未被起用的人才。通过"世上先有伯乐，然后才有千里马"这一客观事实，来说明当今世上人才是经常存在的，而善于发现人才的贤君则少有，流露出作者对统治者不能识别和重视人才感到惋惜与愤慨。

  寓言，属于说理文，是由比喻发展而来的。比喻和寓言有着共同特征，就是刘向《说苑·善言》所说："以其所知，喻其所不知，而使人知之。"不同的是比喻的"所知"与"所不知"都是简单的道理，而寓言的"所知"则必须是有情节的故事，"所不知"也是较为深刻曲折的道理。

  通过一个生动形象的故事来说明一定道理。寓言必须是故事性和寄寓性的统一体。寓言是说理的工具，每一个寓言必须蕴含着某种劝谕或讽刺意义，这就是寄寓性。这种意义不是由作者抽象地空泛地说出，而是通过一个生动形象的故事表现出来，这就是故事性。所以寓言一般由两部分组成，前面叙述一个故事称为喻体；后面点明寓意，称为本体。

  虚构和夸张是寓言的主要表现手法。寓言的价值不在于真实地描写生活，而在于贴切地说明道理。所以可以广泛地取材，大胆地虚构，可以编制人物故事，也可以编制动物、植物的故事，还可以人与动植物混编。没有虚构就没有寓言。夸张在寓言中所起的作用是为塑造各种鲜明的寓言形象服务的，通过夸张将寓言形象的所作所为与实际生活拉开距离，让动物做出合乎人情的事，让人做出不合乎人情的事，这不仅可以使形象鲜明突出，而且可以获得诙谐幽默的效果。笑话与寓言本是同一血缘，笑话即由寓言的幽默诙谐发展来的。

说理文源于战国游说，是指通过解释说明来让人信从自己的观点。学者们、策士们为了说服对方，就在自己的文章和说辞中大量地引用和创作各色各样的寓言。孟子的寓言善于从生活中取材，用生动形象的故事说明他的儒家学说，如《揠苗助长》《攘鸡》等。庄子的寓言则具有一种奇特、诡谲、辛辣的浪漫风格，如《庖丁解牛》《东施效颦》《坎井之蛙》《涸辙之鲋》等。韩非创作的寓言，数量最多。他的寓言多从历史故事和现实中取材，寓意明显而深刻，如《扁鹊治病》《滥竽充数》《买椟还珠》《守株待兔》《自相矛盾》等。《战国策》中的寓言大多取材于民间故事和历史故事，如《南辕北辙》《鹬蚌相争》《画蛇添足》《狐假虎威》等。先秦的寓言，虽然闪闪发光，但尚未形成独立的文体，仍是作为他种文体的附庸而存在的。

唐宋是寓言创作的复兴时期。从柳宗元的《三戒》开始把寓言发展成了一种独立的文学体裁，如《三戒》《罴说》《蝜蝂传》等，都是作为散文名篇流传的。元明清时期，文网甚密，寓言的讽刺性减少了，诙谐性增多了，继承唐宋传统的寓言，以刘基为代表，如《卖柑者言》。龚自珍的《病梅馆记》借江南之梅因被制成盆景而遭刀锯绳缚之事，暗喻封建统治者禁锢思想、摧残人才的罪恶行径。又借自己筑病梅馆疗救病梅，恢复其自然生态的设想，发出了解放思想，解放人才，尊重个性的呼吁，反映了封建末世一个觉醒知识分子的反抗情绪。

寓言是用假托的有着明显讽谕意义的短小故事或自然物的拟人手法来说明某个道理，常带有劝诫、教育的性质。从语言的表达方式来看通常具有记叙和议论的双重特性，它们的题目往往视两种成分的多寡摇摆在记叙题和说理题之间，记叙成分多者，往往用记叙文的题目，议论成分多者往往用说理文的题目。前者如《病梅馆记》，后者如《爱莲说》《马说》《捕蛇者说》等。有时记叙和说理并重，先叙后议，类似于古代传记，就以"传"命名，如柳宗元的《蝜蝂传》。全文可分为两部分，第一部分先采用拟人手法讲述了一个关于蝜蝂这种小虫的故事；后一部分直接讥议、讽刺那些贪得无厌的官吏。

小说盛行以后，就出现了以小说的形式来写的寓言，如明代马中锡的《中山狼传》就是首开其端的作品。它运用小说做法塑造了两个鲜明的寓言形象——东郭先生和中山狼，讲述了人和动物之间的一个故事。寓意是极为鲜明的，手法是别开生面的，是一篇典型的小说性寓言。再如清代蒲松龄的《狼三则》写了三只狼分别被屠夫杀死的故事，说明了贪婪、狡诈、凶残之人将不被容于当今之世的道理。

二 注释问题

通过调研发现，七年级上册所选古诗文随文注释存在不够精准的现象。具体可分为以下几类：

（一）字际关系注释术语不够精准

许嘉璐（1984）指出："当前训诂学界比较一致的意见认为应该把通假字、异体字、古今字加以明确的区分，并分别用'通'、'同'等术语标志。"① 不过区分文言文中的通假字、异体字、古今字是件艰巨的工作，主要是因为三者概念的外延不够明确，彼此之间有相互交叉包含的中间地带。我们在对三者各自概念的内涵、外延严格界定并一以贯之的前提下，对这一问题作些尝试性考察。

1.《论语》十二章"不亦说乎""吾十有五而志于学"中的"说""有"，文中注为"'说'同'悦'""'有'同'又'"。其实"说""悦"为古今字，"有""又"为通假字，应注为"'说'，'悦'的古字""'有'通'又'"。

2.《杞人忧天》"其人舍然大喜，晓之者亦舍然大喜"中的"舍"，文中注释为"'舍'同'释'"。其实"舍""释"为通假字，应注为"'舍'通'释'"。

（二）应注未注

对于古今词义迥异且容易引起歧义的词语，文中应该给予注释，可是教材注释中存在该注未注的情况。如：

---

① 许嘉璐：《中学课本文言文注释商榷（续）——兼论注释学的研究》，《北京师范大学学报》1984年第3期。

1.《江南逢李龟年》"崔九堂前几度闻"中的"几度"文中未出注。其实其中的"几度"为数量词组作状语,相当于"几次"。

2.《行军九日思长安故园》"强欲登高去"中的"强"文中未出注。其中"强",应为"勉强",即"能力不足而尽力为之"。古人有重阳登高、饮酒、赏菊的风俗,可是处于军旅之中,又遭逢战乱,故"强欲登高去"。一个"强"字尽显其惆怅、凄凉之情态。

3.《夜上受降城闻笛》:"不知何处吹芦管,一夜征人尽望乡。"其中的"一夜"文中未注,该句诗中的"一夜"并不是数量结构,而是指"整夜"。

4.《诫子书》:"年与时驰,意与日去,遂成枯落,多不接世,悲守穷庐,将复何及!"该句中的"遂",为关联副词,相当于"于是、就"。

5.《狼》:"方欲行,转视积薪后,一狼洞其中,意将(打算将要)隧入以攻其后也。"该句话中的"方"为副词,相当于"将","方欲",即"将欲"。与"李白乘舟将欲行"中的"将欲"义同。

6.《秋词》(其一):"晴空一鹤排云上,便引诗情到碧霄。""便"未注。"便"为时间副词,用于两个动作行为或事件之间,表示间隔时间短,相当于"即""就"。可译为"立即""马上就"。

(三)注释不够精准

1.《咏雪》"白雪纷纷何所似"中的"何所似",文中注释为"像什么",甚确。不过还应指出,"何所"为双音节疑问代词,相当于"何"。

2.《论语》十二章"学而时习之"。"时"文中注释为"按时"。周秦时代"时"作状语,意思略等于《孟子·梁惠王上》"斧斤以时入山林"的"以时",本指"在适当的季节",后来泛指"在适当的时候"。《孟子·万章下》:"孔子,圣之时者也。"赵岐注:"孔子时(适时)行则行,时止则止。"何晏《〈论语〉集解》引王肃曰:"时者,学者以时诵习之。诵习以时,学无废业,所以为说怿。"

3.《夜雨寄北》:"何当共剪西窗烛,却话巴山夜雨时。""却话"文中注释为"回头说,追述"。其实,"却话"中的"却"为表示重复的频率副词,相当于"再"。如(宋)辛弃疾《鹧鸪天·徐衡仲抚幹惠琴不受》词:"不如却付骚人手,留和《南风》解愠诗。"(清)俞樾《茶香室三钞·关将军》:"有夷人逢一人如猴,着故青衣,云关将军差来采木,今被此州接去,要须明年却来取。"

4.《夜雨寄北》:"何当共剪西窗烛,却话巴山夜雨时。""何当",文中注释为"何时将要"。其实"何当",即"何时"。此古书中习见。如《玉台新咏·古绝句一》:"何当大刀头,破镜飞上天。"(晋)干宝《搜神记》卷十六:"故见鄙姿,逢君辉光。身远心近,何当暂忘。"

5.《狼》"苫蔽成丘","苫蔽"教材注为"遮盖、覆盖",甚确。汪维辉(1990)指出:"苫,草苫,这里活用作状语。苫蔽,用草苫遮蔽。"① 其实,"苫"有动词义,如(宋)梅尧臣《和孙端叟寺丞农具》之一:"但能风雨蔽,何惜茅蓬苫。"

第二节 七年级下册

本册教材共包含六个单元,古诗文部分根据主题内容分散于六个单元中,占整册教材的三分之一。共收录古诗文19篇:教读课文11篇,自读课文8篇;从选文的时代来看,中古1篇、近古18篇:唐代9篇、北宋5篇、南宋2篇、清代2篇。从选文的体裁来看,散文4篇:说理文1篇、人物散文1篇、寓言1篇、历史散文1篇,诗词15首:律诗1首、古体诗4首、七绝9首、五绝1首。为了便于观察,列表如下:

表3-2　　　　　　七年级下册古诗文选文情况统计

篇目	单元安排	时代特点	文体特点		
		作者/时代	散文	韵文	
				非律诗	律诗
《孙权劝学》/《资治通鉴》	第一单元	司马光/北宋	编年体史书	—	—
《木兰诗》/《乐府诗集》	第二单元	郭茂倩/北宋	—	北朝民歌	—

---

① 汪维辉:《评新版中学语文课本文言文的注释》,《古汉语研究》1990年第2期。

续表

篇 目	单元安排	时代特点 作者/时代	文体特点 散文	韵文 非律诗	韵文 律诗
《卖油翁》	教读课文 第三单元	欧阳修/北宋	人物	—	—
《竹里馆》	自读课文 第三单元	王维/唐代	—	—	五绝
《春夜洛城闻笛》	自读课文 第三单元	李白/唐代	—	—	七绝
《逢入京使》	自读课文 第三单元	岑参/唐代	—	—	七绝
《晚春》	自读课文 第三单元	韩愈/唐代	—	—	七绝
《陋室铭》	第四单元	刘禹锡/唐代	—	铭文（骈）	
《爱莲说》	第四单元	周敦颐/北宋	说理	—	—
《登幽州台歌》	第五单元	陈子昂/唐代	—	古体	
《望岳》	第五单元	杜甫/唐代	—	古体	
《登飞来峰》	第五单元	王安石/北宋	—	—	七绝
《游山西村》	第五单元	陆游/北宋	—	—	七律
《己亥杂诗》（其五）	第五单元	龚自珍/清代	—	—	七绝
《河中石兽》/《阅微草堂笔记》	教读课文 第六单元	纪昀/清代	寓言（笔记体志怪小说）	—	—
《泊秦淮》	自读课文 第六单元	杜牧/唐代	—	—	七绝
《贾生》	自读课文 第六单元	李商隐/唐代	—	—	七绝
《过松源晨炊漆公店》（其五）	自读课文 第六单元	杨万里/南宋	—	—	七绝
《约客》	自读课文 第六单元	赵师秀/南宋	—	—	七绝

一　文体介绍：碑铭、墓志铭

碑本来是宫、庙、学校等地庭院中所立的石头和坟墓旁所立的木桩，前者用来视日影、辨阴阳、拴牛羊等准备作祭品的牲畜用的，后者是系绳索用于下棺于穴的。后来，在这些木石上刻上文辞，就成了后世的碑。秦以后的碑都是石制的。碑、志二字代表着两类文章，碑指碑铭，志指墓志铭，都是刻石文字。

(一) 碑铭

碑铭一般都前有序、后有铭，但也有少数没有铭的。序为散体，铭文以押韵为常，以散文体为变。碑铭按其用途和内容的不同，又可以分为三种：宫室庙宇碑、墓碑、功德碑。

宫室建筑之碑，是为具有一定纪念意义的建筑物所立的碑。如筑城池、修桥梁、造宫室、建庙宇等，竣工后往往要立碑纪事。其内容一般记载该建筑物兴建的缘由、过程、规模、主其事者的情况等；若是寺观之碑，还要叙述所供奉上的神佛或圣贤的"法力""灵验"事迹或德业。例如柳宗元死后，其部将在柳州罗池立柳侯庙，韩愈为其写了《罗池庙碑》。碑的序中，先罗列了柳宗元在柳州以法教育人民的政绩和受到人民爱戴的情况，又记述了柳宗元托梦于其部将、部将修庙的过程，以及庙修成后的灵验，最后结以柳宗元的一生大略。

墓碑源于古代用以引吊棺木入墓穴的木柱。丰碑即指以大木做成的木柱，顶端有孔，用以牵引棺木入穴。后改木为石，并于石上刻上记载死者事迹功勋的文字，即成墓碑。墓碑文因碑石放置位置的不同而有所区别。与棺椁一起埋于地下的称为墓志铭，有时也称"埋铭""圹志"等。立于地上的称为墓碑、墓碣或墓表。墓碑与墓碣的区别，在于死者的品级和所立石刻的形制。《唐六典》上说："五品以上立碑，螭（一种蛟龙）首龟趺（底座），趺上高不过九尺。七品以上立碣，圭首方趺，趺上高不过四尺。若隐沦道素、孝义著闻，虽不仕亦立碣。"其内容都是记载死者生前事迹的，包括籍贯、世系、功名、政绩，死去和安葬的时间、地点，后人情况等。墓碑都是有序有铭的，有序无铭或有铭无序的都是少数。

功德碑，是为了纪念具有历史意义的重大事件而立的，扩大范围说包括古代帝王封禅或歌颂自己功德的刻石和文人所写的记述某个事件、某些人巨大功绩的碑文；若缩小范围仅指刻在碑版上的文字。如韩愈的《平淮西碑》，序长于铭。在序中先述唐朝历代皇帝的功绩；次述宪宗调兵遣将收取被吴元济割据的淮西，诸将用力攻战平定淮西、生俘吴元济的过程；最后记自丞相裴度以下有功的臣将受赏受封情况。在铭文中则补序文不足及简略之处：首言藩镇割据、朝廷不能平定的恶果；次补战斗过程的曲折、淮西人民欢迎王师的情景；末借淮西人之口，尚在割据的其他藩镇，不要再对抗朝廷，应该"奔走同来，同我太平"。

（二）墓志铭

上面所介绍的三种碑都是刻石立于地上的，墓志铭则是埋于地下的。

把刻石埋于地下，是从魏晋开始的。刻石立碑之风，从秦代起就逐渐盛行，到东汉时达到极盛，事无巨细都要刻石记载。曹操曾下令禁止厚葬和立碑，虽然一时奏效，却逼出来一个新办法：把刻石埋于墓圹里，这就是墓志铭。后来晋武帝废除禁令，刻石之风又盛，于是墓碑和墓志铭同时泛滥起来。墓志铭一般是两块方石，一块刻铭辞，一块是盖，盖上刻"某某人墓志"，两块相合，安葬时埋在墓圹距棺椁三尺处。和碑铭一样，墓志铭通常也有两部分组成：前有序，无韵；后有铭，韵文。也有少数有序无铭或有铭无序的，是为变体。和其他常用文体一样，墓志铭在南北朝时全是用骈体文写成。韩愈彻底根绝了骈俪之风，恢复了古代碑志肃穆简古的风格，而且在立意、谋篇、遣词造句上，都有许多创造。在韩愈之前，序和铭的内容大体相同，往往给人以叠床架屋之感。韩愈则大胆革新，使二者互为补充、前后辉映。墓志铭本为记述死者事迹而作，不宜于作者发表议论，但他却把叙述、议论、抒情巧妙地结合在一起。《柳子厚墓志铭》是韩愈这类文章中最好的一篇，重点写了柳宗元被贬谪后自肆于山水间，努力于文章和传授学问的情况以及他的为人。于其感情激越处，一似祭文，反复曲折，顿挫激荡；纵横议论时，颇类论辩。

铭大体上可分为两类：一类是述功纪行或警诫勉励类的器物之铭；一类是埋于地下记述死者生平事迹的墓志铭。这两类内容、形制不同，但语言特色一样：押韵、简约、开阔、优美。器物铭常以身边的物件如镜鼎、妆奁、剑钺等为题，器物之铭，开始也是歌功颂德，但后来主要是记物寓意，记述该物某方面的特点以比况人事，用以自勉警诫。也有以名山大川或建筑物为题的，立石勒铭，多述功颂美，劝勉世人，如柳宗元曾写过《剑阁铭》记述唐顺宗平叛蜀地的功绩。古人为了时时提醒自己，自警自戒，还作"座右铭"。汉代崔瑗的《座右铭》是比较有名的，内容是总结封建制度下为人处世的经验，如"无道人之短，无说己之长"之类。刘禹锡的《陋室铭》是赞美其书斋的，其内容包括两个互相联系的方面，一方面写了书斋的环境、位置、陈设、修造经过；一方面写斋主的志趣。大体上属于记物寓意的器物铭一类，自述其志。

二 注释问题

通过调研发现，七年级下册所选古诗文随文注释存在不够精准的现象。具体又可分为以下几类：

（一）字际关系注释术语不够精准

1.《木兰诗》"当窗理云鬓，对镜帖花黄"中的"帖"，文中注为"'帖'同'贴'"。其实"帖""贴"为古今字，应注为"'帖'，'贴'的古字"。

2.《卖油翁》"无他，但手熟尔""徐以杓油沥之，自钱孔入，而钱不湿"。其中的"尔""杓"，文中注释为"'尔'同'耳'""'杓'同'勺'"。其实"尔""耳"为同义字，"杓"本为"勺"的后起分化字，后来又简化为"勺"，故"勺""杓"本为古今字。应注为"'尔'，表限止语气，相当于'罢了'，与'耳'同义。""'杓'，现在写作'勺'。"

3.《望岳》"荡胸生曾云，决眦入归鸟"中的"曾"，文中注为"'曾'同'层'"。其实"曾""层"为通假关系，应注为"'曾'通'层'"。

4.《过松源晨炊漆公店（其五）》"政入万山围子里，一山放出一山拦"中的"政"，文中注为"'政'同'正'"。其实"政""正"为通假关系，应注为"'政'通'正'"。

（二）应注未注

对于古今词义迥异且容易引起歧义的词语，文中应该给予注释，可是教材注释中存在该注未注的情况。如：

1.《孙权劝学》"蒙乃始就学"中"乃始"为由副词"乃""始"组合而成的并列词组。表示前后两个动作或两件事情之间的相承关系，强调后一动作行为或事情是经过前一动作行为或事情的铺垫才发生，可译为"这才"。

2.《孙权劝学》："士别三日，即更刮目相待。"该句话中的"相"

为指代性副词，偏指第三人称，"相待"即"看待他"。

3. 《木兰诗》："爷娘闻女来，出郭相扶将。"该句话中的"相"为指代性副词，偏指第三人称，"相扶将"即"扶持她"。

4. 《木兰诗》："同行十二年，不知木兰是女郎。"该句话中的"同行"中的"行"应为"军队"义，音为"háng"，"同行"即"同一军队"。

5. 《竹里馆》："深林人不知，明月来相照。""不知"，即"不知我"。该句中的"相"为指代性副词，偏指第一人称，"相照"即"照我"。

6. 《河中石兽》："尔辈不能究物理。是非木柿，岂能为暴涨携之去？乃石性坚重，沙性松浮，湮于沙上，渐沉渐深耳。"其中的"乃"文中均未出注。"乃"，应为副词，表示强调，相当于"就是"。

7. 《贾生》："宣室求贤访逐臣，贾生才调更无伦。"其中的"更"文中未注，该句诗中的"更"应为表示重复的频率副词，相当于"再"，音"gèng"。

8. 《陋室铭》："斯是陋室，惟吾德馨。""斯"，这，教材注释正确。有学者认为"斯"作为指示代词在古代汉语中不作主语，故该"斯"应为连词，相当于"则"。"斯"作主语，上古已见，如《礼记·檀弓上》："曾子曰：'然。斯季孙之赐也，吾未之能易也'"。"惟"为介词，表示原因，相当于"由于"，如（北魏）郦道元《水经注·清水》"惟其才也，释而用之"。

第三节　八年级上册

本册教材共包含六个单元，古诗文占两个单元，约占整册教材的三分之一。共收录古诗文 25 篇：教读课文 17 篇，自读课文 8 篇；从选文的时代来看，上古 2 篇、中古 9 篇、近古 14 篇（唐代 8 篇、宋代 6 篇）。从选文的体裁来看，其中散文 7 篇：语录体 1 篇、写景 2 篇、寓言 1 篇、书信 2 篇、历史 1 篇，诗词 18 首：律诗 6 首、古体诗 6 首、词 5 首、七绝 1 首。为了便于观察，列表如下：

表3-3　　　　　　　　　八年级上册古诗文选文情况统计

篇目	单元安排	时代特点 作者/时代	文体特点 散文	韵文 非律诗	韵文 律诗
《三峡》/《水经注》	第三单元赏美景怡性情	郦道元/北魏	写景	—	—
《答谢中书书》/《全上古三代秦汉三国六朝文》		陶弘景/南朝齐梁	书信（骈文）	—	—
《记承天寺夜游》		苏轼/北宋	游记小品	—	—
《与朱元思书》		吴均/南朝梁	书信（骈）	—	—
《野望》	教读课文	王绩/唐代	—	—	五律
《黄鹤楼》		崔颢/唐代	—	—	七律
《使至塞上》		王维/唐代	—	—	五律
《渡荆门送别》		李白/唐代	—	—	五律
《钱塘湖春行》		白居易/唐代	—	—	七律
《庭中有奇树》/《古诗十九首》	自读课文	○/东汉	—	古体诗	—
《龟虽寿》		曹操/曹魏	—	古体诗	—
《赠从弟》（其二）		刘桢/东汉末	—	古体诗	—
《梁甫行》		曹植/曹魏	—	古体诗	—
《〈孟子〉三章》	第六单元读经典提品格	孟子/战国	语录体	—	—
《愚公移山》/《列子》		旧题列御寇/战国（晋代）	寓言	—	—
《周亚夫军细柳》/《史记》	教读课文	司马迁/西汉	历史	—	—
《饮酒》（其五）		陶渊明/东晋	—	古体诗	—
《春望》		杜甫/唐代	—	—	五律
《雁门太守行》		李贺/唐代	—	古体诗	—
《赤壁》		杜牧/唐代	—	—	七绝
《渔家傲》	自读课文	李清照/北宋	—	词	—
《浣溪沙》		晏殊/北宋	—	词	—
《采桑子》		欧阳修/北宋	—	词	—
《相见欢》		朱敦儒/宋代	—	词	—
《如梦令》		李清照/宋代	—	词	—

一 文体介绍：词

词的产生与发展与音乐有着密切的关系，开始时词是配合宴乐乐曲而填写的歌词，最初称为"曲子词"，"长短句""诗余"等。后来词由依声填词发展到逐渐摆脱音乐的限制，成为一种与格律诗一样，仅仅依照词的格律特点创作出来的独立文学体裁。

（一）词的特点

在形式上词有词调（词牌）、调有定格、字有定调和结构分片四个特点。

1. 词有多种表示音乐性的词调，每种词调有固定的名称叫词牌，"牌"就是"谱"的意思，因为词调本身就是词的乐谱，如【满江红】【雨霖铃】【西江月】等。每种词牌的曲调都有严格的声韵规定，不管唱词怎么变，曲调不能变。每个词调都反映了一定的声情。词调不同，自然唱腔不同，声情也不同。作词择调，就要求词文情与词调的声情彼此相合，如写凄苦哀怨的就用【雨霖铃】【竹枝】等，写缠绵悱恻的相思恋爱则需用【诉衷情】【木兰花慢】等，写慷慨壮烈的怀抱，则须用【水调歌头】【满江红】等。不同的词牌在分片、句数、句式，每句的字数、平仄、押韵上都有规定，并且各不相同。不同的句式又各有不同的平仄和韵脚。填词时必须遵照平仄和韵脚的规定。词牌不是词的题目，仅把它当作词谱看待，为了表明词意，常在词牌下面另加题目或小序，以表明自己创作的背景、内容和词旨。词牌与题目之间用"·"隔开，如王安石《西江月·红梅》、陆游《卜算子·咏梅》等。词可以没有题目，但必须有词牌。

2. 调有定格。每一种词调（词牌）常有两种以上的格式，如【临江仙】的词牌共有十一种格式，有五十八字首句七字格、五十八字首句六字格和六十字首句七字格等。填词时词牌确定后就要定格，格式确定了相应的分片、句数、字数，以及平仄、用韵、对仗等规则就确定了。

3. 字有定调。词牌的格式确定后，填词时还要严格根据该格式的平仄要求来选字填词。由于词的句式参差不齐，平仄的格式、种类也就更繁杂多样，几乎是有多少个词调就有多少个平仄格式。词采用长短句式，除继承古体诗、近体诗每句四字、六字、五字、七字的句式外，还将一字、二字、三字、八字、九字乃至十一字句引入词中，以满足乐曲节拍变化的需要。十一字句是词中最长的也是最少见的句式，大概只有【水调歌头】中才用到它，如苏轼的"不知天上宫阙今夕是何年"。在词的句式中从四字句到十一字句，都有一个共同的特点，即以一个字、两个字或三个字领起全句，这样的领字在语气上起停顿作用，但又不点断句子，在句子中起到领起下文主句的作用，如"对/长亭晚""应是/良辰好景虚设""更那堪/冷落清秋节""不如向/帘儿底下，听人笑语"等。领字句中领字通常位于句首，除了一般多用仄声字之外，还常用音调铿锵、激烈强劲的去声字。词中最重去声字，去声字发声激烈劲远，最能表现旋律的发展、变化，故每逢词的句首、换韵、换片、结句等转折处，一般都用去声字和乐曲相配。

4. 结构分片。词与词在结构上大多分段，分段是依据乐谱来定的，一段叫一阕或一片。根据片数，词有单调、双调、三叠、四叠几种。单片词很明显和诗体有着密切联系，是词的最初形态，初期文人创作的单片小令都局限于绝句的范围之内，字数大多在三十字左右，这就是唐代温庭筠之前词坛的情况，如（唐）张志和《渔歌子》、白居易《忆江南》等。温庭筠对词体的重大贡献是把民间词的双调形式引入到文人词中，自此以后单片的小令也不再多见，更常见的是双片的小令。在《花间集》所收温庭筠的 66 首词中，双片词 40 首，单片词 26 首，其双片词的数量远远超过单片词。因为双片词比单片词可容纳的内容要丰富得多，表现手法也更富于变化，以至于自温庭筠之后，无论是小令还是中调、长调，双片形式成了词的一种主导式。到北宋时，单片形式的词几乎到了基本消失的地步，如欧阳修 170 余首词中单片的只有 2 首，晏殊 130 余首词中单片的只有 1 首，张先 260 余首词中单片的只有 2 首，晏几道的 350 余首词中没有一首是单片的，李清照的 70 余首词中仅有 3 首《如梦令》是单片的，长调的大力创制者柳永的 210 余首词中，无一首是单片的。

（二）词的分类

1. 按照字数的多少，词可以分为小令、中调和长调三种。58 字及以内的词为小令；59—90 字为中调；91 字及以上的词为长调，也叫慢词。

唐五代文人词所用的词调基本上都是小令。直到北宋时期张先、柳永的出现，才开始打破小令一统天下的局面。从数量上看，在张先词集中还是小令多长调少，而到了柳永手中，才以长调为主，少见小令了。因此柳永是第一个大力填制长调的旗手，对宋代长调的盛行起着先导作用，也直接促使了词体由小令到长调的转变。在柳永之后，秦观、贺铸等人为长调的格律化做了一定努力，而真正完成这项工作并为南宋词坛开辟道路的，是周邦彦。周邦彦既精通音乐，又工于声律，遣字用韵，皆有法度，他所用的词调逐渐有了词谱的意义，成了后世填词的格律样板。

2. 按音乐特点，有令、引、近、慢几类。令一般比较短，如《如梦令》；"引""近"一般比较长，如《阳关引》《祝英台近》；"慢"又较"引""近"更长，如《声声慢》。

3. 按风格来分，大致可分为婉约派和豪放派两类。婉约派的风格特点是表达委婉含蓄，内容侧重于儿女情长，重视音律婉转和谐，语言圆润清新，具有一种柔婉之美。婉约派代表人物有温庭筠、李煜、李清照、柳永、贺铸、周邦彦等。豪放派的特点是气势恢宏，境界宏达，词的题材广阔，多用来描写军情国事等重大题材。豪放派的代表人物有苏轼、辛弃疾、张孝祥、陆游等。苏轼之前的词坛，基本是婉约柔媚词一统天下。北宋初年，范仲淹、王安石也曾在北宋词坛一片柔软香艳的昵昵儿女之声中偶尔写过一些慷慨悲壮的词作，不过范、王二人是政治家和思想家，作词仅偶一为之，所以在当时这一两声异响还不足以扭转乾坤，结果只能被一派靡靡之音所淹没。直到苏轼的出现才打破了词史上以往的一切清规戒律，不拘什么题材、什么内容都可以用词的形式表达出来。他的《江城子·密州出猎》一扫当时婉约词的脂粉气，传达出一位真正英雄的声音，塑造出一位真正大丈夫的形象；他的《念奴娇·赤壁怀古》写得豪放激越、雄奇壮阔，其阔达的胸襟、豪放的气势、雄浑的意境在词史上都是空前的；他的《水调歌头》通过中秋之夜的动人意境，写出了自己对人生意义的思索，对人世一切悲欢离合的哲理领悟。

二 注释问题

通过调研发现，八年级上册所选古诗文随文注释存在不够精准现象。

具体又可分为以下几类：

（一）字际关系注释术语不够精准

1.《三峡》"两岸连山，略无阙处"中的"阙"，文中注为"'阙'同'缺'"。其实"阙""缺"为通假字，应注为"'阙'通'缺'"。

2.《与朱元思书》"蝉则千转不穷，猿则百叫无绝""经纶世务者，窥谷忘反"。其中的"转""反"，文中注为"'转'同'啭'""'反'同'返'"。其实"转""啭"为通假字，"反""返"为古今字，应注为"'转'通'啭'""'反'，今字作'返'"。

3.《得道多助，失道寡助》"寡助之至，亲戚畔之"中的"畔"，文中注释为"'畔'同'叛'"。其实"畔""叛"为通假字，应注为"'畔'通'叛'"。

4.《富贵不能淫》"往之女家"中的"女"，文中注释为"'女'同'汝'"。其实"女""汝"为古今字，应注为"'女'，今字作'汝'"。

5.《生于忧患，死于安乐》"曾益其所不能""困于心，衡于虑，而后作""法家拂士"中的"曾""衡""拂"，文中注为"'曾'同'增'""'衡'同'横'""'拂'同'弼'"。其实"曾""增"，"拂""弼"为通假字，"衡""横"为同义同音字，分别应注为"'曾'通'增'""'拂'通'弼'""'衡'，梗塞、不顺，与'横'义同"。

6.《愚公移山》"寒暑易节，始一反焉""无陇断焉"。其中的"反""陇"文中注为"'反'同'返'""'陇'同'垄'"。其实"反""返"为古今字，"陇""垄"为通假字，应注为"'反'，今字作'返'"，"'陇'通'垄'"。

7.《周亚夫军细柳》"军士吏被甲""改容式车"中的"被""式"，文中注为"'被'同'披'""'式'同'轼'"。其实"被""披"，"式""轼"均为古今字；应注为"'被'，今字作'披'"①"'式'，今字作'轼'"。

---

① 《汉语大字典》《王力古汉语字典》"被"的该义项均注为，这个义项后来写作"披"。详见汉语大字典编辑委员会《汉语大字典》（第二版），崇文书局、四川辞书出版社2010年版，第3289页；王力：《王力古汉语字典》，中华书局2000年版，第1211页。

（二）应注未注

对于古今词义迥异且容易引起歧义的词语，文中应该给予注释，可是教材注释中存在该注未注的情况。如：

1. 《三峡》"或王命急宣，有时朝发白帝，暮到江陵"中的"或"文中未注。其实其中的"或"应为表假设的连词，相当于"如果"。

2. 《记承天寺夜游》"解衣欲睡"中的"欲"文中未注。其中"欲"，应为时间副词，表示"将要"。如《后汉书·赵孝王良传》："汝与伯升志操不同，今家欲危亡，而反共谋如是！"（唐）许浑《咸阳城东楼》诗："溪云初起日沉阁，山雨欲来风满楼。"

3. 《梁甫行》："妻子象禽兽，行止依林阻。"其中的"行止"文中未注，该句诗中的"行止"为偏义复词，本指"出行止息"，此偏指"止"，即"止息"。

4. 《富贵不能淫》"往之女家"中的"之"，文中未注。"往之"均为动词，表示到某处。在先秦汉语中"往"不能带直接宾语，故"之齐"不能说成"往齐"。而"之"在上古汉语中必须带直接宾语，故"往"与"之"之间为连动结构，此指"前往到某处"。再如《史记·项羽本纪》："项伯乃夜驰之沛公军。"

5. 《愚公移山》"指通豫南"中的"指"文中未注。其实"指""直"为通假字应注为"'指'通'直'"，表示直接。

6. 《渔家傲》："风休住，蓬舟吹取三山去。"该句话中的"取"应为"趋"的通假字，"吹取"，即"吹趋""吹向"。

（三）注释不够精准

1. 《庭中有奇树》："庭中有奇树，绿叶发华滋。"文中注释"华"未注音，其实该"华"为名词，即"花"之古字，应注音 huā。该字到唐代均写作"花"。如（唐）段成式《酉阳杂俎续集·支诺皋中》："东都尊贤坊田令宅，中门内有紫牡丹成树，发花千朵。"（唐）王翰《春日归思》诗："杨柳青青杏发花，年光误客转思家。"

2. 《如梦令》："争渡，争渡，惊起一滩鸥鹭。"文中注释"争渡"为"奋力把船划出去"。其中的"争"为"竞相"。"争渡，争渡"，即"竞相渡啊！""竞相渡啊！"慌乱中惊起了一滩鸥鹭。"争渡"在宋词中共出现 6 例，除去李清照《如梦令·常记溪亭日暮》中的 2 例，还剩 4 例，其中"争"均作状态副词，表示"一个以上的施事者争着施行某动作，可译为"争着摆渡""争着渡过""争着渡向"。如韩淲《西江月·晚春时候》："闻道晚春时候，暖风是处花飘。游人争渡水南桥。多少池塘春草。"

3.《生于忧患，死于安乐》："人恒过，然后能改；困于心，衡于虑，而后作；征于色，发于声，而后喻。""征于色，发于声，而后喻"教材注释为"表现在脸色上，流露在言谈中，才能被人们了解"。汪维辉（1990）指出："此注本于东汉赵岐《孟子章句》及宋孙奭《疏》，实不可从。这几句话主语都是'人'：人恒过，然后能改；人困于心，衡于虑，而后作；人征于色，发于声，而后喻。'喻'是他本人晓喻，而不是别人。孟子的意思是说，人总是要借助他人的颜色和声音才能自喻。也是'生于忧患'之意。持这种看法的人前有朱熹，后有焦循。朱熹《孟子章句集注》云：'不能烛于几微，故必事理暴著，以至验于人之色，发于人之声，然后能警悟而通晓也。'焦循《孟子正义》也说：'征色，谓为人所忿疾，发声，谓为人所谓让，然后乃能儆悟通晓也。'二家之说在内容上和语法上都通畅无碍，足正赵、孙之误。"[①]

第四节　八年级下册

本册教材共包含六个单元，古诗文部分占两个单元，约占整册教材的三分之一。共收录古诗文 19 篇：教读课文 11 篇，自读课文 8 篇；从选文的时代来看，上古 6 篇、中古 1 篇、近古 12 篇（唐代 9 篇、宋代 2 篇、明代 1 篇）。从选文的体裁来看，其中散文 6 篇：记事、物、景 3 篇，说理 2 篇，寓言 1 篇；诗词 13 首：律诗 4 首、古体诗 7 首、词 2 首。为了便于观察，列表如下：

---

① 汪维辉：《评新版中学语文课本文言文的注释》，《古汉语研究》1990 年第 2 期。

表 3-4　　　　八年级下册古诗文选文情况统计

篇目	单元安排		时代特点 作者/时代	文体特点		
				散文	韵文	
					非律诗	律诗
《桃花源记》	教读课文	第三单元　赏美景怡性情	陶渊明/东晋	寓言游记	—	—
《小石潭记》	教读课文		柳宗元/唐代	游记	—	—
《核舟记》	教读课文		魏学洢/明末	书画杂记①	—	—
《关雎》	教读课文		《诗经》/先秦	—	古体诗	—
《蒹葭》	教读课文		《诗经》/先秦	—	古体诗	—
《式微》	自读课文		《诗经》/先秦	—	古体诗	—
《子衿》	自读课文		《诗经》/先秦	—	古体诗	—
《送杜少府之任蜀州》	自读课文		王勃/唐代	—	—	五律
《望洞庭湖赠张丞相》	自读课文		孟浩然/唐代	—	—	五律
《〈庄子〉二则》	教读课文	第六单元　读经典提品格	庄子/战国	寓言	—	—
《〈礼记〉二则》	教读课文		戴圣/西汉（战国至秦汉）	议论文	—	—
《马说》	教读课文		韩愈/唐代	说理	—	—
《石壕吏》	教读课文		杜甫/唐代	—	古体诗	—
《茅屋为秋风所破歌》	教读课文		杜甫/唐代	—	古体诗	—
《卖炭翁》	教读课文		白居易/唐代	—	古体诗	—
《题破山寺后禅院》	自读课文		常建/唐代	—	—	五律
《送友人》	自读课文		李白/唐代	—	—	五律
《卜算子·黄州定慧院寓居作》	自读课文		苏轼/北宋	—	词	—
《卜算子·咏梅》	自读课文		陆游/宋代	—	词	—

一　文体介绍：杂记、山水游记

（一）杂记

有人认为，杂记是唐代才有的。这种说法不全面。陶渊明的《桃花

---

①　书画杂物记力求展现所写对象的内容、形状、特点，是对所写对象的介绍，类似于现代的说明文。

源记》①，未尝不标以"记"字。杂记的内容是很复杂的，可以用以记事、描写，也可以用以抒情、议论。一般说来，唐代的杂记以叙事为主，宋代则抒情、议论乃至考证的成分增多了。从内容来看，既可以记事实之事，也可以记虚构之事，从现代意义上的文体归属来看，记实事的一般归入散文之列，记虚事者则通常归入小说类。袁行霈（2003）指出："此《桃花源记并诗》记述一仙境故事。"② 这类遇仙故事在魏晋六朝志怪小说中非常普遍，陶渊明的《桃花源记》则采用了以虚为主、虚实相间的小说创作手法。"晋太元中，武陵人捕鱼为业"这是真实的时间地点，"南阳刘子骥"也确有其人，渔人、曲折生动的故事情节、桃源世界的风土人情均属于虚构，通过虚实相间的记叙手法，生动而含蓄地寄寓了自己的人生理想。因此，《桃花源记》的体裁归属比较复杂，因寄寓了作者的人生理想，有的将其归入寓言；因其内容以虚构为主，有的将其归入小说；以其为虚构的游记，有的将其归入游记。我们认为，塑造独特鲜明的人物形象是小说的主要任务，寓言则是以幽默诙谐的虚构故事来说明一定的道理，而《桃花源记》主要写的是一次虚构的游历来寄寓自己的人生理想，故就体裁来看应归入寓言性游记。杂记根据文章所记写的对象来分，约为三类：台阁名胜记、杂物书画记、斋记。

1. 台阁名胜记

古人在某些山水胜景修建一些亭台楼阁，总要请名人写一篇纪念性的文字，以壮观览，这就是我们要说的台阁名胜记。山水非有楼观登览者不为显，楼观非有文字称记者不为久。亭台楼阁美不自美，还要靠名家文字给它增色添光。反过来，楼台亭阁也可以使文章传之久远，作者也就名垂后世了。亭台记与游记关系较为密切，因为亭台楼观通常建在风景优美的地方，为的是供人更好地观赏景物。台阁名胜记通常要记述建筑物或名胜的地理位置、历史沿革、建筑修葺过程、主事人的姓名以及作者的感慨等等。如韩愈《燕喜亭记》，先叙亭址的发现清理和亭的营

---

① 《桃花源记》等于是寓言性游记，借以虚构自己理想社会中的社会面貌寄寓自己的人生理想，一般都不认为这是山水游记，山水游记则是写实的。

② 袁行霈：《陶渊明集笺注》，中华书局2003年版，第483页。

建，然后写亭的命名、州民的评价，最后从亭的主人因贬官来此而对山水知多见广，说到他的品德与对山水的爱好相称，应不会久谪此地。前半部分着意刻画，后半部分借题发挥，出人意表而意味深厚，甚得作记之体。不过，亭台记的写景与游记的写景不同，游记往往是写眼前看到的，而亭台记则较为概括，不限于眼前的，只要在亭台前出现过的都可以写进来。例如《岳阳楼记》关于重修岳阳楼的文字很少，文章的主要部分，是写想象中登斯楼所看的在阴雨晴明两种截然不同的洞庭湖景色，迁客骚人触景生情产生或悲或喜的感情，最后道出作者自己"先天下之忧而忧，后天下之乐而乐"的宏大抱负。前面的记叙是为后面的议论服务的。陈丽琴（2020）指出："唐代以来亭台记在创作体制上主要以记叙为主，辅之以抒情和议论。其中记叙的部分一般主要介绍亭台修建的原因，对亭台周围的景象进行描写，最后在文末进行抒情或者议论，以此传递作者的感受、启示和思考等。"[①]《岳阳楼记》从题目上看属于亭台记，但在内容上却避开了对岳阳楼的直接描写，而将笔墨集中在不同时节不同心情的人在观看不同的洞庭湖景时所产生的心理情感体验，文末以议论的方式点明了全文的主旨与中心。它打破了传统亭台记以记叙为主的表达格局，而是以抒情议论为主，记叙为辅，特别是文末的议论，更是起到了画龙点睛、表明意旨的作用。《醉翁亭记》不记醉翁亭的修建、景致、游赏意义等较实在的东西，而是在写了早晚与四时的景物之后，着意描绘自己与州民在醉翁亭下所表现出的那种如痴如醉、尽欢尽兴的场面与心情。作者表面上在写与民同乐的场面，实际上是用以排遣因遭贬而产生的郁闷。其他唐宋古文家，写过不少关于官署、祠庙、亭台、楼观的记文，写法都是因内容、场合而异。总之，亭台记的写景有两个明确的目标：一是要写出该亭台的景物特点和最美的境界；二是要为后面的抒情议论蓄势，所以不能限于一时一景。

2. 杂物书画记

杂物书画记不是刻石的，有时就写在所记的物件上。内容则大体为

[①] 陈丽琴：《破体为记　范式独特——〈岳阳楼记〉的文体学意义》，《中学语文教学参考》2020年第9期。

记述该器物或书画的形制、特点、内容,得之或失之的情况等。画记有两种类型,一种是将画的内容用文字表述出来,以便画不存时,凭此记传之久远;另一种是将画的作者、画中人物、制作意图等相关的事记下来,寄托某种情思。明代魏学洢的《核舟记》属于闻见记,所记内容包括作家所能见到的出土文物、稀世珍玩、精湛的艺术表演,以及新奇的社会内容等。《核舟记》所记的是作者所见的微雕工艺,写法与画记相似,除一开始概括说明王叔远雕刻技艺之高、送给作者一个核舟外,通篇就是描写核舟的精巧,作者的赞叹只有文末一句:"嘻,技亦灵怪矣哉!"从内容上看,像一篇记叙文,篇幅虽短,却合理地安排描写顺序,向读者出神入化地介绍了一件微雕工艺品——"核舟"的奇巧,反映了我国古代雕刻艺术的卓越成就,表达了对雕刻者精湛技艺的赞美。记社会见闻的,如王安石的《伤仲永》,记金溪民方仲永天资聪明,因没有得到及时的培养,最终泯为众人的事实,以警诫天下父母重视对子女的教育,词浅意深。清代桐城派创始人方苞的《狱中杂记》,他就狱中的所见所闻,写成此文,揭露了清朝司法机关的阴暗与残酷。

3. 斋记

书斋是封建社会读书人苦读与修身的地方,是读书人再熟悉不过的题材,于是就有了记载书斋的文章,通常叫作斋记。归有光的《项脊轩志》是斋记中的名篇。他的开头和一般的斋记无异,在交代了书斋的位置、面积和修葺过程后,还就斋前的环境作了几笔勾勒。一般的斋记通常要在这一番叙述和描写的基础上大发议论,抒怀明志,他却深情地回忆起在此间书斋中得到上辈人关怀和鼓励的几件小事。就这样以书斋为线索,串联了祖母、母亲和妻子三代女性所给予他的体贴与关怀,从而表现了对她们的最诚挚的悼念。

(二)山水游记

游记是记叙游览经历与风光的文学作品,主要介绍旅游地的历史地理、风土人情、风光美景和经济文化等。按照现代的游记观念,游记是游人游览山川风景的纪实。一篇典型的游记,应该包括三部分内容:一是对山川景物的描摹;二是游踪的记录;三是观感的抒发。只有山川景物而无游踪观感者,一般称之为山水记;只有山川景物与观感而无游踪者，一般称之为亭台记。因此广义的游记也包括以山川景物描写为中心的山水记与亭台记。游记一般文字精练，短小生动，形散神聚。我国历史上最早的游记是周代的《穆天子传》，到魏晋南北朝时期出现了专写山川景物的游记，如郦道元的《水经注》①。唐宋时期游记文学渐趋成熟，涌现了诸多佳作名篇，这种记文的奠基人是柳宗元，他不但把山水游记作为一种文学体裁来认真写作，而且用以寄托或抒发自己被贬谪后的幽愤不平。在他的笔下，仿佛山山水水、奇树怪石都有了生命、有了性格，他自己就融入在那优美而又被人忽略遗弃的景色中。如柳宗元《永州八记》、欧阳修《醉翁亭记》②、苏轼《石钟山记》等。

《小石潭记》为柳宗元《永州八记》中最为人称道的游记小品文。它运用移步换景的写法，将潭水、藤蔓、游鱼、水向、竹树等景物写得清幽可爱，特别是对游鱼的描写出神入化。小品文是一种散文流派，是从其篇幅长短来说的，一般二三百字乃至千字以内的短文均称为小品文。叙事文、说明文、议论文是从文的内容性质上分的，小品文与长文由其篇幅长短来定，其内容题材不限，可以叙事、可以抒情、可以写景、可以议论。"小品"一词本是佛教用语，是相对于"大品"而言的。佛教中的"大品"指的是整部的佛经，"小品"则指节略本的佛经。如（南朝宋）刘义庆《世说新语·文学》："殷中军读《小品》，下二百签，皆是精微，世之幽滞，尝欲与支道林辩之。"刘孝标注："《释氏辨空经》有详者焉，有略者焉，详者为《大品》，略者为《小品》。"可见，小品文由来已久。张岱的《湖心亭看雪》，全文仅两百来字写了夜游湖心亭的始末，又写了雪景，还写了两个同好此趣的客人对饮，用笔之简洁精审自不待言，是一部典型的山水小品文。令人惊叹的是，它的简短的字句中总流露出对往日的留恋与惋惜之情。这与作者的人生经历有关，张岱本

---

① 《水经注》是就山川位置及其名称沿革进行考证，其中有关山川景致的描写，如《江水注》中对三峡的描写，已是人人皆知。它仅用了一百五十余字把绵延数百里的奇山异水绘声绘色地描绘了出来，由于它只着意于山水胜景的静态描摹，缺乏游人的踪迹、心绪和明显的观感寄托，所以一般称之为山水记。写景的目的也只是记载地理形势、特色或赞赏其优美，其科学价值高于艺术价值，一般人不把它当作文学作品。

② 从名称上看虽是亭台之记，实际上也是一篇寓情于景的游记。

是一个极爱繁华的纨绔子弟，因丧乱而沦为山野之人，在追述昔日的游赏之乐时，往往创造出一种梦幻般的境界，淡淡的愁思，浓浓的诗意，鲜明的画面，别有一番诗意。

王安石的《游褒禅山记》不是以记游为重点，而是借记游来发挥一个治学的道理。"夫夷以近，则游者众；险以远，则至者少。而世之奇伟、瑰怪、非常之观，常在于险远，而人之所罕至焉。"接着大发议论，做学问亦如此，不要害怕困难，浅尝辄止，而应穷其境而后出。《石钟山记》是一篇探寻石钟山得名由来的实地考察记。作者亲历其境，在耳闻目睹了石钟山的种种奇观后，自认为探得了石钟山得名的真正原因。

可见"记"是古代散文的一种文体，可以记人，也可以记事；可以记景，也可以记器物建筑，故被称为杂记。写法上以记叙为主，根据所记对象的不同，可以伴随说明、议论与抒情。

二 注释问题

通过调研发现，八年级下册所选古诗文随文注释存在不够精准的现象。具体又可分为以下几类：

(一) 字际关系注释术语不够精准

1.《桃花源记》"便要还家，设酒杀鸡作食"中的"要"，文中注为"'要'同'邀'"。其实"要""邀"为古今字，应注为"'要'，现代写作'邀'"。

2.《北冥有鱼》"北冥有鱼"中的"冥"，文中注为"'冥'同'溟'"。其实"冥""溟"为古今字①，应注为"'冥'现代写作'溟'"。

3.《虽有佳肴》"学学半"中的前一个"学"，文中注为"'学'同'敩'"。其实"学""敩"为古今字②，应注为"'学'，今字作'敩'"。

---

① (清)段玉裁《说文解字注》"溟"字条注为，《庄子》"南溟北溟"其字当是本作"冥"。详见(清)段玉裁：《说文解字注》，上海古籍出版社1988年版，第557页。

② (清)段玉裁《说文解字注》"敩"字条注为，《尚书·兑命》曰"学学半"……(晋)枚赜《伪尚书·说命》上字作敩，下字作学；上"学"字谓"敩"，教人谓之觉人，学所以自觉，故古统谓之学也。详见(清)段玉裁：《说文解字注》，上海古籍出版社1988年版，第127页。

4.《大道之行也》"选贤与能"中的"与",文中注释为"'与'同'举'"。其实"与""举"为通假字,应注为"'与'通'举'"。

5.《马说》"故虽有名马,祇辱于奴隶人之手""食马者不知其能千里而食也""才美不外见"中的"祇""食""见",文中注为"'祇'同'衹(只)'""'食'同'饲'""'见'同'现'"。其实"祇""衹(只)"为通假字,"食""饲","见""现"为古今字,应注为"'祇'通'衹(只)'""'食'今字作'饲'""'见'今字作'现'"。

6.《卖炭翁》"半匹红绡一丈绫,系向牛头充炭直"中的"直"文中注为"'直'同'值'"。其实"直""值"为古今字,应注为"'直',今字作'值'"。

(二)应注未注

对于古今词义迥异且容易引起歧义的词语,文中应该给予注释,可是教材注释中存在该注未注的情况。如:

1.《小石潭记》"伐竹取道"中的"取道",文中未注。其实其中的"取道"应为"开辟道路"。

2.《核舟记》"八分有奇""三十有四"中的"有",文中未注。其实,"有"音"yòu",用于整数与零数之间。

3.《送杜少府之任蜀州》:"天涯若比邻。"文中对"比邻"未作注。在现代汉语语境中"若""比"词义相近,易连读为一个词组。其实"比邻"为一词,即"邻居"。如《汉书·孙宝传》:"后署宝主簿,宝徙入舍,祭灶请比邻。"(晋)陶潜《杂诗》之一:"得欢当作乐,斗酒聚比邻。"(唐)杜甫《兵车行》:"生女犹得嫁比邻,生男埋没随百草。"

4.《北冥有鱼》:"天之苍苍,其正色邪?其远而无所至极邪?"该句话中的"至极"文中未注。"至""极"为动词同义连文,即"到达极点"。如《韩非子·解老》:"其智深则其会远,其会远众人莫能见其所极。"

5.《大道之行也》:"货恶其弃于地也,不必藏于己;力恶其不出于身也,不必为己。"其中的"货恶其弃于地也,不必藏于己"文中注释为"财物,厌恶把它扔在地上,但(之所以厌恶)不一定是因为想要据为己有"。其实该句与后一句相应,即为"财物,厌恶被扔在地上,急于收藏，但不一定是因为想要据为己有。"

6. 《卖炭翁》"夜来城外一尺雪"中的"夜来"，文中未注。"夜来"中的"来"，为时间名词词缀。故"夜来"，即"夜里"。（唐）孟浩然《春晓》诗："春眠不觉晓，处处闻啼鸟，夜来风雨声，花落知多少。"

（三）注释不够精准

1. 《核舟记》："左手倚一衡木。"文中注释为"'衡'同'横'"。其实，"衡"本身就具有"与纵相对的'横'义"，"衡""横"只是义同音同字，不是通假或古今字关系，故不需要标明两者之间关系。《礼记·檀弓上》："古者冠缩缝（纵缝），今也衡缝。"颜师古《匡谬正俗》："《礼》云：'古之冠缩缝，今也衡缝。'衡即横也，不劳借音。"

2. 《核舟记》："佛印……神情与苏黄不属。""不属"课本注释为"不相类似"。许嘉璐（1980）指出："此注误。属字不乏训类的，但都指种类，不是类似。凡不属连言，都是不连、不续等义。此处谓'苏、黄共阅一卷'，'如有所语'，佛印则不加注意，独自'矫首昂视'，神情不与二人相接。'不属'，正其性格之所在，解为'不相类似'就空泛了。"①

3. 《诗经·邶风·式微》："微君之故，胡为乎中露。"文中注释"中露"为"即露中，在露水中"，甚确。不过未揭示词序倒置的原因，即为了押韵。应注为"即露中，在露水中，为押韵而倒置。"

4. 《北冥有鱼》："天之苍苍，其正色邪？其远而无所至极邪？"文中注释为："天色湛蓝，是它真正的颜色吗？还是因为天空高远而看不到尽头呢？其，表示选择。"其实该句话中两个"其"均为表选择关系的连词，该句可注释为"天色湛蓝，是它真正的颜色呢？还是因为天空高远而看不到尽头呢？"

5. 《卖炭翁》："卖炭得钱何所营？身上衣裳口中食。""何所营"文中注释为"做什么用。营，谋求。"其实该句话中的"何所"为疑问代词，相当于"何"，"何所营？"即"买什么？"

---

① 许嘉璐：《中学课本文言文注释商榷》，《北京师范大学学报》1980年第6期。

第五节　九年级上册

本册教材共包含六个单元,古诗文部分占两个单元,占整册教材的三分之一。共收录古诗文 18 篇:教读课文 10 篇,自读课文 8 篇;从选文时代来看,均为近代作品,其中唐代 8 篇、北宋 4 篇、南宋 1 篇、明代 3 篇、清代 2 篇。从选文的体裁来看,其中散文 7 篇:写景散文 3 篇、明清经典白话小说节选 4 篇,诗词 11 首:律诗 7 首、古体诗 1 首、词 3 首。为了便于观察,列表如下:

表 3-5　　　　　九年级上册古诗文选文情况统计

篇目	单元安排	时代特点	文体特点		
		作者/时代	散文	韵文	
				非律诗	律诗
《岳阳楼记》	教读课文	范仲淹/北宋	记景	—	—
《醉翁亭记》	教读课文	欧阳修/北宋	游记	—	—
《湖心亭看雪》	教读课文	张岱/明末清初	小品游记	—	—
《行路难》(其一)	教读课文	李白/唐代	—	古体诗	—
《酬乐天扬州初逢席上见赠》	教读课文	刘禹锡/唐代	—	—	七言
《水调歌头》	教读课文	苏轼/北宋	—	词	—
《月夜忆舍弟》	自读课文	杜甫/唐代	—	—	五言
《长沙过贾谊宅》	自读课文	刘长卿/唐代	—	—	七言①
《左迁至蓝关示侄孙湘》	自读课文	韩愈/唐代	—	—	七言
《商山早行》	自读课文	温庭筠/唐代	—	—	五言

(单元安排:第三单元 散文写景抒情)

---

①　该诗为七言律诗,其中韵脚字"悲""涯"依今音来看似不入韵,其实全诗押韵为上平声支韵,且首句入韵。

续表

篇目	单元安排	时代特点 作者/时代	文体特点 散文	韵文 非律诗	律诗
《智取生辰纲》/《水浒传》	第六单元 经典白话	施耐庵/元末明初	小说	—	—
《范进中举》/《儒林外史》		吴敬梓/清代	小说	—	—
《三顾茅庐》/《三国演义》		罗贯中/元末明初	小说	—	—
《刘姥姥进大观园》/《红楼梦》		曹雪芹/清代	小说	—	—
《咸阳城东楼》	自读课文	许浑/唐代	—	—	七言
《无题》		李商隐/唐代	—	—	七言
《行香子》		秦观/北宋		词	
《丑奴儿·书博山道中壁》		辛弃疾/南宋		词	

一 文体介绍：小说

"小说"一词最早见于《庄子·外物》"饰小说以干县令，其于大达亦远矣"。该"小说"指"琐碎的言论"。《汉书·艺文志》有"小说家"一条，指"街谈巷语，稗官野史之谈"。我国小说最大的特色是自宋代开始具有文言小说和白话小说两种不同的小说系统。文言小说起源于先秦的街谈巷语，经过魏晋南北朝及隋唐的长期发展，无论在题材还是在人物描写上都获得了明显的进步，形成了志人、志怪和传奇三类。白话小说则起源于唐宋时期说话人的话本，故事取材于民间，主要反映百姓的生活和思想意识。

文言小说与白话小说的区别主要在语体和传播方式上。文言小说面向文人雅士，靠书面传播，是文人士子的案头读物，故使用文言（当时正式语体的白话）来写，相对典雅；白话小说则面向市井民众，可以口头讲述，故用通俗白话（当时口语体的白话）来写。两者也有内在的相通之处，都是在讲故事，都以人物、故事情节和环境为三要素，在叙事结构上都是以情节为结构中心，其情节结构一般包括开端、发展、高潮、结局，有时前有序幕，后有尾声。在分析小说类作品时，要抓住小说的三要素，学习小说作者人物形象的塑造方法，通常通过肖像、语言、行动、心理、正面、侧面描写来塑造人物形象。学习作者是如何通过对自然环境和社会环境的描写来衬托人物和推动情节发展的。

（一）文言小说的历史演变

我国小说的初具规模是在魏晋时期，魏晋南北朝，小说属于文言小说，通常用简洁的文言、短小的篇幅记叙社会中流传的奇闻异事。魏晋时期的文言小说，属于实录性质的丛残小语，它以实录和短小为特征。两汉选拔官吏，举荐是一个重要的渠道。地方官员举荐人员，主要依据地方豪门、名士对本乡士人的品评，按德才分为若干等级向朝廷举荐。因此逐渐形成了品评时人的社会风气，而士人欲求名利，则竞相标新立异。门阀制度的兴起使人物品评风气愈演愈烈，为志人小说提供了丰富的题材，以刘宋《世说新语》为代表的志人小说就记载了许多品评人物的精彩段落，它以展示人物神韵为宗，不写人物的经历，只是撷取人物在特定情况下的神情举止和只言片语，一个瞬间，一个镜头，来表现人物的品貌精神和内在人格。志人小说和《论语》《孟子》都是人物的言行录，前者记名士的性情，后者记圣人的思想，题旨和体例的相因绰约可见。汉末三国政治、经济、精神道德全面瓦解，从贵胄显臣到平民百姓都不得不面对生死荣辱变化无常的危机，他们对社会灾祸的恐惧为宗教的滋生提供了精神温床，道教和佛教都是在魏晋南北朝时期昌盛起来的。宗教的繁盛，导致了鬼神巫术的发达，为志怪小说的代表《搜神记》提供了素材。魏晋时期的古小说自唐以后发生了分化：一类发展为了仍保持原有的实录性质但有故事性的笔记小说，如蒲松龄的《聊斋志异》；一类发展为了仍具有实录性质但具有史料价值的野史笔记，如（唐）王定保的《摭言》、（宋）孟元老的《东京梦华录》、（宋）沈括的《梦溪笔谈》等；志怪小说一类特别演进为了突破实录，有意虚构以娱性情的传奇小说。

六朝的志怪小说本身就隐含着小说的因素，它的创作原则是实录，但作品中也有想象和虚构的成分，它的创作宗旨是"发明神道之不诬"，但也有一定的娱乐功能，反映在作品上，宗教色彩是主调，却也掩盖不了世俗化的变调。正是娱乐的功能推动着志怪小说向传奇小说方向前进。古代文言小说真正成熟的标志是唐传奇的出现与繁荣。它在内容的丰富性、题材的多样性、人物的形象性、故事的艺术性等方面都是六朝小说无法比拟的。唐代涌现出了一系列的优秀传奇小说，如陈鸿的《长恨歌传》、李朝威的《柳毅传》、白行简的《李娃传》、蒋防的《霍小玉传》、元稹的《莺莺传》等。

(二) 白话小说的历史演变

宋代出现了中国古典小说的另一种形式——白话小说，白话小说源于唐五代时期的变文。变文是唐五代时期兴起的一种通俗文学形式，开始时是为了面向大众宣传佛教教义，内容多为佛经故事，后来也包括历史故事、民间传说，逐渐演变为一种大众文艺形式——说唱文学。到了宋代，说话艺人成了一门职业，说话人说唱故事的底本叫话本，后人称为话本小说。《错斩崔宁》《快嘴李翠莲》《碾玉观音》都是脍炙人口的话本小说之作，也是中国白话小说的滥觞。

明代掀起了文人模仿话本风格而改编创作"拟话本"的高潮，"三言（《喻世明言》《警世通言》《醒世恒言》）""二拍（《初刻拍案惊奇》《二刻拍案惊奇》）""一型（《型世言》）"是其代表，也是古代白话小说的第一个高峰。明代小说的一个新发展是章回体小说的出现，"拟话本"本质上是中短篇小说，章回体小说是我国古代长篇小说的基本形式，标志着白话小说的进一步成熟。元末明初罗贯中的《三国演义》是章回小说的开山之作，也是第一部白话长篇历史小说，《水浒传》《西游记》《红楼梦》《金瓶梅》《儒林外史》等都是白话小说的杰出代表。

明清时期就小说这种文体而言，白话小说占据了主导地位，文言小说也有所发展。这一时期，文言小说的代表作品有明代瞿佑的《剪灯新话》、清代蒲松龄的《聊斋志异》和纪昀的《阅微草堂笔记》，其中《聊斋志异》则是明清文言小说的巅峰之作。

二 注释问题

通过调研发现，九年级上册所选古诗文随文注释存在不够精准的现象。具体又可分为以下几类。

（一）字际关系注释术语不够精准

我们对古今字、通假字的认定标准是：古今字是指一个多义字的其中一个义项，后来用另一个字来记录，在这个义项上原先的这个字与后来的这个字便组成一对"古今字"。也就是说，一个多义字的其中一个或几个义项在先后不同时代用不同的字去代替，在前的称为"古字"，在后的称为"今字"。通假字，是本有其字，人们临时借一个音同或音近的字来表示这个字的意义。通假字与本字之间只有音同或音近的关系，只是在具体的语境中临时表示这个本字所具有的意义，离开这个语境，各自回归其本来的意义。

1. 《岳阳楼记》"百废具兴""属予作文以记之"中的"具""属"，文中注为"'具'同'俱'""'属'同'嘱'"。有学者认为，"具"为"俱"的通假字，应注为"'具'通'俱'"①。我们认为，既然"具"表全都的副词义项后来大都用"俱"来表示，那么"具""俱"就属于古今字范畴；故"具""俱"，"属""嘱"为古今字，应注为"'具'今字作'俱'""'属'今字作'嘱'"②。

2. 《行路难》（其一）"玉盘珍羞直万钱"中的"羞""直"，文中分别注释为"'羞'同'馐'""'直'同'值'"。"羞""馐"，"直""值"均为古今字，应注为"'羞'今字作'馐'""'直'今字作'值'"。

3. 《范进中举》"嗑西北风""同你顽""一交跌倒""员领"中的"嗑""顽""交""员"，文中注释分别为同"喝""玩""跤""圆"。其实"嗑""喝"，"顽""玩"应为通假字，应注为"'嗑'通'喝'"

---

① 杨荣祥：《"具""俱"之别及其源流演变》（纪念王力先生百年诞辰学术论文集），商务印书馆2002年版，第261—268页。

② 洪成玉（2013）认为"属""嘱"为古今字。详见洪成玉：《古今字字典》，商务印书馆2013年版，第651页。

"'顽'通'玩'";"交""跤","员""圆"为古今字,应注为"'交'今字作'跤'""'员'今字作'圆'"。

4.《三顾茅庐》"只因先主丁宁后,星落秋风五丈原"中"丁宁",文中注释为"'丁宁'同'叮咛'"。其实"丁宁""叮咛"所用字为古今字,应注为"'丁宁'今字作'叮咛'"。

5.《刘姥姥进大观园》"四楞象牙镶金的筷子""掌不住"中的"楞""掌",文中注释为"'楞'同'棱'""'掌'同'撑'"。其实,从汉字发展史的角度来看,在"棱角"义上"楞(会意字)"为"棱(形声字)"后起分化字,两者曾为古今字关系,不过"楞"没有流行开来,在使用频率上远不及"棱",今天仍将"棱"作为推荐字形,"棱"今又返祖,成了"楞"的今字,因此应注为"'楞'今字作'棱'";而"掌"与"撑"为通假关系,应注为"'掌'通'撑'"。

(二)应注未注

对于古今词义迥异且容易引起歧义的词语,文中应该给予注释,可是教材注释中存在该注未注的情况。如:

1.《湖心亭看雪》"余强饮三大白""莫说相公痴,更有痴似相公者"中的"强""似"文中均未出注。其中"强",应为"勉强",即"心中不愿或能力不足而尽力为之"。"似"应为差比标记介词,相当于"于",如(宋)刘克庄《浪淘沙》词:"岁晚客天涯,短发苍华,今年衰似去年些。"

2.《水调歌头》"明月几时有"中的"有"文中未出注。其实其中的"有"并非表"存在",而是"出现"义。

3.《长沙过贾谊宅》"寂寂江山摇落处,怜君何事到天涯"中的"何事"中的"事"为"词缀","何事"相当于"何",即"为何"。与《水调歌头》"何事长向别时圆"中的"何事"义同。

4.《智取生辰纲》:"杨志却待再要回言,只见对面松林里影着一个人在那里舒头探脑价望。杨志道:'俺说甚么,兀的不是歹人来了!'"该句中的"却待",为助动词,相当于"正要""打算";"兀的"为指示代词,相当于"这",后接否定词表示反诘。

5.《三顾茅庐》:"孔明见其意甚诚,乃曰:'将军既不相弃,愿效犬马之劳。'""玄德曰：'彼各有事，岂可相强。'"该句中的"相"为指代性副词，前者偏指第三人称，后者偏指第一人称，"相强"即"勉强他"，"不相弃"即"不抛弃我"。

6.《酬乐天扬州初逢席上见赠》："怀旧空吟闻笛赋，到乡翻似烂柯人。""翻"未加注。"翻"为副词，表示动作行为与事理或预期的情况相反。可译为"反""反而""却"。如：《李太白全集·猛虎行》："秦人半作燕地囚，胡马翻衔洛阳草。"《樊川文集·送赵十二赴举》："省事却因多事力（能力），无心翻似有心来。"

（三）注释不够精准

1.《智取生辰纲》："杨志道：'原来如此，也是一般的客人。却才见你们窥望，惟恐是歹人，因此赶来看一看。'"该句中的"却才"，文中注释为"刚才"，其实应为"恰才"，即"恰好刚才"。

2.《岳阳楼记》"岸芷汀兰"，课本注释为"岸上和小洲上的花草。"此系互文见义。这种表达方法在古书中常见，尤其是文学性较强的作品，常有意借以增强语意的含蓄精练，扩大词句的容量，如"山清水秀""门当户对"等。"岸芷汀兰"意指"岸边小洲上有芷有兰"。

第六节　九年级下册

本册教材共包含六个单元，古诗文部分占两个单元，占整册教材的三分之一。共收录古诗文 23 篇：教读课文 15 篇，自读课文 8 篇；从选文时代来看，上至春秋，下至近代，其中上古 5 篇、中古 2 篇、近古 16 篇。从选文的体裁来看，其中散文 6 篇：记史散文 3 篇、赠序 1 篇、说理 1 篇、表奏 1 篇，诗词曲 17 首：律诗 3 首、古体诗 2 首、词 9 首、曲 3 篇。为了便于观察，列表如下：

表3-6　　　　　九年级下册古诗文选文情况统计表

篇 目	单元安排	时代特点 作者/时代	文体特点 散文	韵文 非律诗	韵文 律诗
《鱼我所欲也》/《孟子》	教读课文	孟子/战国	说理	—	—
《唐雎不辱使命》/《战国策》	教读课文	刘向/西汉	历史记言	—	—
《送东阳马生序》	教读课文	宋濂/元末明初	赠序	—	—
《渔家傲·秋思》	教读课文	范仲淹/北宋	—	词	—
《江城子·密州出猎》	教读课文	苏轼/北宋	—	词	—
《破阵子·为陈同甫赋壮词以寄之》	教读课文	辛弃疾/南宋	—	词	—
《满江红》	教读课文	秋瑾/近代	—	词	—
《定风波》	自读课文	苏轼/北宋	—	词	—
《临江仙·夜登小阁，忆洛中旧游》	自读课文	陈与义/南宋初	—	词	—
《太常引·建康中秋夜为吕叔潜赋》	自读课文	辛弃疾/南宋	—	词	—
《浣溪沙》	自读课文	纳兰性德/清代	—	词	—
《曹刿论战》/《左传》	教读课文	左丘明/春秋	历史记事	—	—
《邹忌讽齐王纳谏》/《战国策》	教读课文	刘向/西汉	历史记言	—	—
《出师表》/《诸葛亮集》	教读课文	诸葛亮/魏晋	表奏	—	—
《十五从军征》/《汉乐府》	教读课文	○/两汉	—	古体诗	—
《白雪歌送武判官归京》	教读课文	岑参/唐代	—	古体诗	—
《南乡子·登京口北固亭有怀》	教读课文	辛弃疾/南宋	—	词	—
《过零丁洋》	教读课文	文天祥/南宋	—	—	七言
《山坡羊·潼关怀古》	教读课文	张养浩/元代	—	元曲小令	—
《南安军》	教读课文	文天祥/南宋	—	—	五言①
《别云间》	自读课文	夏完淳/明末	—	—	五言
《山坡羊·骊山怀古》	自读课文	张养浩/元代	—	元曲	—
《朝天子·咏喇叭》	自读课文	王磐/明代	—	明曲小令	—

① 该诗韵脚字"衣""归""非""薇"，依今音似不合韵，其实均属平水韵上平声五微韵。

一 文体介绍：历史散文、戏曲

（一）历史散文

我国古代很早就有历史的编纂和记载。文献记载，我国古代设立专门记载君王言行的史官。《礼记·玉藻》记载，古代君王"动则左史书之，言则右史书之"。《汉书·艺文志》说"君举必书"，"事为《春秋》，言为《尚书》"。《尚书》是我国历史上的第一部史书，以"记言（古代君臣谈话）"为主，也是我国第一部记言体史书。记载的历史时期为，上起尧舜，下至春秋初期。史书的分类方式多样，根据不同的分类标准可以分出不同的类型。学界根据史书的编排方式不同，通常把史书分为编年体、国别体、纪传体、纪事本末体等。

1. 编年体

编年体，是按年月先后次序来记载历史事件，如《左传》《穀梁传》《资治通鉴》等。《春秋》是我国历史上第一部编年体史书，以"记事"为主。记载春秋时期鲁国历史的一部史书，起止时间为鲁隐公元年（前722）—鲁哀公二十七年（前468），共255年的历史。本是由鲁国史官所记，后经孔子修订而成，孔子在修订时，一改史家"秉笔直书"的记史方式，不直接对人物进行评价，而是通过细节描写、选词等手法寓褒贬之意于字里行间，委婉而巧妙地表达自己的看法，这就是所谓的"春秋笔法"。《左传》，全称《春秋左氏传》，是春秋晚期鲁国史官左丘明所作。"传"，即"解说、注释"，顾名思义，《左传》，即"左丘明为《春秋》所作的注释"。《左传》是我国历史上第一部记事详明的编年体史书。《春秋》全文18000字，记事非常简略。《左传》全文196845个字，叙事详细。当初，《春秋经》与《左氏传》是两部书，到了西晋有一位将军，名叫杜预，将《春秋经》与《左氏传》分别编插在一起，于是《左传》一书开始出现。《左传》注重历史事实的阐发，叙事极其简明生动，委婉周详。左丘明也是著名的文学家，开创了第一个记叙文的创作高峰，语言非常精练，因此具有较高的史学价值与文学价值。

2. 国别体

国别体史书是一种按地域分国别记载历史事件的史书，如《国语》

《战国策》等。《国语》是我国历史上第一部国别体史书,其编纂者相传为春秋末期的左丘明,它记录了从西周穆王到战国初期鲁悼公期间,周、鲁、齐、晋、郑、楚、吴、越等八国的历史事件。《国语》和《左传》齐名,偏重记言,两书所写时代大致相同,所涉及的事件往往为同一事件,因此,从史学研究的角度,两书可互为补正。《战国策》是继《国语》之后又一部具有重要价值的国别体史书,由西汉时期的刘向编订,专门记载了战国初期至秦汉之际这一时期游说之士的谋略与言论。

3. 纪传体

纪传体史书是以人物为中心来编排的史书,《史记》《汉书》等"二十四史"都是纪传体史书,故"前四史",通常指"二十四史"的前四部:《史记》《汉书》《后汉书》《三国志》。《史记》由西汉史学家司马迁所著,是我国第一部纪传体通史,记载了自上古传说中的黄帝时代至汉武帝时期共3000多年的历史。《汉书》由东汉史学家班固编撰,是我国第一部纪传体断代史,记述了我国历史上西汉时期的历史。《后汉书》由南朝刘宋时期的史学家范晔所著,是一部记载东汉历史的纪传体史书。《三国志》由西晋史学家陈寿编写,主要记载魏、蜀、吴三国鼎立时期的纪传体国别史。

4. 纪事本末体

纪事本末体史书融合了编年体和纪传体的优点,是以历史事件为纲,将重要历史事件分别列目,独立成篇,每篇又以年月顺序编排,详述一个历史事件的始末。如《通鉴纪事本末》《左传纪事本末》《宋史纪事本末》等。其特点是以事件为中心,因事命篇,详述事件的起因、经过和结果。纪事本末体史书创立于南宋袁枢的《通鉴纪事本末》,该书文字抄录于司马光的《资治通鉴》,采取了主题分类的方式,将历史事件按照不同的主题进行分类编排,每个主题以事独立成篇,共计二百三十九事。

这些史书都是以记述历史事件、人物活动和历史发展过程为主的散文体裁,故称之为历史散文。

(二)戏曲

现代人把以"唱念做打"作为艺术手段的表演形式叫"戏曲"。"戏曲"中的"戏"包含着"做"和"打"的内容,"曲"代表着"唱"和"念"的内容。"做打"通常是舞蹈与武术的结合,"唱念"通常是韵文和散文的结合。如果把远古俳优的即兴表演和应对玩笑作为"戏"的先祖,那么先秦歌舞就是"曲"的源头。这两条并行的线索,一条源于巫的歌舞戏,另一条源于俳优的滑稽戏,经过从先秦至南北朝、隋唐的发展,至宋时始合而为一,形成了真正的"戏曲"。

1. 戏曲的历史演变

(1) 宋杂剧与金院本

宋杂剧和金院本已经是真正的戏曲了。"杂剧"一词寓有多而且杂的意思。以表演故事为主、具有杂戏性质的宋杂剧在南宋时期比较发达。辽金与两宋是同时并峙的朝代,辽金杂剧与宋杂剧同属一个体系,金的杂剧又叫"院本"。宋、金演剧无一留存至今,所以论述真正的戏曲,不能不始自元曲。

(2) 南戏

现存最早的戏曲文学剧本是产生于北宋末期和元代的南曲戏文,南戏产生于北宋末年的温州,宋室南渡之后,到了南宋颇为兴盛。南戏又叫南杂剧,其唱词用韵以南方江浙一带语音为标准,不避俚俗,用南曲演唱,有独唱、对唱、合唱,每个角色都可以唱,形成了绵密柔丽的唱腔特色。南戏的角色主要有"生、旦、净、末、丑","生"和"旦"是南戏中的男主角和女主角,"净"是动作滑稽角色,"末"是次要的男角色,"丑"是戏中的男配角。

(3) 北杂剧

北杂剧又称元杂剧,它的形成基础是宋杂剧和金院本,是用北曲演唱的传统戏曲形式,在元代盛极一时。元杂剧一改传统文学"明道""言志"的一贯宗旨,开辟了为下层百姓立言和为失路儒生呼号两个新的领域。其作品中出现了一个完整的世俗世界——普通百姓与官府、豪强之间不共戴天的仇怨,痴男怨女之间的悲欢离合,知识分子由于科举路断而看不到出路的苦闷和痛苦,对失去理性的不公平世界的怨愤不平……这些作品大多取材于现实生活,因而具有现实性和批判性这样两个显著特点。具有较高文化素养的元代文人对戏曲创作的介入,直接促成了北杂剧在艺术形式上的完善。关汉卿、郑光祖、白朴、马致远的作品无论是在谋篇布局上还是在语言（包括曲文和说白）的运用上都比较完美地发挥了杂剧这一形式的优长，体现了北杂剧的最高水平。南戏虽然早起于北杂剧，但名家未肯留心，士大夫未肯留意，从北宋到南宋，虽不绝如缕，却一直不温不火，直到元末明初，因有文人关注南曲，才使南戏趋于兴盛。因此南戏的语言风格和曲词韵律不如元杂剧典雅严格。在语言上南戏曲文明白如话，浅近质直近于口语；北杂剧则特别注意以诗、词为曲，追求曲词的典雅与优美①，注意人物语言的个性化问题，注重延续传统诗词的抒情特征，以期引起读者、观众更多的情感效应。在曲词韵律上，南戏比较灵活，人物都参加歌唱，一折戏里可以转调、转韵，可以从这宫调转到那宫调；元杂剧必须严格按照套曲来，曲文都是给主角安排的，是一人主唱全部套曲，一折戏里一调到底，一韵贯穿。在元杂剧中除了曲词，宾白也是主要的表现手段。剧本中人物所说的话，包括自言自语、对话，以及念诗念引子，都叫"说白"或"宾白"。曲词主要是为抒情而设，宾白的主要作用是叙事和插科打诨，故宾白的语言则接近当时口语。

（4）明代传奇戏曲

明代传奇戏曲是我国戏曲发展史上的高峰。特指戏曲的传奇是一个与"杂剧"相对应的概念。元代就有人把南戏成为"传奇"，以区别于北杂剧，但比较普遍地把南戏称作"传奇"是明代的事。当"南戏"与"传奇"说法并存时，一般认为明代南戏可统称为"传奇"。明代传奇的前身是宋元南戏。由文字质朴、形式不够严整的南戏，变成优美完整的长篇巨制，明代传奇经历了一个相当长的过程。这种进步和发展是在南戏的基础上，汲取北杂剧的优点融合而成的，而且有了很大的发展。宋元南戏在温州初生时，用温州方言演唱，传到杭州时，用吴浙之音，它吸收各地方言和音乐的能力非常强。据记载，至明嘉靖前，形成

---

① 不过元杂剧曲文语言与词相比，趋于口语。这种雅俗结合风格的形成，与散曲、戏曲属于俗文学，面临着以下层市民为主的多层次的观众对象有很大关系。元杂剧的曲文与词一样属于长短句，但它又不同于词，因为词的字数一定，不能随意增删，而曲在加"衬字"和"增句"上却可以有很大的自由，如曲词中经常出现"也么哥"这种有音无义的衬字。

了异彩纷呈的四大声腔：海盐、余姚、弋阳和昆山。在这四大声腔中，海盐、昆山以高雅、婉丽、缠绵著称，颇得文人士大夫的喜爱；而余姚、弋阳由以通俗易懂为其特点，深得世俗百姓的喜爱。明传奇的作者和戏曲家与南戏作者相比，身份高贵，既有达官显宦，又有当时文坛上知名度很高的文人。这些文人参加戏曲创作，使昆山腔传奇迅速繁盛起来，汤显祖就是其中一位杰出代表，他的《牡丹亭》对于明代中期传奇的鼎盛局面起到了推波助澜的作用。弋阳腔又称"高腔"，与着眼于雅致婉转的昆山腔不同，始终不顾及文人雅士的口味，针对当地普通观众的喜好和需要，不断地改进自身形态。弋阳腔长期流传于民间，不被大都市的文人雅士所重视，所以，它在明代戏曲中的地位要远逊于昆山腔。因此到了明代中叶，昆山腔开始称雄戏曲舞台，并长久地居于领袖地位。

（5）清代戏曲

清代初期，王朝交替所造成的社会动乱、亡国的惨痛教训，为剧作家提供了生动而丰富的创作素材，于是以洪昇的《长生殿》和孔尚任的《桃花扇》为代表的一批立足于总结兴亡教训的传奇作品应运而生。不过至乾隆时期，传奇就急剧衰落了。究其原因，这恐怕与清政府大兴文字狱有关。总的来说，清代戏曲是从雅到俗的发展时代，戏曲从厅堂楼阁走向民间的草台，其突出的表现就是难以计数的地方戏在全国各自争奇斗艳。康熙末年至乾隆时期，地方戏逐渐崛起，京腔[①]、梆子腔（山陕梆子）、皮黄腔[②]、弦索腔、徽调等地方戏曲相继进京，它们以其独具特色的风格赢得了观众的喜爱和欢迎，在与以昆曲为代表的雅曲的竞争中逐渐取得胜利。

2. 元代戏曲

（1）元曲

广义的元曲指的是元朝文人创作的散曲与杂剧。散曲是配上乐曲的

[①] 京腔源自江西弋阳的弋阳腔，这种声腔在明嘉靖年间就流传到了北京，经过和京话京韵的融合就成为了"京腔"。

[②] 皮黄腔由西皮和二黄两种腔调合流而成。西皮腔起于湖北，其源头是梆子腔。二黄起于南方，在乾嘉之际，二者在汉口一带结合成为皮黄腔（亦叫楚调）。后于乾隆末叶进京。

歌词，可以单独清唱，重在抒情。杂剧则是用戏曲来表演故事的一种舞台艺术，重在叙事，把歌曲、宾白、舞蹈动作融合在一起，以唱为主，唱词由同一宫调的套曲组成，句尾入韵，并有科（动作）、白（念白）相配合表述剧情。元曲是由诗词发展来的，词逐渐演变成了可以说唱的曲，曲慢慢演变，就成了可以演的杂剧。狭义的元曲专指元杂剧。

　　散曲是元代民歌，就散曲来说，每支曲子都有一个固定的宫调和曲牌。散曲分为小令和套曲（套数）两种。小令相当于一首诗，或一首单调的词，每支独立。小令开头一般标明宫调、曲牌、曲题，如（元）马致远［越调］《天净沙·秋思》；也可以只标明曲牌、曲题，如（元）张养浩《山坡羊·潼关怀古》、（元）白朴《天净沙·秋》、（明）王磐《朝天子·咏喇叭》等；可以没有宫调、曲题，但必须有曲牌，如（元）张养浩《天净沙》。宫调是曲牌的调式，确定曲牌主音的绝对性，是曲调的总称，每个宫调都包含若干曲牌。套曲是联合同一宫调的数支曲牌成为一套。套曲的开头一般标出宫调、首个曲牌、曲题，如（元）关汉卿［南吕］《一枝花·不伏老》，包括《一枝花》《梁州》两个曲牌，最后加《尾声》；（元）马致远［双调］《夜行船·秋思》，包括《夜行船》《乔木查》《庆宣和》《落梅风》《风入松》《拔不断》《离亭宴煞》七个曲牌。

　　宫调为音乐戏剧术语，是古代乐曲曲调的总称，指以宫、商、角、徵、羽、变徵、变宫七声音阶中的一种为核心基调构成的不同乐曲调式，以"宫"为主的调式称"宫"，以其他各声为主的称"调"，统称为宫调。诸宫调是相对于一个宫调的说唱形式而言的，其中唱的部分汇集了若干套不同宫调的曲子，进行轮递歌唱故取此名。诸宫调讲究宫调和曲牌，更讲究"宫调声情"：仙侣调声情清新，往往被放在故事的开头；双调声情激健，往往被放在故事的结尾；南吕调声情悲切，往往被放在故事的中间，营造曲折多变、一唱三叹的审美效果。说白的部分经常穿插在每一宫调的结尾，起到承上启下的作用。《西厢记诸宫调》是现存唯一完整的诸宫调作品。

　　（2）元杂剧

　　元杂剧的结构通常是四折一楔子，但也有少数变例的，如《赵氏孤儿》为五折一楔子。"折"是故事情节发展的自然段落，相当于现代戏剧的"幕"，四折大多表现出情节的起、承、转、合。"折"又是音乐组织的单元，一折戏的曲子是用同一宫调的一套曲子组成，四折可以选用四种不同的宫调。元代流行的宫调有九种：仙侣宫、南吕宫、正宫、中吕宫、黄钟宫、双调、越调、商调、大石调。楔子在杂剧中是指对剧情起交代作用的开场戏或承上启下的过程戏，使四折之间的结构更加严密。元杂剧的末尾通常还有一个"题目正名"。它用一联偶语来概括基本内容，确定剧本名称。如《窦娥冤》的题目、正名：秉鉴持衡廉访法、感天动地窦娥冤。杂剧一般取其末句作为杂剧的全名，如《感天动地窦娥冤》。

元杂剧的剧本构成：曲、白、科。曲指曲辞，是戏剧人物的唱词，是元杂剧的主要部分，包括宫调曲牌名称和曲词。元杂剧通常限定每一本由正旦或正末主唱，因此元杂剧有"旦本""末本"之分。楔子在一部杂剧中是相对自由的部分，通常只有一两支曲子，不用套曲，也不限由何角色演唱。白，又叫宾白，指剧中人物的台词、道白。因杂剧以唱为主，故把道白称为"宾"。宾白包括独白、对白、定场白、冲场白、背白和带白。定场白是角色第一次上场时作的自我介绍，一般用韵语。如《窦娥冤》第一折里赛卢医第一次上场念："行医有斟酌，下药依《本草》；死的医不活，活的医死了。"然后自报姓名、籍贯、身份之类。冲场白是角色再次上场的说白。背白是角色背着同台其他角色向观众的独白。带白是插在曲词中的道白，即"带云"。科，又称"科范"，指舞台提示，提示剧中人物动作与表情、音响效果等，如"笑科""鼓三下科，锣三下科"等。元杂剧中，曲的主要功能是抒情；白、科的主要功能是叙事。

元杂剧的角色比较复杂，大致可分为旦、末、净、杂四大类。旦是女角，正旦是指女主角，还有花旦、老旦、小旦等。末是男角，男主角叫正末，还有副末、冲末、大末、二末等。净多扮演刚勇人物或喜剧角色，杂是杂角。

二 注释问题

通过调研发现，九年级下册所选古诗文随文注释存在不够精准的现象。具体又可分为以下几类。

（一）字际关系注释术语不够精准

1.《鱼我所欲也》"辟患""不辩礼义而受之""所识穷乏者得我与""乡为身死而不受"中的"辟""辩""得""与""乡"，文中注为"'辟'同'避'""'辩'同'辨'"等。其实"辟""避"，"与""欤"，"乡（鄉）""向（嚮）"为古今字；"辩""辨"，"得""德"为通假字，应注为"'辟'今字作'避'""'与'今字作'欤'""'乡（鄉）'今字作'向（嚮）'""'辩'通'辨'""'得'通'德'"。

2.《唐雎不辱使命》"错意""仓鹰"中的"错""仓"，文中分别注释为"'错'同'措'""'仓'同'苍'"。其实"错""措"①，"仓""苍"均为古今字，应注为"'错'今字作'措'""'仓'今字作'苍'"。

3.《送东阳马生序》"四支""论辨"中的"支""辨"，文中注释分别为同"肢""辩"。其实"辨""辩"应为通假字，应注为"'辨'通'辩'"；"支""肢"为古今字，应注为"'支'今字作'肢'"。

4.《邹忌讽齐王纳谏》"孰视之"中"孰"，文中注释为"'孰'同'熟'"。其实"孰""熟"为古今字，应注为"'孰'今字作'熟'"。

5.《十五从军征》"羹饭一时熟，不知饴阿谁"，文中注释："'饴'同'贻'"。"饴"与"贻"为通假关系，应注为"'饴'通'贻'"。

（二）应注未注

对于古今词义迥异且容易引起歧义的词语，文中应该注释，可是教材注释中存在该注未注的情况。如：

1.《送东阳马生序》"手自笔录""略无慕艳意"中的"手自""略无"文中均未出注。其中"手自"，应为副词"亲手"，"自"为副词词尾。"略"为范围副词表总括，"略无"，即"全无"，如《三国志·蜀

---

① 《说文》："错，金涂也。"段注："以金措其上。"引申为"安置""措置"。

志·赵云传》"以云为翊军将军"裴松之注引《赵云别传》："赵云身自断后，军资什物，略无所弃。"

2.《满江红·小住京华》："苦将侬强派作蛾眉，殊未屑。"其中的"苦"文中未出注。其中的"苦"为情态副词，表示"竭力""尽力"义。

3.《定风波》："料峭春风吹酒醒，微冷，山头斜照却相迎。回首向来萧瑟处，归去，也无风雨也无晴。"其中的"相迎"中的"相"为指代性副词，偏指第一人称。"向来"相当于"向"，即"刚才"。"来"为时间词词缀，与"晚来""朝来"中的"来"类似。

4.《浣溪沙》："身向云山那畔行。"该句中的"身"，为第一人称代词，相当于"我"。

5.《十五从军征》："中庭生旅谷，井上生旅葵。"该句话中的"中庭"为"庭中"，古今词序不同，与"井上"相对。

（三）注释不够精准

1.《曹刿论战》："下视其辙，登轼而望之，曰：'可矣。'"该句中标点易引起歧义。"下视其辙"，应为"下车，视其辙"，"登轼而望之"，应为"登车，轼而望之"。该句正确的标点应该是"下，视其辙；登，轼而望之。曰：'可矣。'"

2.《邹忌讽齐王纳谏》："能谤讥于市朝，闻寡人之耳者，受下赏。"该句中的"市朝"文中注释为"指集市、市场等公共场合"。应注为"本指市场与朝廷，此处偏指'市'，指'集市'。"

3.《出师表》："尔来二十有一年矣。"该句中的"尔来"文中注释为"自那时以来"。应注为"'尔来'，为'自尔以来'的缩略形式。"

4.《出师表》："故五月渡泸，深入不毛。"教材注释为："不生长草木。这里指贫瘠、未开垦的地方。"许嘉璐（1980）认为："此处的'毛'字是'苗'的假借。段玉裁在《说文》'虦'字下注云：'毛苗古同音。苗亦曰毛，如"不毛之地"是。'毛苗互通的例子很多，《说苑·修文》引《春秋传》：'苗者，毛也。'《尚书·舜典》有'三苗'，而《山海经》则说'三苗国……一曰三毛国。'苗字在《说文》中虽然解为'草生于田中者'，但在文献中却一般都当禾稼讲。因此'不苗'

（不毛）即不长庄稼。《史记·郑世家》郑襄公向楚告饶，请求'锡（赐）不毛之地'。《集解》引何休曰：'墝埆不生五谷曰不毛。谦不敢求肥饶。'……扩而大之，'不毛'还可以指不长其它农家作物。"①

---

① 许嘉璐：《中学课本文言文注释商榷》，《北京师范大学学报》1980 年第 6 期。

第四章

高中语文古诗文文体概述与注释问题

第一节 必修上册

本册教材共包含八个单元,古诗文部分占四个单元,占整册教材的近三分之一。共收录古诗文18篇:教读课文14篇,自读课文4篇;从选文时代来看,上至春秋,下至近代,其中上古4篇、中古2篇、近古12篇。从选文的体裁来看,其中散文3篇:论说文2篇、游记1篇,诗词赋15首:律诗2首、古体诗7首、词5首、赋1篇。为了便于观察,列表如下:

表4-1　　　　高中语文必修上册古诗文选文情况统计

篇目	单元安排		时代特点 作者/时代	文体特点		
				散文	韵文	
					非律诗	律诗
《芣苢》/《诗经》		第二单元	先秦	—	古体诗	—
《插秧歌》			杨万里/南宋	—	—	七律
《短歌行》	教读课文	第三单元	曹操/曹魏	—	古体诗	—
《归园田居》(其一)			陶渊明/东晋	—	古体诗	—
《梦游天姥吟留别》			李白/唐代	—	古体诗	—
《登高》			杜甫/唐代	—	—	七律
《琵琶行》			白居易/唐代	—	叙事诗	—
《念奴娇·赤壁怀古》			苏轼/北宋	—	词	—
《永遇乐·京口北固亭怀古》			辛弃疾/南宋	—	词	—
《声声慢》			李清照/宋代	—	词	—

续表

篇 目	单元安排	时代特点		文体特点		
		作者/时代	散文	韵文		
					非律诗	律诗
《劝学》/《荀子》	教读课文	荀子/战国	论说文	—		
《师说》		韩愈/唐代	论说文	—		
《赤壁赋》		苏轼/北宋	—	文赋		
《登泰山记》		姚鼐/清代	游记			
《静女》/《诗经》	自读课文	先秦	—	古体诗		
《涉江采芙蓉》/《古诗十九首》		汉代	—	古体诗		
《虞美人》		李煜/南唐	—	词		
《鹊桥仙》		秦观/北宋	—	词		

一 文体介绍：诸子散文

诸子散文是春秋战国时期出现的说理散文。诸子散文的发展大体上可分为三个阶段。第一阶段为春秋末年和战国初期，主要作品是《论语》《老子》和《墨子》，其特点是语言简朴，词约义丰。第二阶段是战国中期，主要作品是《孟子》《庄子》等，其特点是说理透彻，论证充分。第三阶段是战国末年，其主要作品是《韩非子》《荀子》，其特点是文辞富赡、逻辑谨严。诸子散文的历史反映了说理文章从简单到繁富，从语录体到专论的发展过程。

（一）《论语》《墨子》

《论语》是语录体散文，共二十篇，各篇以首句开头的两三个字名篇，每篇由一段段内容无关、中心不一的语录组成。它不以说理透彻见长，而是采用问答方式进行含义深刻、富有哲理的谈话。言谈话语中蕴含着深刻的为人、为学和处世之道，如"欲速则不达""三人行必有我师焉""君子坦荡荡"等。

《墨子》大多是墨子讲学的内容，由其弟子记录编辑而成。《墨子》每篇各有中心，其中心题意一般都在篇名上表现出来，它说理充分，已经具备了有组织、有结构的论说文的形式。如《非攻》写的是对诸侯间掠夺侵略经常发动不义战争的谴责，它从亏人自利的小偷、强盗推论到诸侯，从窃桃李、攘犬豕鸡豚推论到掠地攻国，由小到大，层层递进，逻辑严密，论证充分。

（二）《孟子》《庄子》

《孟子》形式上为语录体散文，但它善于论辩，善用比喻论证，逻辑性强，说理透彻。如《齐桓晋文之事》写孟子与齐宣王的一席对话，先从正面提出"保民而王"这一论点，然后多方设喻证明保民而王的根据和可能，其简便易行犹如"为长者折枝"；接着从反面论证，揭示不施行"王道"，实行"霸道"的危害，且犹如缘木求鱼而不可得；最后一个转折，回到论点，提出制民恒产、富而后教的具体措施。

《庄子》现存33篇，其中内篇7篇，一般认为是庄子所作，杂篇26篇，一般认为是他的门人或后学所作。庄子才华出众、想象丰富、构思独特，富于浪漫主义色彩。他的许多哲学思想和政治观点通过幻想虚构的人物与对话来体现，如《养生主》中的庖丁，《徐无鬼》中的石匠，都栩栩如生。寓言是《庄子》散文中极可宝贵的部分，和《孟子》不同，《庄子》的寓言极富幻想色彩，天上人间万物都可信手拈来作为虚构寓言所驱遣的对象，如《逍遥游》中的"蜩""学鸠"。

（三）《荀子》《韩非子》

《荀子》现存32篇，是荀子和他的门人所著。《荀子》语言质朴简约，说理深透，严谨缜密，层次分明，句法整练。其中的《劝学》篇比喻层出不穷，说理深入浅出，通晓畅达，通篇排偶，整齐鲜明。《荀子》的立意结构较之前有很大进步。立意完整，题目就是中心思想的概括，每篇都是一篇独立完整的文章。荀子除了论说文还写过诗和赋，《赋篇》是诗文结合的新文体，开创了以"赋"名篇的先河。

《韩非子》有55篇，大部分为韩非所著。韩非的散文中心思想突出，说理透彻，切中要害，分析推理能力特别强，首尾呼应，谋篇布局等都比《荀子》更成熟。他善用寓言，巧设比喻，使论说更加生动形象，有很强的说服力。《五蠹》先以"守株待兔"为喻，说明以先王之政来治当世之民的荒谬；再以古今事例对比，批驳仁义之说的虚妄；然后正面提出法治的政治主张。

二 注释问题

通过调研发现，高中必修上册所选古诗文随文注释存在不够精准的现象。具体又可分为以下几类：

（一）字际关系注释术语不够精准

1. 《梦游天姥吟留别》"列缺霹雳"中的"列"，文中注为"'列'同'裂'"。其实"列"与"裂"为古今字，应注为"'列'今字作'裂'"。

2. 《念奴娇·赤壁怀古》"一尊还酹江月"中的"尊"，文中注释为"'尊'同'樽'"。其实"尊""樽"为古今字，应注为"'尊'今字作'樽'"。

3. 《永遇乐·京口北固亭怀古》引《史记·廉颇蔺相如列传》"廉将军虽老，尚善饭，然与臣坐，顷之三遗矢也。"中的"矢"，文中注释为"'矢'同'屎'"。其实"矢""屎"为古今字①，应注为"'矢'今字作'屎'"。

4. 《劝学》"輮以为轮""君子博学而日参省乎己，则知明而行无过矣""君子生非异也，善假于物也"中的"輮""知""生"，文中注释分别为同"煣""智""性"。其实"輮""煣"应为通假字，应注为"'輮'通'煣'"；"知""智"，"生""性"为古今字，应注为"'知'今字作'智'""'生'今字作'性'"。

5. 《师说》"师者，所以传道受业解惑也""或师焉，或不焉"中的"受""不"，文中注为"受"同"授"，"不"同"否"。其实"受""授"，"不""否"均应为古今字，应注为"'受'今字作'授'""'不'今字作'否'"。

6. 《赤壁赋》"浩浩乎如冯虚御风""山川相缪，郁乎苍苍"中"冯""缪"，文中注释为"'冯'同'凭'""'缪'同'缭'"。其实"冯""凭"为古今字，"缪""缭"为通假字，应注为"'冯'今字作'凭'""'缪'通'缭'"。

7. 《登泰山记》"极天云一线异色，须臾成五采""石苍黑色，多平方，少圜。"文中注释"'采'同'彩'""'圜'同'圆'"。其实"'采'

---

① 洪成玉：《古今字字典》，商务印书馆2013年版，第395页。

'彩'""'圜''圆'"均为古今字,应注为"'采'今字作'彩'""'圜'今字作'圆'"。

8.《静女》"爱而不见""说怿女美""自牧归荑""匪女之为美,美人之贻"中"爱""说""女""匪",文中注释为"'爱'同'薆'""'说'同'悦'""'女'同'汝'""'归'同'馈'""'匪'同'非'"。其实"'爱''薆'""'归''馈'"为通假字,"'说''悦'""'匪''非'"为古今字,"'女''汝'"为古今字①,应注为"'爱'通'薆'""'说'今字作'悦'""'女'今字作'汝'""'归'通'馈'""'匪'今字作'非'"。

（二）应注未注

对于古今词义迥异且容易引起歧义的词语,文中应该注释,可是教材注释中存在该注未注的情况。如:

1.《短歌行》"枉用相存"中的"相"文中未出注。其中"相",应为指代性副词,指代"第一人称"。"枉用相存",即"用屈尊的方式来探望我。"

2.《梦游天姥吟留别》:"惟觉时之枕席,失向来之烟霞。""世间行乐亦如此,古来万事东流水。"其中的"向来""古来"均为时间词,其中"古来"文中未出注。两者的来源不同,"向来"中的"来"为时间词词缀,"古来"为"自古以来"缩略而成。

3.《琵琶行》:"弟走从军阿姨死,暮去朝来颜色故。"该句中"阿姨"文中未注释。其实"阿姨",应为"母亲"。如《南史·齐晋安王子懋传》:"(子懋)年七岁时,母阮淑媛尝病危笃,请僧行道。有献莲华供佛者,众僧以铜罂盛水渍其茎,欲华不萎。子懋流涕礼佛曰:'若使阿姨因此和胜,原诸佛令华竟斋不萎。'"

4.《琵琶行》:"其间旦暮闻何物?杜鹃啼血猿哀鸣。"该句中"何物"文中未注释。其实"何物",相当于"何"。如《晋书·王衍传》:"既去,目而送之曰:'何物老妪,生宁馨儿!然误天下苍生者,未必非

---

① 杨希英（2006）认为,甲骨文中"女"已经被借作第二人称代词,还没有发现"汝"字,从东汉以后在记录第二人称代词时一般不再用"女",而专用"汝"。详见杨希英:《"女"和"汝"与第二人称代词（rǔ）之关系考》,《江西社会科学》2006年第2期。

此人也。'"（宋）岳珂《桯史·天子门生》："桧大怒曰：'我杀赵逵，如 猕狐兔耳，何物小子，乃敢尔耶！'"

（三）注释不够精准

1. 《琵琶行》："商人重利轻离别，前月浮梁买茶去。去来江口守空船。""去来"文中注释为"走了以后。来，语气助词。"其实"去来"，应为"走了以来。来，为时间词词缀"。在古汉语中"去来"中的"来"本来为语气助词。如《战国策·齐策四》："长铗归来乎！食无鱼。"（晋）陶渊明《归去来兮辞》："归去来兮，田园将芜，胡不归！"故"去来"凝合成词表示"离开"。如（南朝·宋）鲍照《代陈思王白马篇》诗："去来今何道，卑贱生所钟（天意所赋）。"同时"来"也是时间词词缀，如"朝来""晚来""尔来"等，"去来"也表时间，就有了时间词词缀的性质。如（唐）孟郊《古意》诗："荡子守边戍，佳人莫相从，去来年月多，苦愁改形容。"

2. 《琵琶行》："弦弦掩抑声声思，似诉平生不得志。""思"文中注释为"深长的情思"。其实"思"，应为"悲伤"。如《文选·张华〈励志诗〉》："吉士思秋，寔感物化。"李善注："思，悲也。"（唐）韩愈《与鄂州柳中丞书》之二："夫远征军士，行者有羁旅离别之思，居者有怨旷骚动之尤。"

3. 《声声慢》："乍暖还寒时候，最难将息。"该句中"乍暖还寒"，文中注释为"忽暖忽冷，天气变化无常。"其中"还"注音为"huán"。其实其中的"还"为副词，意为"仍然、依然"，用在两个反义词或短语之间，表示虽呈现一种新情况，但依旧保持着某些原有状态，音读为"hái"。如（宋）张先《春思》："乍暖还轻冷。风雨晚来方定。"（宋）王炎《嘉定癸酉二月雨后到双溪》："轻暖相重护病躯，料峭还寒透。"（清）丁绍仪编《听秋声馆词话》："乍齐仍阴，似暖还寒，种种恼人情绪。"（清）乐钧《断水词》："蝶恋花云：'时节乍寒还乍暖。浪说看花，花信无人管。'"

4. 《师说》："巫医乐师百工之人，君子不齿，今其智乃反不能及，其可怪也欤！"该句中"乃"，文中注释为"竟"。其实其中的"乃"与"反"均为表示转折关系的关联副词，意为"却"。如《新五代史·马胤孙传》：

"晋兵起太原,废帝幸河阳。是时势已危迫,胤孙自洛来朝行在,人皆冀其有所建言,胤孙献绫三百匹而已。晋高祖入立,罢归田里。胤孙既学韩愈为文,故多斥浮屠氏之说。及罢归,乃反学佛,撰《法喜集》、《佛国记》行于世。时人诮之曰:'佞清泰不彻,乃来佞佛。'清泰,废帝年号也。人有戏胤孙曰:'公素慕韩愈为人,而常诵傅奕之论,今反佞佛,是佛佞公邪,公佞佛邪?'胤孙答曰:'岂知非佛佞我也?'时人传以为笑。"

5. 《赤壁赋》:"何为其然也?"文中对这句话的注释为"(曲调)为什么这样悲凉呢?"其实该句为主谓倒装句,正常语序为"其然也,何为?"即"他的曲调如此(悲凉),为何啊?"

6. 《赤壁赋》"举酒属客","属"随文注释为"劝请"。方一新(2006)认为:"教材对'属'和'属客'的解释不够准确。'属',《说文·尾部》:'连也。'本义是连接、连续,引申为注入、灌注。《书·禹贡》:'弱水既西,泾属渭汭。'清孙星衍疏引汉马融曰:'属,人也。'有学者认为在注入、灌注义上,'属'通'注',如朱骏声《说文通训定声·需部》:'属,叚借为注。'特指倒酒、斟酒相劝。《仪礼·士昏礼》:'酌玄酒,三属于尊。'东汉郑玄注:'属,犹注也。''属客',为客人斟酒并劝饮。也就是说,所谓'属客',实际上兼有'为客人倒酒'、'劝客人饮酒'两项行为。"① 苏轼《喜雨亭记》:"于是举酒于亭上,以属客而告之。""属客"的用法与此相同。

7. 《梦游天姥吟留别》:"熊咆龙吟殷岩泉,栗深林兮惊层巅。""殷岩泉"教材注为"声音震荡着岩石和泉水"。李运富(2002)指出:"这里的'殷岩泉'只是句法上错综变化了一下,语意结构跟'熊咆''龙吟'是一致的,当讲成'岩泉殷',它们共同构成全句的主语部分。'岩泉'泛指岩间(包括岩上和岩下)之泉,是'殷'的主语。这样,全句就结构整齐,语意顺畅了:熊在咆哮,龙在吼鸣,岩泉在震响,它们的声音使深林战栗,让层巅惊动。"②

---

① 方一新:《人教版高中课本文言文失误举例》,《浙江师范大学学报》2006年第6期。
② 李运富:《中学语文教材文言文注释应注意的几个问题》,《课程·教材·教法》2002年第11期。

第二节　必修下册

本册教材共包含八个单元，古诗文部分占五个单元，占整册教材的近三分之一。共收录古诗文 18 篇：教读课文 14 篇，自读课文 4 篇；从时代来看，上至春秋，下至近代，其中上古 6 篇、近古 12 篇。从选文的体裁来看，其中散文 12 篇：论说文 1 篇、书信 4 篇、语录体 2 篇、小说 2 篇、寓言 1 篇、史传 1 篇、叙事 1 篇，诗词曲 6 首：律诗 1 首、赋 1 首、词 2 首、曲 2 首。为了便于观察，列表如下：

表 4-2　　　　高中语文必修下册古诗文选文情况统计

篇目	单元安排	时代特点		文体特点		
		作者/时代		散文	韵文	
					非律诗	律诗
《子路、曾皙、冉有、公西华侍坐》/《论语》	教读课文	第一单元	孔子/春秋	语录体	—	—
《齐桓晋文之事》/《孟子》			孟子/战国	对话体	—	—
《庖丁解牛》/《庄子》			庄子/战国	寓言	—	—
《鸿门宴》/《史记》			司马迁/西汉	史传	—	—
《烛之武退秦师》/《左传》		第二单元	左丘明/春秋	叙事	—	—
《窦娥冤》			关汉卿/元代	—	元杂剧	—
《谏逐客书》/《史记》		第五单元	李斯/战国	书信	—	—
《与妻书》			林觉民/近代	书信	—	—
《林教头风雪山神庙》/《水浒传》		第六单元	施耐庵/明初	小说	—	—
《促织》/《聊斋志异》			蒲松龄/清代	小说	—	—

续表

篇目		单元安排	时代特点	文体特点		
			作者/时代	散文	韵文	
					非律诗	律诗
《谏太宗十思疏》	教读课文	第八单元	魏征/唐代	奏议（骈文）	—	—
《答司马谏议书》			王安石/北宋	书信	—	—
《阿房宫赋》			杜牧/唐代	—	赋	—
《六国论》			苏洵/北宋	政论文	—	—
《登岳阳楼》	自读课文		杜甫/唐代	—	—	五律
《桂枝香·金陵怀古》			王安石/北宋	—	词	—
《念奴娇·过洞庭》			张孝祥/南宋	—	词	—
《游园》			汤显祖/明代	—	传奇戏曲	—

一 文体介绍：古代书信

在我国古代书信有别，书指函札，信指送信的使者。现代所说的书信，古代统称为“书”。在现代汉语中，“书”仍保留了书信的意思，如“一封家书”中的“书”。泛称信札为书信，是唐代以后的事儿，如（唐）王驾《古意》诗“一行书信千行泪，寒到君边衣到无”。

（一）古代书信的名称

书信，古人又有“书”“函”“札”“笺”“简”“帖”等名称，统称为尺牍、尺素①。除上述别称外，古代书信还有一些别称。古代传说鸿雁能传书，这个典故出自《汉书·苏武传》：“言天子射上林中，得雁，足有系帛书，言武等在某泽中。”所以，后来用鸿雁代称书信。鲤鱼也代指书信，这个典故出自汉乐府诗《饮马长城窟行》：“客从远方来，遗我双鲤鱼，呼儿烹鲤鱼，中有尺素书。”据清代考证学家考证，古代的信函，函就是一个信封，把书信放在里边。在更早的时代还没有纸的时候，所谓信函就是用两片鱼形的木板，把帛书放在鱼腹之中，鱼尾处可以打开，这就是古代的书信的函。说“呼儿烹鲤鱼”，就是把书信取出，“中有尺素书”。

---

① 牍，因为古代用来书写的木简、绢帛的长度多为一尺左右，故称尺牍、尺素。

（二）书信的功能

书信本是一种应用文体，使用广泛，有一定书写格式。在官场中书信的用处自然不仅仅限于一般的应酬，它有时还有公文性质，汉代之前的书信大都属于这一类，比如大臣写给皇帝的章、奏、表、书之类，下级向上司汇报政务，对朝廷事务发表自己的看法，这就是公务性书信，如李斯的《谏逐客书》、魏征的《谏太宗十思疏》。

汉代以后，书信的使用范围扩大了，由公文性质逐渐变成了交流感情的工具。汉代最常见的书信，还是私人间的。如司马迁《报任安书》、杨恽《报孙会宗书》等。至汉代，书信中已有不少精彩散文，所以学习尺牍，既有实用性，又有文学性。魏晋南北朝是文学的自觉时代，这期间的书信也有着明显的特色：一是内容继续扩大，不断向生活的各个领域延伸，除了汉代有的议政、励志、教子、谈家常之外，更有叙旧、记游、叙山水之美的书信出现。诸葛亮的《诫子书》是写给他的儿子诸葛瞻的一封家信，是一篇充满智慧之语的家训，浓缩了作者毕生的生活经历、人生经验和学术思想。他把做人治学的经验用一个"静"字加以论述，同时把失败归结为一个"躁"字，对比鲜明。唐宋是古代书信的全盛期，其内容集中在论道、论政、论文和求荐方面。王安石的《答司马谏议书》是当时政治斗争中产生的著名书信，是王安石在变法斗争最激烈的时候，为驳斥守旧派大臣而写下的。它文笔犀利，措辞委婉，雄辩有力。

（三）古代书信的文体特点

作为一种文体，书信有它自身的特点：一是内容的广泛性。无论是军国大事，政治问题，学术讨论，评论人物，还是推举自荐，敬贺慰问，邀游观赏，倾诉衷情，以致日常所见所闻所感所思，皆可入书章。二是写法的灵活性。书信的表现手法十分灵活，它可以叙事，可以说理，可以写景，可以抒情，随文长短，完全看作者的需要而定。三是书信更带有个人的色彩，抒情性很强。一般说来，在书信中作者往往尽情倾吐，希望在思想感情上得到对方的响应或同情。四是书信除以言达情说理外，还要根据对象的不同，讲求措辞、语气的得体性。书信是写给某个人看的，有其特定的对象，尊卑长幼有序，亲疏远近不同，书信的立意措辞，就要根据不同的对象而采取不同的方式、态度和语气。

语文教材中选入的古代书信很多，如陶弘景的《答谢中书书》、吴均的《与朱元思书》、丘迟的《与陈伯之书》、柳宗元的《答韦中立论师道书》、宗臣的《报刘一丈书》、林觉民的《与妻书》等。内容有劝降、有抒志，有记游、有论道，有歌颂、有揭露。南朝梁代陶弘景的《答谢中书书》、吴均的《与朱元思书》虽以书信命名，但书信的内容为将自己看到的山水景色告知对方，属于山水短札。《答谢中书书》极为概括地描写出该地高峰、清流、青林、石壁等秀色可掬的景色，及其四时晨昏的变化，描绘了一幅色泽鲜明、颇有立体感的江南山水图卷。《与朱元思书》向朋友叙述自己舟行富阳至桐庐一段富春江上所见到的景色，不仅描摹逼真，并且景中见情，文辞清丽，精美可爱。《答司马谏议书》是王安石针对司马光全面否定新法，要求恢复旧制的来信而给予的回信。王安石以此信作答，文章虽语气平和、措辞委婉，但义正辞严，针对司马光提出的"侵官、生事、征利、拒谏"的指责——予以批驳，势如破竹，矫健有力。

二　注释问题

通过调研发现，高中必修下册所选古诗文随文注释存在不够精准的现象。具体又可分为以下几类。

（一）字际关系注释术语不够精准

1. 《子路、曾皙、冉有、公西华侍坐》"莫春时节"中的"莫"，文中注为"'莫'同'暮'"。其实"莫"与"暮"为古今字，应注为"'莫'今字作'暮'"。

2. 《齐桓晋文之事》"王说""为长者折枝""刑於寡妻""抑为采色不足视于目与""盖亦反其本矣""行旅皆欲出于王之涂""焉有仁人在位，罔民而可为也""颁白者不负戴于道路也"中的"说""枝""刑""采""盖""涂""罔""颁"，文中分别注为"'说'同'悦'""'枝'同'肢'""'刑'同'型'""'采'同'彩'""'盖'同'盍'""'涂'同'途'""'罔'同'网'""'颁'同'斑'"。其实"'说''悦'""'刑''型'""'采''彩'""'涂''途'"均为古今字，分别应注为

"'说'今字作'悦'""'刑'今字作'型'""'采'今字作'彩'""'涂'今字作'途'①";"'枝''肢'""'盖''盍'""'罔''网'""'颁''斑'"均为通假字,应注为"'枝'通'肢'""'盖'通'盍'(gài)'""'罔'通'网'""'颁'通'斑'"。

3.《庖丁解牛》"技盖至此乎?""依乎天理,批大郤"中的"盖""郤",文中注释分别为同"盍""隙"。其实"盖""盍","郤""隙"应为通假字,应注为"'盖(hé)'通'盍'""'郤'通'隙'②"。

4.《烛之武退秦师》"行李之往来,共其乏困""失其所与,不知"中的"共""知",文中注为"共"同"供","知"同"智"。其实"共""供","知""智"均应为古今字,应注为"'共'今字作'供'""'知'今字作'智'"。

5.《鸿门宴》"距关,毋内诸侯""张良出,要项伯""愿伯具言臣之不敢倍德也""旦日不可不蚤自来谢项王""臣与将军戮力而攻秦""令将军与臣有郤"中的"距""内""要""倍""蚤""戮",文中分别注为"'内'同'纳'""'要'同'邀'""'蚤'同'早'""'戮'同'勠'""'郤'同'隙'"。其实"'内''纳'""'要''邀'""'距''拒'"均为古今字,分别应注为"'内'今字作'纳'""'要'今字作'邀'""'距'今字作'拒'③";"'蚤''早'""'戮''勠'""'郤''隙'"均为通假字,应注为"'蚤'通'早'""'戮'通'勠'""'郤'通'隙'"。

6.《窦娥冤》"则被这枷纽的我左侧右偏""可怎生糊突了盗跖、颜渊",文中注为"'纽'同'扭'""'糊突'同'糊涂'"。其实"'纽''扭'"为古今字,应注为"'纽'今字作'扭'";"'糊突''糊涂'"为通假字,应注为"'糊突'通'糊涂'"。

7.《谏逐客书》"散六国之从""河海不择细流""藉寇兵而赍盗粮",文中注为"'从'同'纵'""'择'同'释'""'藉'同'借'"。

---

① 洪成玉:《古今字字典》,商务印书馆2013年版,第457页。
② 王海根:《古代汉语通假字大字典》,福建人民出版社2006年版,第888页。
③ 洪成玉:《古今字字典》,商务印书馆2013年版,第229页

其实"'从''纵'"为古今字，应注为"'从'今字作'纵'"；"'择''释'""'藉''借'"为通假字，应注为"'择（shì）'通'释'""'藉'通'借'"。

8.《与妻书》"然遍地腥云，满街狼犬，称心快意，几家能彀"，文中注为"'彀'同'够'"，"'彀''够'"为通假字，应注为"'彀'通'够'"。

9.《林教头风雪山神庙》"只是小人家离得远了，过几时，那功夫来望恩人"，文中注释："'那'同'挪'"，其实"'那''挪'"为古今字，应注为"'那'今字作'挪'"。

10.《促织》"覆之以掌，虚若无物；手裁举，则又超忽而跃。""翼日"文中注释"'裁'同'才'""'翼'同'翌'"。其实"'裁''才'""'翼''翌'"均为通假字，应注为"'裁'通'才'""'翼'通'翌'"。

11.《谏太宗十思疏》"虽董之以严刑，振之以威怒，终苟免而不怀仁，貌恭而不心服。"文中注释："'振'同'震'"，其实"'振''震'"为通假字，应注为"'振'通'震'"。

12.《谏太宗十思疏》"不复一一自辨"，文中注释："'辨'同'辩'"，其实"'辨''辩'"为通假字，应注为"'辨'通'辩'"。

13.《六国论》"思厥先祖父，暴霜露，斩荆棘，以有尺寸之地"，文中注释"'暴'同'曝'"，其实"'暴''曝'"为古今字，应注为"'暴'今字作'曝'"。

14.《桂枝香·金陵怀古》"千古凭高对此，谩嗟荣辱"中的"谩"，文中注释为"'谩'同'漫'"。其实"'谩''漫'"为通假字，应注为"'谩'通'漫'"。

（二）应注未注

对于古今词义迥异且容易引起歧义的词语，文中应该给予注释，可是教材注释中存在该注未注的情况。如：

1.《齐桓晋文之事》："夫我乃行之，反而求之，不得吾心。""乃"文中未注，其实"乃"为谓词性代词，相当于"如此""这样"，在句中既可以作谓语，也可以作状语。如《庄子·大宗师》："孟孙氏特觉人哭亦哭，是自其所以乃。"王先谦集解："乃，犹言如此。"（南朝宋）刘义庆《世说新语·赏誉》："谢车骑问谢公：'真长性至峭，何足乃重？'"

2.《齐桓晋文之事》："然后驱而之善，故民从之也轻。""之"文中未注，其实"之"为动词，相当于"往""到"。如《汉书·高后纪》："足下不急之国守藩，乃为上将将兵留此，为诸大臣所疑。"颜师古注："之，往也。"（唐）韩愈《上考功崔虞部书》："其行道为学既已大成，而又之死不倦。"

3.《庖丁解牛》："彼节者有间，而刀刃者无厚；以无厚入有间，恢恢乎其于游刃必有余地矣！""其"文中未注，其实"其"为指示代词，指代骨节之间的缝隙，可译为"那地方"。

4.《鸿门宴》："从此道至吾军，不过二十里耳。度我至军中，公乃入。"该句中的"乃"文中未注，其实"乃"为副词，表示一个动作发生在另一个动作之后，相当于"再"。

5.《林教头风雪山神庙》："光阴迅速，却早冬来。""却早"文中未注，其实"却早"为副词表示时间过得快，略等于"倏忽""一晃儿"。如（元）曾瑞《醉花阴·元宵忆旧》："冻雪才消腊梅谢，却早击碎泥牛应节①，柳眼吐些些。"《元曲选·范张鸡黍》三折："自从孩儿亡化，却早过了七日。"（清）《歧路灯》四〇回："日月迁流，却早到冬月天气。"

6.《林教头风雪山神庙》："正是严冬天气，彤云密布，却早纷纷扬扬卷下一天大雪来。""却早"文中未注，其实"却早"为副词，表示出乎意料的情态，相当于"竟然"。如《元曲选·风光好》第四折："我则想学士寄音书，却早是钱王传令旨。"（明）《西游记》一五回："正打问讯，却早不见了那老儿。"（清）《荡寇志》一三五回："鲁达一支禅杖和身子打进伯奋怀里来，却早打了个空。"

7.《林教头风雪山神庙》："今日管营拨我去大军草料场管事，却如何？""却"文中未注，其实"却"为副词，用在问句中表示追究，相当于"究竟"。如（元）关汉卿《单鞭夺槊》第四折："此时俺主唐元帅却在那里？探子，你喘息定了，慢慢的再说一遍咱。"《金瓶梅词话》第四

---

① 击碎泥牛应节，意为鞭打泥牛开始春作。

八回:"西门庆心中不足,心下转道,却是甚么?"《英烈传》第一回:"仁兄颜色不善,却是为何?"

8.《林教头风雪山神庙》:"却不害我,倒与我好差事儿,正不知何意?""却"文中未注,其实"却"为副词,表示出乎意料的情态,相当于"竟然"。如(宋)苏轼《端午游真如迟适远从》诗:"一与子由别,却数七端午。"《水浒传》第二六回:"且说西门庆和那婆娘,终朝取乐,任意歌饮,交得熟了,却不顾外人知道。"

9.《促织》:"上于盆而养之,蟹白栗黄,备极护爱,留待期限,以塞官责。""上"文中未注,其实"上"为动词,表示"放置"。如(唐)韩愈《论淮西事宜状》:"又闻畜马甚多,自半年已来,皆上槽枥。"

10.《促织》:"审谛之,短小,黑赤色,顿非(不是、不像)前物。""顿"文中未注,其实"顿"为副词,表示"绝然"。常用于否定词前,表示对所述事实的强调。可译为"根本""绝对"等。如(宋)叶适《华文阁待制知庐州钱公墓志铭》:"臣观诸军气习,今昔顿殊。"(明)张居正《寿封翁观吾王年丈六十序》:"若是者,岂其勇怯强弱顿殊哉。"

11.《促织》:"东曦既驾,僵卧长愁。""僵卧"文中未注,其实"僵卧"为动词,表示"躺卧"。如汉贾谊《新书·淮难》:"天子使者奉诏而弗得见,僵卧以发诏书。"《后汉书·袁安传》"后举孝廉"李贤注引(晋)周裴《汝南先贤传》:"时大雪积地丈余,洛阳令自出案行,见人家皆除雪出,有乞食者。至袁安门,无有行路。谓安已死,令人除雪入户,见安僵卧。"(宋)陆游《十一月四日风雨大作》诗之二:"僵卧孤村不自哀,尚思为国戍轮台。"

12.《促织》:"视之,形若土狗,梅花翅,方首,长胫,意似良。""意似"文中未注,其实"意似"为动词,表示"似是而非"。如《三国志·蜀志·谯周传》:"是故智者不为小利移目,不为意似改步,时可而后动,数合而后举。"

13.《六国论》:"向使三国各爱其地,齐人勿附于秦,刺客不行,良将犹在,则胜负之数,存亡之理,当与秦相较,或未易量。"该句中的"向使""当""相较"古今词义差异较大,应出注。"向使",为假设连词,相当于"如果";"当"为"应当";"相较",即"相当、差不多"。李运富(2002)认为,全句的意思是:"如果韩魏楚三国……,那么(六国)胜负存亡的机遇,应当跟秦国差不多,也许难以估计谁胜谁负谁存谁亡。"①

(三) 注释不够精准

1. 《烛之武退秦师》:"阙秦以利晋,唯君图之。""阙秦"文中注释为"使秦国土地减少。阙,侵损、减少。"该注释将使成式动词与使成兼语句式套叠使用,显得复沓。"阙秦"应直接注为"减少秦的土地。"

2. 《答司马谏议书》:"虽欲强聒,终必不蒙见察,故略上报,不复一一自辨。""不蒙见察"文中注释为"不能被(您)理解"。该注释甚确,只是应该进一步说明"蒙见"为同义连文,均为表示被动的助动词。"蒙"表被动,如《敦煌变文校注》卷二《庐山远公话》:"远公深有所怪,遂令同行:'与我唤此老人。'(老人)蒙唤,直至远公面前。"又:"是日远公犹如临崖枯木,再得逢春;亦似钩网之鱼,蒙放却归江海。"

3. 《促织》:"因出己虫,纳比笼中。""比笼"课本注为"用以盛放准备打斗的蟋蟀的容器"。许嘉璐(1980)指出:"比笼是比并相连的笼子,以竹篾编成,椭长形,中间割断,若人居室之比邻。将蟋蟀放进去,二者大小优劣一目了然,较分置两器中为便。"②

第三节 选择性必修上册

本册教材共包含四个单元,古诗文部分占两个单元。共收录古诗文10篇:教读课文6篇,自读课文4篇;从时代来看,上至春秋,下至近代,其中上古7篇、近古3篇。从选文的体裁来看,其中散文6篇:说理文5篇、寓言1篇,诗词4首:古体诗3首、词1首。为了便于观察,列表如下:

---

① 李运富:《中学语文教材文言文注释应注意的几个问题》,《课程·教材·教法》2002年第11期。
② 许嘉璐:《中学课本文言文注释商榷》,《北京师范大学学报》1980年第6期。

表 4-3　　高中语文选择性必修上册古诗文选文情况统计

篇目	单元安排	时代特点 作者/时代	文体特点 散文	韵文 非律诗	韵文 律诗
《〈论语〉十二章》	第二单元	孔子/春秋	语录体	—	—
《大学之道》/《礼记》	第二单元	曾子/春秋	说理文	—	—
《人皆有不忍人之心》/《孟子》	第二单元	孟子/战国	说理文	—	—
《〈老子〉四章》	第二单元	老子/春秋	说理文	—	—
《五石之瓠》/《庄子》	第二单元	庄子/战国	寓言	—	—
兼爱/《墨子》	第二单元	墨子/春秋	说理文	—	—
《无衣》/《诗经》	自读课文	先秦	—	古体诗	—
《春江花月夜》	自读课文	张若虚/唐代	—	古体诗	—
《将进酒》	自读课文	李白/唐代	—	古体诗	—
《江城子·乙卯正月二十日夜记梦》	自读课文	苏轼/北宋	—	词	—

一　文体介绍：书序、赠序

《尔雅》云："序，绪也。"字亦作"叙"，言其善叙事理，次第有序若丝之绪也。此体始于《诗》之《大序》，首言六义，次言风、雅之变，又次言二南王化之自。其言次第有序，故谓之序也。凡序文籍者，当序作者之意；如赠送燕集等作，又当随事以序其实也。赠序当取法于韩愈诸作，庶为有得于古人赠言之义也。故序可分为文籍之序、赠送之序、燕集之序，后将燕集之序归于文籍一类，故序遂有书序、赠序二类之别也。

（一）书序

书序是写在一本书或一篇文章前面的文字。初期的书序一般都是放在书的最后，如《史记》的《太史公自序》。至于单篇文章，则把序放在前头，如班固作《两都赋》，在前面有一段不押韵的文字，叙述汉代作赋的传统和自己作此赋的缘由，虽然没有标明，但实际上也是序，所以《文选》称之为《两都赋序》。

古代书序的内容包括次序和叙述两层意思，叙述的部分类似于自传，次序是本书内容安排的次第。以《太史公自序》为例，司马迁写了自家的世系，他的父亲司马谈学问的来源，他从司马谈那里接受来的政治历史观点，司马迁自己从小游学的情况，父亲让他继承遗志修治史书的嘱咐，《史记》一百三十篇的要旨和次序。有些只列出各篇中心意思和排列顺序，如（西汉）刘安《淮南子》的《要略》、（西汉）扬雄的《法言序》。

书序的体裁有的近似论说文，有的近似记叙文，后代有的还很像抒情散文。例如《史记》中书、表、传的序，都是在议论中夹杂着感慨，借以总结历史教训、表达作者的政治见解和对所记叙人和事的态度。后来的"史序"，便是继承了汉代这类序文的传统，如欧阳修编写的《新五代史》中的《伶官传序》即是。以叙事为主、夹叙夹议的序不多见，突出的典型为韩愈的《张中丞传后叙》。这是作者读了李翰所作的《张巡传》后写在该传后面的，大半篇幅记载张巡的事迹，以补李翰传文的不足。而在文章的前半部分，却用了两大段文章发表议论，以批评"小人之好议论，不乐成人之美"的时弊。因此这篇文章虽然以叙事为主，但是并不是传记，还是序。

跋就是写在书后、文后的序，类似于今天的后记。最初的书、文只有序，自从序固定在书、文的前面以后，作者还有要说的话，或者别人要把心得、意见、考证等内容写上去，就写在书、文之后，如韩愈《张中丞传后叙》。到了宋代，就把这种文章称为跋。

（二）赠序

《荀子·大略》："君子赠人以言，庶人赠人以财。"这说明自古以来我国就有赠人以言的美德。大概是受这种所谓的君子之风的影响吧，后来知识界的朋友分别时，总爱互赠一些文字作为纪念。有赠诗的，也有赠文的。所赠的诗，叫赠诗；所赠的文，叫赠序。赠诗出现很早，赠序则出现较晚。赠序为什么不称文，而称序呢？那是因为它是由赠诗的诗序发展来的。古人给朋友写赠诗的时候，或言有未尽，或要交代一下来龙去脉，往往在赠诗前面写一段说明性文字，这就是赠诗序。后来有作者把本该写进诗中的内容，也渐渐写到序里，这样诗与序就有点重复了。再进一步，有的作者或图简便，或自己长于文短于诗，就索性只写序，不写诗，赠序也就这样形成了。从前把赠序与书序并为一类，就是因为它是由诗序发展来的。

1. 赠序的名称

赠序，又叫"送序"，真正不依附于诗，又直以"序"命名的，到唐初才出现。韩愈是写赠序的能手，写得既多又好。他的《送李愿归盘谷序》被苏轼誉为"全唐文章之冠"，因为他借送李愿的机会，发泄了自己的牢骚，既安慰了朋友，又为自己出了一口恶气。宋代三苏的赠序，也都是从肺腑中流出的。由于苏洵的父亲名序，出于避讳，三苏的赠序文都称"引"。苏洵的《送石昌言北使引》就写得颇有慷慨之气。明清的赠序仍然不少，比较有名的有宋濂的《送东阳马生序》。宋濂在告老还乡的第二年，应诏从家乡到应天（今江苏南京）去朝见，同乡晚辈马君则前来拜访，他写下了这篇赠序，介绍了他的学习经历和学习态度，勉励后生勤奋学习，以自己的亲身经历来启示他人，写得情真意切，真实感人。

2. 集序与送序的来源

集序与送序都是由诗序演变来的。由于古人宴饮聚会喜欢作诗，然后把这些诗编成一个集子，并且推出德高才盛的人为集子作序，如《兰亭集序》。古代士大夫阶层还有一个风俗，某人离开任所，不管是调职还是卸任，同僚们都要设宴欢送（即所谓"祖饯"），既是惜别，又是一种嘱咐。实际上这种做法不限于官僚，亲友间也常采取这种方式送行。在这种别宴上，通常也要作诗，并请在场的某人为之作序。这种序，就冠之以"赠某某诗序"或"送某某序"。所谓赠，是指赠诗；送，指送行，即赠序或送序。考察一下那些确实不是为送别诗集所作的序，也大体可以看出一个规律：多为赠给自己的下属、学生、本族晚辈或和尚道士的。这是因为这些人离开时，作者一般不参加送别的宴会，或者根本没人为他们祖饯，于是就有了单独赠之以文。这样就促进了赠序作为一种独立文体的正式形成。在创造和发展这一新兴文体上，韩、柳是有功的，当然他们在这方面的主要功绩，还是在内容的革新上。

3. 赠序的文体特点

在唐代古文运动兴起以前，赠序也和其他体裁的文章一样，受了齐、梁文风的影响,都是用骈体文写成的,而且有许多恭维不实之作,甚至已经开始形成一定的固定格局,即使像李白这样伟大的作家也在所不免。到了韩、柳,大反绮靡之风,赠序的面貌也为之一变,不仅用散文体写成,而且一般都有较实在的内容。就拿李白与韩愈比较,这种区别是明显的。李白写的赠序,虽然也有飘逸之气,但还是不乏应酬之作,不少篇通常要把将行者极力夸赞一番,再表示自己的惜别之情,然后对行者进行宽慰,期以再会。韩愈则不然。他的序虽然有时也是一时的应酬,但更多的篇什,内容都很深刻丰富。例如《送孟东野序》,开头响亮地提出"大凡物不平则鸣",接着援引大量历史事实证明,各个时代的文学都是一定现实的反映,是对现实不平的产物。"其歌也有思,其哭也有怀""人声之精者为言,文辞之于言,又其精也"等语,实际上提出了自己卓越的文学主张:好的作品是真情实感的流露,应该上追秦汉,不可模仿魏晋浮靡的文风。至于送别,只有这么一句:"东野之役于江南也,有若不释然者,故吾道其命于天者以解之。"因此虽名为序,实际像一篇议论文。

二 注释问题

通过调研发现,高中选择性必修上册所选古诗文随文注释在字际关系注释术语上不够精准。具体如下:

1.《〈论语〉十二章》"知者不惑"中的"知",文中注为"'知'同'智'"。其实"知"与"智"为古今字,应注为"'知'今字作'智'"。

2.《人皆有不忍人之心》"今人乍见孺子将入于井,皆有怵惕恻隐之心;非所以内交于孺子之父母也,非所以要誉于乡党朋友也""若火之始然,泉之始达"中的"内""然",文中注为"'内'同'纳'""'然'同'燃'"。其实"'内''纳'""'然''燃'"均为古今字,分别应注为"'内'今字作'纳'""'然'今字作'燃'"。

3.《〈老子〉四章》"其在道也,曰余食赘行,物或①恶之,故有道

---

① 人们时常。

者不处""九层之台，起于累土"其中的"行""累"，文中注释分别为同"形""蘽"。其实"行""形"，"累""蘽"均为通假字，应注为"'行'通'形'""'累'通'蘽'"。

4.《五石之瓠》"不龟手之药""世世以洴澼絖为事""客得之，以说吴王"中的"龟""絖""说"，文中注为"龟"同"皲"，"絖"同"纩"，"说"同"悦"。其实"说""悦"为古今字，应注为"'说'今字作'悦'"；"龟""皲"为通假字，应注为"'龟'通'皲'"；"絖""纩"为异体字，文中注释正确。

5.《兼爱》："当察乱之何自起？起不相爱。""视弟子与臣若其身，恶施不慈？故不孝不慈亡。""视人身若其身，谁贼？故贼有亡。"其中的"当""亡""有"，文中注为"'当'同'尝'""'亡'同'无'""'有'同'又'"。其实"'当''尝'""'亡''无'""'有''又'"均为通假字，应注为"'当'通'尝'""'亡'通'无'""'有'通'又'"。

6.《无衣》"岂曰无衣，与子同泽"。文中注释为"'泽'同'襗'"，其实"'泽''襗'"为古今字①，应注为"'泽'今字作'襗'"。

第四节　选择性必修中册

本册教材共包含四个单元，古诗文部分占两个单元。共收录古诗文 8 篇，教读课文 4 篇，自读课文 4 篇，从选文时代来看，上至西汉，下至南宋，其中上古 3 篇、近古 5 篇。从选文的体裁来看，其中散文 4 篇：史论文 2 篇、传记 2 篇，诗词 4 首：古体诗 2 首、七律 2 首。为了便于观察，列表如下：

---

① 《诗经·秦风·无衣》："岂曰无衣，与子同泽。"陆德明《释文》："泽，如字。《说文》作襗。"（汉）郑玄笺："襗，亵衣，近汗垢。"孔颖达疏："《说文》云：'襗，袴也'，是其亵衣近汗垢也；襗是袍类，故《论语》注云：'亵衣，袍襗也。'"可见，在《诗经》时代表示"亵衣"义的"泽"，到东汉写作"襗"。

表 4-4　　高中语文选择性必修中册古诗文选文情况统计

篇目	单元安排	时代特点		文体特点		
		作者/时代		散文	韵文	
					非律诗	律诗
《屈原列传》/《史记》	第三单元	司马迁/西汉		传记	—	—
《苏武传》/《汉书》		班固/东汉		传记	—	—
《过秦论》		贾谊/西汉		史论文	—	—
《五代史伶官传序》/《新五代史》		欧阳修/北宋		书序	—	—
《燕歌行》	自读课文 第四单元	高适/唐代		—	古体诗	—
《李凭箜篌引》		李贺/唐代		—	古体诗	—
《锦瑟》		李商隐/唐代		—	—	七律
《书愤》		陆游/南宋		—	—	七律

一　文体介绍：传状

传指传记，状指行状，都是记述某人生平事迹的文体。

（一）传记

古代的传可分为两类。一类是史书上的传，这是历史学家根据历史事实、文献资料写的，是客观现实或历史资料的记载，不是作家的纯创作，实录的成分多，虚构的成分极少。另一类传是作家根据大量的生活素材创作出来的典型人物的传记，所写的不一定实有其人，即使有其原型，加工虚构的成分也很大。

两种传之间有着密切的源流关系。司马迁的《史记》开创了为历史人物编写传记的体例。从那以后历代编写史书的权力被统治阶级垄断着，史书都是由朝廷所任命的史官编写。私人是不得修史的，即使是有名的作家，也只能为人写碑、写墓志、写行状，而不能写传。历代"正史"所写的，除了帝王将相、后妃外戚，就是文人名士；既非达官又无声望的人，是很难被写进史书的。作家所创作的单篇的"传"是受了史书上传记的影响而产生的。进入这种传的，或是身份微贱的人，或是被赋予了人的性格的物，作者的主旨，是借记述人物阐发自己的某种观点。举例说明如下：

柳宗元的《种树郭橐驼传》，写的就是作者虚构的一位靠种树为生的劳动者，人们甚至连他的名字都不知道，只根据他驼背的特征叫他"橐驼"。传中写他种的树无不成活，而且长得高大茂盛，结实又早又多。问他有什么诀窍，他说只不过是遵循树木生长的自然规律，使它的生长性能不受损害罢了。由此推及人事，郭橐驼说如今官吏们都喜欢动不动就下令，好像是怜爱百姓，其实是给百姓带来祸害，这和那些不懂树木之性的种树者一样，"虽曰爱之，其实害之；虽曰忧之，其实仇之"。柳宗元写这篇传的目的是很明显的：批评当时朝廷官府以繁多的命令扰民不安的做法，因此带有寓言性质。柳宗元的《童区寄传》单纯地歌颂了穷困少年的英勇机智；《蝜蝂传》是以寓言的形式由蝜蝂的行事特征推及"今世之嗜取者，观前之死亡而不知戒"。

　　韩愈的《圬者王承福传》写一个泥水匠，是为了发挥自己"达则兼济天下，穷则独善其身"的儒家思想和对世人患得患失"贪邪而亡道，以丧其身"的批评。陶渊明的《五柳先生传》则又别具一格，传中不著主人公姓名，只称五柳先生，虽然只有一百七十字，但前有传后有赞，俨然史传之体；但又不同于史传，不写世系履历，只记其"闲静少言、不慕荣利"等性情爱好。学界通常认为这是作者的自传，实际是表明其志趣的传记散文。吴怀东认为："《五柳先生传》历来被视作反映陶渊明个人生活与思想的代表作，具有'实录'性质。然而，传主信息的模糊性、行为的传奇性却表明此文并非陶渊明个人生活的如实记录。实际上，汉代以来兴起的史书'杂传'为其提供了基本的文体要素，此文人物的类型化、内容的虚构性、精神的娱乐性与思想的寄托性表明其并非典型的'杂传'，而是在'杂传'基础上发展出来的具有鲜明的小说因素或小说性质——兼具典型性、叙事性、虚构性和寄托性——是作为现代文体意义上的单篇小说唐传奇的'前身'。"[①]

（二）行状

　　行状，是与正经的传记同类的文字。不叫传而叫行状，一是因为私人不得替别人写传，二是它的用途不同于传。一个人死了，他的门生、

[①] 吴怀东：《陶渊明〈五柳先生传〉文体性质论》，《苏州教育学院学报》2024年第1期。

故旧、亲属为了向朝廷请求谥号，希望国家修史机构将来在国史中给他立传，或者为了请人撰写墓志、碑表，或者为了送交亲友使大家了解他，便把其姓名、籍贯、生平事迹、生卒年月等写下来送去。这样写下来的东西叫行状。写得好的，就是一篇传，具有很高的史学和文学价值。

与行状相近的，还有所谓的逸事状。顾名思义，这不同于行状之全面介绍其人，而只是介绍某人的逸事的。如柳宗元的《段太尉逸事状》，并没有罗列段秀实的世系、生平，只写了三件事。这三件事，突出地表现了段秀实的刚正不阿、不畏强暴、对民慈惠的性格。在文章的最后，柳宗元说明自己曾于段秀实任职的地方采访过，后来又经过复校，所列资料是可靠无疑的。

行状或逸事状与史书上的传记，不仅有"官""私"之分，而且一般说来，因为传是全面介绍和评价，所以行文中可以有褒有贬，而状则多为史官提供采录或请谥的，有时还是死者弟子执笔，所以只褒不贬。

二　注释问题

通过调研发现，高中选择性必修中册所选古诗文随文注释在字际关系注释术语上不够精准。具体如下：

1.《屈原列传》"'离骚'者，犹离忧也""其称文小而其指极大""皭然泥而不滓者也""齐与楚从亲"中的"离""指""泥""从"，文中注释术语句均用"同"，即"'离'同'罹'""'指'同'旨'""'泥'同'涅'""'从'同'纵'"。其实"'指''旨'""'从''纵'"为古今字，应注为"'指'今字作'旨'""'从'今字作'纵'"；"'离''罹'""'泥''涅'"为通假字，应注为"'离'通'罹'""'泥'通'涅'"。

2.《苏武传》"覆武其上，蹈其背以出血。""畔主背亲""与旃毛并咽之""空自苦亡人之地""信义安所见乎""因泣下沾衿，与武决去"中的"蹈""畔""旃""亡""见""决"，文中注释术语句均用"同"，即"'蹈'同'搯'""'畔'同'叛'""'旃'同'毡'""'亡'同'无'""'见'同'现'""'决'同'诀'"。其实"'见''现'"为古今字，应注为"'见'今字作'现'"；"'蹈''搯'""'畔''叛'"

"'旃''毡'""'亡''无'""'决''诀'"为通假字,应注为"'蹈'通'搯'""'畔'通'叛'""'旃'通'毡'""'亡'通'无'""'决'通'诀'"。

3.《过秦论》"行军用兵之道,非及乡时之士也""赢粮而景从"中的"乡""景",文中注释分别为同"向""影"。其实"'乡''向'"为通假字,应注为"'乡'通'向'";"'景''影'"为古今字,应注为"'景'今字作'影'"。

4.《书愤》"早岁那知世事艰,中原北望气如山"中的"那",文中注为"那"同"哪"。其实"那""哪"为古今字,应注为"'那'今字作'哪'"。

5.《苏武传》:"时汉连伐胡,数通使相窥观。""数通使相窥观"课本注为:"屡次互派使者窥探观察(对方的情况)。通使,互派使者。"汪维辉(1990)指出:"此句的主语是汉,意谓汉连伐胡。汉屡次派使者去窥观匈奴的情况。如果理解成互派使者、互相窥观对方的情况,那么主语就不可能是'汉'了。'通使'在这里实际上是指汉朝派使者去匈奴,'相窥观'也不是'互相窥探观察(对方的情况)',而是指汉使窥观匈奴,这个"相"只是表示一方对另一方,而不是双方互相。"[①]

第五节 选择性必修下册

本册教材共包含四个单元,古诗文部分占三个单元。共收录古诗文17篇;教读课文13篇,自读课文4篇;从时代来看,上至先秦,下至南宋,其中上古2篇、中古5篇、近古10篇。从选文的体裁来看,其中散文5篇:游记1篇、传记1篇、表奏1篇、记物叙事1篇、序1篇,诗词等12首:古体诗4首、七律4首、辞2首、词2首。为了便于观察,列表如下:

---

① 汪维辉:《评新版中学语文课本文言文的注释》,《古汉语研究》1990年第3期。

表 4-5　　高中语文选择性必修下册古诗文选文情况统计

篇目	单元安排	时代特点 作者/时代	文体特点 散文	韵文 非律诗	韵文 律诗
《氓》/《诗经》	第一单元	先秦	—	古体诗	—
《离骚》/《楚辞》	第一单元	屈原/战国	—	辞	—
《孔雀东南飞》	第一单元	东汉末	—	古体诗	—
《蜀道难》	第一单元	李白/唐代	—	古体诗	—
《蜀相》	第一单元	杜甫/唐代	—	—	七律
《望海潮》	第一单元	柳永/北宋	—	词	—
《扬州慢》	第一单元	姜夔/南宋	—	词	—
《陈情表》	第三单元	李密/西晋	表奏	—	—
《项脊轩志》	第三单元	归有光/明代	记物	—	—
《兰亭集序》	第三单元	王羲之/东晋	集序	—	—
《归去来兮辞并序》	第三单元	陶渊明/东晋	—	辞	—
《种树郭橐驼传》	第三单元	柳宗元/唐代	传记	—	—
《石钟山记》	第三单元	苏轼/北宋	游记	—	—
《拟行路难》	第四单元	鲍照/南朝宋	—	古体诗	—
《客至》（自读课文）	第四单元	杜甫/唐代	—	—	七律
《登快阁》（自读课文）	第四单元	黄庭坚/北宋	—	—	七律
《临安春雨初霁》（自读课文）	第四单元	陆游/南宋	—	—	七律

一　文体介绍：奏议

奏议是臣下给君王的书信和意见书。这种体裁起自战国，当时只称为书，《战国策》中保存有《乐毅报燕惠王书》《苏代遗燕昭王书》等。秦开始把臣子上书给皇帝称为奏，汉初，也还叫书，例如《史记》中有李斯《谏逐客书》。汉代把这类文字分为章、奏、表、议四类，所以后世就以"奏议"作为这种文体的总称。

《文心雕龙·章表》说："章以谢恩，奏以按劾（揭发别人），表以陈情，议以执异（表示不同意见）。"这四种文书，各有自己的格式。如表的开头要说"臣某言"，最后说"臣某诚惶诚恐、顿首顿首、死罪死罪"之类。但是，这种内容与形式上的区别是不严格的，所以，王充

《论衡·对作篇》说"上书谓之奏"。盖析言则有异,混言则无别,再加上后来奏议类名目繁多,往往同实而异名,各体之间的界限就更模糊了。

(一) 表

汉代的章表今已无存,魏晋南北朝时期,把奏议统称为表。例如诸葛亮《出师表》、李密的《陈情表》等,只是有的以言政事为主,有的以表达衷情为主。李密的《陈情表》通过陈诉衷情,使晋武帝消除了对他的疑忌。李密本是蜀汉旧臣,蜀亡后,晋武帝司马炎征召他为太子洗马,李密因为祖母有病,不能赴召,就写了这篇《陈情表》,委婉地说明原因。作者开头就尽情陈述自己与祖母相依为命的特殊关系,以取得晋武帝的同情,由于表述得细腻真切,生动地描绘出了祖孙二人的孤苦形象。下面从忠孝不能两全上委婉陈情,说得入情入理,饱含着心酸苦楚,使晋武帝也很感动。诸葛亮的《出师表》更为名世之作。这是诸葛亮准备出师北伐曹魏时写给刘禅的一篇奏疏。前半部分主要是对后主进行进谏,要后主广开言路,执法公平,亲贤臣,远小人,以兴隆汉室为务。情真理足,词婉心切。后一部分表示对蜀汉的忠心和对北伐的信心。后代的表,主要用以朝贺、劝进、辞官、谢恩,有的也用于陈述政事。比如韩愈有《贺皇帝即位表》《论佛骨表》。进献物品、书籍时附上一封信,也是表达一片忠诚之意,所以也称表。如汉代许慎的儿子许冲有《上〈说文解字〉表》。

(二) 疏

汉代臣子为了对朝政表示一定的看法或有所匡谏而写的意见书,又称为疏。如贾谊《论积贮疏》、晁错《论贵粟疏》。唐代魏征的《谏太宗十思疏》也是典范之作。疏中所陈意见大都切实可行,明智的君主也往往从这些诤言中有所警悟。唐太宗看到魏征的《谏太宗十思疏》就说过:"得公之谏,朕知过矣。"

(三) 策

需要提出来一说的是对策。对策又称为策,策就是简策(册),因臣下把意见写在简策上而得名。这是由汉代以策取士而出现的文体,可以看作奏议的一个附类。皇帝把要问的问题写在简上,称为策问;参加选拔的文士,把自己的回答写在简上交上去,叫作对策。因此最初的对策等于是考试的答卷，内容都是有关国家政治的。晁错的《对贤良文学策》是出现最早的一篇。后来策的用途扩大，不再仅限于皇帝策问，主管科举选吏的部门也可以用策举士。但从宋代起，大臣或文士自动写下对朝政的看法送呈皇帝，也称为策。

奏议类的文章，既然是直接呈送最高统治者，当然就与国家的政治、经济、军事等有关，故从内容来说都属于政论文范畴。写得好的奏议文，都是论点明确、论据充分的；既符合义理又切合实情，所提出的问题和解决的方法都是现实中的迫切问题，而不是凭空捏造的。论述方法则条理井然；若反复申说，征引古今，则层层深入，要言不烦。语言平实，平易通畅。

南北朝骈体文盛行，所以奏议文章也改变了两汉用散体写文的习惯，到了唐代更用严格的四六文体。如韩愈的《论佛骨表》就有不少这样的句子。

另外，较早的奏议一般都比较直快，任气抒志，把自己想说的尽数写出，忌讳较少。后来文网日密，臣下写奏议时，就更注重处处说圆、不留缝隙。把《谏逐客书》《出师表》《论佛骨表》比较一下，这种差别是很明显的。

二 注释问题

通过调研发现，高中选择性必修下册所选古诗文随文注释存在以下问题：

（一）字际关系注释术语不够精准

1.《氓》"于嗟鸠兮，无食桑葚""女之耽兮，不可说也""淇则有岸，隰则有泮"中的"无""说""泮"，文中注为"'无'同'毋'""'说'同'脱'""'泮'同'畔'"。其实"'无''毋'""'说''脱'""'泮''畔'"均为通假字，应注为"'无'通'毋'""'说'通'脱'""'泮'通'畔'"。

2.《离骚》"扈江离与辟芷兮，纫秋兰以为佩""何方圜之能周兮，夫孰异道而相安""佩缤纷其繁饰兮，芳菲菲其弥章"中的"辟""圜""章"，文中注为"'辟'同'僻'""'圜'同'圆'""'章'同'彰'"。

其实"'圜''圆'"为通假字，应注为"'圜'通'圆'"；"'辟''僻'""'章''彰'"为古今字，应注为"'辟'今字作'僻'""'章'今字作'彰'"。

3.《孔雀东南飞》"箱帘六七十，绿碧青丝绳""妾当作蒲苇，蒲苇纫如丝""十七遣汝嫁，谓言无誓（誓）违""未至二三里，摧藏马悲哀"其中的"帘""纫""誓""藏"，文中分别注为同"奁""韧""愆""脏"。其实"'帘''奁'""'纫''韧'""'誓''愆'"为通假字，应注为"'帘'通'奁'""'纫'通'韧'""'誓'通'愆'"；"'藏''脏'"为古今字，应注为"'藏'今字作'脏'"。

4.《兰亭集序》"取诸怀抱，悟言一室之内""趣舍万殊"中的"悟""趣"，文中注为"悟"同"晤"，"趣"同"取"。其实"悟""晤"，"趣""取"为通假字，应注为"'悟'通'晤'""'趣'通'取'"。

5.《石钟山记》"南声函胡"中的"函胡"，文中注为"函胡"同"含糊"。其实"函胡"，"含糊"为通假字，应注为"'函胡'通'含糊'"。

（二）注释不够精准

《项脊轩志》："前辟四窗，垣墙周庭，以当南日。"课本随文注释为："垣墙，用作动词，砌上垣墙。"李运富（2002）指出："'垣墙'仍是名词，句中作状语，'周'为动词，围绕之义。"① 其实"周"动词较常见。如《左传·成公二年》："齐师败绩，逐之，三周华不注。"《新唐书·西域传下·镤沙》："（婆罗吸摩补罗）绵地四千里，山周其外。"（清）魏源《圣武记》卷六："〔寨〕外周以三濠，壕外又横卧大树。

---

① 李运富：《中学语文教材文言文注释应注意的几个问题》，《课程·教材·教法》2002年第11期。

第 五 章

中学古诗文教学中的文体与注释系统的应用

第一节 文体与注释系统

一 文体系统

现行统编版教材共收录古诗文 194 篇，其中初中 123 篇，高中 71 篇。从选文时代和体裁来看，体现出以下两个特点：

（一）从选文时代来看，近古作品占比较高，共 132 篇，占总数的 68%；其次为上古，37 篇，占总数的 19.1%；中古最少，25 篇，占总数的 12.9%。

（二）从选文体裁来看，韵文占比较高，共 127 篇，占总数的 65%；散文为 67 篇，约占总数的 35%。散文中说理文最多，共 16 篇，占散文总数的 23.9%；其次是写景状物类散文，共 13 篇，占散文总数的 19.4%；书信、寓言、史书、小说篇数基本相当，分别占散文总数的 10% 左右。韵文中，律诗占绝对优势，共 51 篇，约占韵文总数的 40%；其次为古体诗，37 篇，占总数的 28.8%；再次为词，29 篇，占总数的 23.2%；复次为戏曲，6 篇，约占总数的 4.7%；辞赋最少，仅 4 篇，约占总数的 3.2%。具体情况见下表。

表5-1　时代与体裁视域下中学语文教材古诗文文体情况统计　　单位：篇

教材	时代			文体										
	上古汉代以前	中古汉末至隋	近代唐代以后	散文						韵文				
				书信	史书	寓言	说理	小说	其他	诗		词	曲	辞赋
										律诗	古体			
七上	2	5	12	1	0	2	1	3	0	10	1	0	1	0
七下	0	1	18	0	1	1	1	0	1人物	11	4	0	0	0
八上	2	9	14	2	1	1	1	0	2写景	7	6	5	0	0
八下	6	1	12	0	0	1	2	0	3记文	4	7	2	0	0
九上	0	0	18	0	0	0	0	0	3写景	7	1	3	0	0
九下	5	2	16	0	3	0	1	0	2序表	3	2	9	3	0
必上	4	0	12	0	0	0	2	0	1游记	2	7	5	0	1
必下	6	0	12	4	1	1	3	2	1叙事	1	0	2	2	1
选上	7	0	3	0	1	5	0	0	0	0	3	1	0	0
选中	3	0	5	0	2	0	0	0	2传记	2	2	0	0	0
选下	2	5	10	0	0	0	0	0	5记表	4	4	2	0	2
合计	37	25	132	7	8	7	16	9	20	51	37	29	6	4
百分比	19.1%	12.9%	67.7%	4	4	4	8	4	10	26	19	15	3	2
				35%						65%				

由表5-1可知，从时代和文体特征来看，现行统编版教材收录的古诗文体现出以下几个方面的特点。

第一，从选文的时代性来看，用近古汉语写成的作品最多，其次是上古汉语作品，中古时代的作品最少，三者之间存在着明显的不平衡性。语言具有时代性，蒋绍愚（2017）指出："语言是文化的重要载体，要了解某一时期的历史、文化，就必须懂得这一时期的语言。要读懂先秦两汉的文献资料，就必须懂古代汉语；要读懂现代中国的文献资料，就必须懂得现代汉语；同样要读懂唐宋直至清初的接近口语的文献资料，就必须懂得近代汉语。"[①] 所以，在进行古诗文教学时，首先要有时代观念，即所讲古诗文所属语言的时代性，这样才能更准确地把握其语言特点。

---

① 蒋绍愚：《近代汉语研究概要》，北京大学出版社2017年版，第8页。

例如讲解近代汉语作品时，就要根据需要参考相关的工具书，如《诗词曲语辞例释》（王瑛）、《唐五代语言词典》（江蓝生）、《宋语言词典》（袁宾）、《元语言词典》（李崇兴）和《近代汉语词典》（白维国主编，江蓝生、汪维辉副主编）等。

第二，从文体特征来看，韵文几乎是散体文的两倍，在韵文中，律诗最多，其次为古体诗，再次为词、曲、辞赋。这就要求在中学语文教学中作为教师要有针对性地了解这些韵文各自的文体特点。散体文中，说理文最多；其次是小说；再次分别是史书、寓言、书信、杂记序表之类。这就需要教师在教学过程中要有文体意识，深入了解这些文体各自的特点。

二　注释系统

统编版中学语文教材古诗文部分选材精当，注释详明，翻译准确，这对一线教师和学生利用注释学习古诗文有很大的帮助。不过，由于参编者众多，书成于众手，偶有疏漏在所难免。通过调研发现，统编版中学语文教材所选古诗文随文注释存在不够精准的现象。具体又可分为以下几类。

（一）字际关系注释术语不够精准

方一新（2006）指出："在高中语文课本文言文中，文字方面应该注释的，主要有古今字、通假字和异体字三大类。按照现今比较公认的标准，分别可用'某某字后来写作某某字'、'某某字通某某字'、'某某字同某某字'或'某某字又作某某字'来表示。"[①] 在统编版中学语文教材随文注释中用来注释字际关系的术语，不管是通假字、异体字，还是古今字，均用同一个术语"同"。这不符合当时的语言事实，并且容易误导学生。我们在尊重语言事实的基础上对统编版中学语文教材古诗文随文注释中涉及的所有通假字、异体字、古今字做了穷尽性统计，并按照当前学界通行的标注方式分别给予了较为合理的标注建议。中学语文教材古诗文随文注释三类字的具体使用情况见下表。

[①] 方一新：《人教版高中课本文言文失误举例》，《浙江师范大学学报》2006年第6期。

表 5-2　　中学语文教材古诗文随文注释字际关系使用情况统计　　单位：个

字际关系 教材	古今字	通假字	异体字
七年级上册	1	2	0
七年级下册	2	2	0
八年级上册	4	6	0
八年级下册	6	2	0
九年级上册	8	3	0
九年级下册	7	4	0
高中必修上	11	5	0
高中必修下	13	18	0
选择性必修上	5	6	1
选择性必修中	7	6	0
选择性必修下	3	10	0
合计	67	63	1
占总数的百分比（%）	51.1	48.1	0.8

由表 5-2 可知，三类字中古今字最多，通假字次之，异体字其实是很少的。在统编版中学语文教材随文注释中无论是通假字、异体字，还是古今字，均用同一个术语"同"。"同"是等同，很容易误导学生，两个字之间是完全等同关系。

（二）应注未注

在统编版语文课本的古诗文中，有一些词语古今异义并且很容易引起误解。对于古今词义迥异且容易引起歧义的词语，教材中应该给予注释，可是教材注释中存在该注未注的情况。如：

《行军九日思长安故园》（七年级上册）"强欲登高去"中的"强"文中均未出注。其中"强"，应为"勉强"，即"能力不足而尽力为之"。古人有重阳登高、饮酒、赏菊的风俗，可是处于军旅之中，又遭逢战乱，故"强欲登高"。一个"强"字尽显其惆怅、凄凉之情态。

《孔雀东南飞》（高中语文选择性必修下册）"勤心养公姥，好自相扶将"中的"勤心""好自""相"，教材均无注。其实该句中"勤心"

为"尽心"义,该用法习见于中古汉语。如:《后汉书·陈宠传》:"是时三府掾属专尚交游,以不肯视事为高,宠常非之,独勤心物务,数为昱陈当世便宜。"《后汉书·宦者列传》:"至元帝之世,史游为黄门令,勤心纳忠,有所补益。"《后汉书》的作者范晔为南朝刘宋时期人,《孔雀东南飞》为南朝乐府民歌,其中的"勤心"皆为"尽心"义。"好自"为情态副词,其中的"自"为副词词尾①,相当于"好好地"。"相"为指代性副词,相当于第三人称代词,"相扶将",即"扶养他们"。

(三)注释不够精准

在教材注释中,编者常常采用串讲文句的方式来注解词义、句意,在串讲时切忌仅串讲大意,有时似是而非的串讲很容易引起学生误解,故在注释时应该注意古汉语的特点,做到字、词、句落实。如《夜雨寄北》"何当共剪西窗烛,却话巴山夜雨时。""却话"文中注释为"回头说,追述"。其实,"却话"中的"却"为表示重复的频率副词,相当于"再"。如(宋)辛弃疾《鹧鸪天·徐衡仲抚幹惠琴不受》词:"不如却付骚人手,留和《南风》解愠诗。"(清)俞樾《茶香室三钞·关将军》:"有夷人逢一人如猴,著故青衣,云关将军差来采木,今被此州接去,要须明年却来取。"

曹操《短歌行》"契阔谈䜩,心念旧恩"中"契阔"教材注释为"聚散,这里之久别重逢"。大概以"阔"为散,以"契"为聚。其实"契阔"为偏义复词,既可以偏在"阔",表示久别,又可以偏在"契"表示"相聚"。前者如《后汉书·独行传·范冉》:"奂曰:'行路仓卒,非陈契阔之所②,可共到前亭宿息,以叙分隔。'"后者如《梁书·萧琛传》:"上答曰:'虽云早契阔,乃自非同志;勿谈兴运初,且道狂奴异③。'"

我们在前人研究的基础上对统编版中学语文教材中古诗文的注释系

---

① 中国社会科学院语言研究所古代汉语研究室编:《古代汉语虚词词典》,商务印书馆1999年版,第870页。

② 非陈契阔之所,意为"不是诉说久别之情的地方"。

③ "勿谈兴运初,且道狂奴异",意为"不要谈论时运昌隆的初期,暂且说说狂放不羁的狂客与众不同"。

统中涉及的以上三种情况作了穷尽性的调查统计，希望能够为中学一线语文教师提供一些有价值的参考资料。

第二节　文体与注释系统的应用

一　当前古诗文教学方法

我们通过走访老师、学生，现场听课，发现当前中学语文古诗文教学所采用的方法，初中与高中基本没有区别，均采用分层教学法。在教学时，一般分为三个阶段：前期诵读、字词句分析和思想感情分析。

（一）前期诵读

古诗文诵读教学是中国古代教学的传统，俗话说的"熟读唐诗三百首，不会作诗也会吟"道出了诵读的价值。诵读法，通常安排在课前，老师鼓励学生用不同的方法自由背诵、分组背诵、默读、朗读、吟诵等各种方法，达到熟读成诵的目的。

（二）问答解词

在讲解字词句的时候，大多采用问答法。下面是我们听八年级上册语文课《愚公移山》过程中的一个片段：

师："河曲智叟亡以应"的"亡"该怎么读？

生：一部分：wáng，一部分：wú。

师：到底如何读？我们共同确定一下，"亡"在这里不是它的本来意义与读音，而是一个通假字，通"无"。所以，在这里应该读后者"wú"。

师："河曲智叟"的"曲"是什么意思？

生：一部分："弯曲"；一部分："弯曲的地方"。

师："弯曲"是形容词，用于描摹状态。这里应该指处所，所以应该以后者为准。"河曲"就是"黄河弯曲的地方"。

在分析字词句时，基本上都采用这种方法。

（三）探究明理

在归纳文章的中心思想和艺术手法时，大多采用提问探究法。下面是我们听七年级下册语文课《陋室铭》过程中的一个片段：

师：提问："斯是陋室，惟吾德馨。"这两句在文中起什么作用？深刻含义是什么？

生："陋室不陋。""陋室因吾德不陋。"

师：这是个转折复句，虽然是陋室，因为我的道德高尚就变得不陋了。进一步追问："为何变得不陋？"

生：由于人的品德高尚，可为陋室增光添彩，遮蔽了陋室的简陋。

师："苔痕上阶绿，草色入帘青"是写什么？

生：人少，景美。

师：可以概括为"环境优美，清幽雅致"。

这种问题探讨法可以引导、启发学生一步步将思维引向深入。

二 当前存在问题及合理性建议

（一）存在问题

1. 缺乏体裁意识

在分析文章时，每一种体裁均有其独特的特点。"小说"这一体裁的文章一般都围绕着人物、故事情节和环境来展开；叙事文通常围绕着事件发生的时间、地点、人物、事件的起因、经过、结果来展开；写景散文总是离不开情景交融；议论文就是围绕着论点、论据、论证三要素来展开；说明文离不开说明对象、方法。

古诗词，离不开意象，即融入了诗人主观感情的事物的形象。它通过具体的物象或景象来表达诗人的感情和思想。这些意象往往具有象征意义，能够将抽象的情感具体化。自然意象中的"青山"象征着高洁、宁静和永恒，梅花象征着坚强不屈，兰花代表着高洁，莲花寓意爱情，孔雀象征华美与荣耀，鸿雁常用来寄托对远方亲人的思念；社会意象中的"黍离"指代国家的兴衰，"桑榆"象征着人生的暮年，"红豆"表达爱情，"鸡黍"体现友情。情景交融，由景及人，什么样的景与什么样的情结合在古诗词中通常有特定的融合形式，如流水与光阴流逝，杨柳与送别，柳絮与惆怅，月亮与思乡等。如《雨霖铃》中，杨柳、残月、流水三个意象营造了一个离愁别绪的画面，寒蝉、骤雨、长亭，将离别时的凄凉景象表现得淋漓尽致。

在分析课文时从文章的体裁入手就可以起到事半功倍的效果。如：小说的讲解，就可以围绕小说的"三要素"——人物、故事情节、环境来展开。人物：外貌描写会凸显性格；情节跌宕起伏为了扣人心弦；环境包括社会环境和自然环境，是展现人物和情节的必备要素。通过梳理故事情节、分析人物形象、赏析环境描写来揭示小说的主题，品味作者的表现手法。

2. 缺乏时代意识

在讲解古诗文时，对于先秦的文言文、中古的古白话小说和明清小说，对于其间的语言变化重视不够。如从南北朝时的乐府民歌《木兰诗》："当窗理云鬓，对镜帖花黄。"到了宋代李清照《声声慢》："满地黄花堆积，憔悴损，如今有谁堪摘？守着窗儿，独自怎生得黑！"从"花黄"到"黄花"本为一物，叫法的不同，是古今词序不同的结果。所以在古诗文教学中要注意语言自身的历时发展变化。

3. 缺乏问题意识

当前的教学模式仍是"以教师为主导，学生被动接受"的灌输式教学，其流程就是学生课前预习背诵—教师讲解学生听课—学生独立完成课堂练习—学生完成课后作业。这种教学模式培养出来的学生，学生发现问题意识、合作意识和创新意识缺乏。应该积极倡导以问题为导向的教学方法，教师课前提出问题—学生查找资料—分组讨论—教师总结。在这个过程中，突出了"以学生为中心"的教学理念。

（二）合理性建议

《义务教育语文课程标准（2022年版）》《普通高中语文课程标准（2017年版，2022年修订）》均提出群文阅读，大单元阅读，要积极倡导自主、合作、探究的学习方式等一系列指导意见。因此，当前的中学语文古诗文教学中要注意语文核心素养的培养。语文核心素养主要包括四个方面：语言文字语用，思维的训练，审美的培养，还有文化的传承，即文化自信。针对语文核心素养的培养温儒敏先生（2024）提出了"以一带三"的教学方法，即以语言文字的运用为出发点和落脚点，把其他三个方面带起来融为一体，在不断的语言实践中得到综合提升①。"语言文字语用"包括阅读和写作两个方面，就古诗文教学而言，主要是阅读。结合语文核心素养的培养，在古诗文阅读教学中，可采用"三步教学法"来进行教学。

第一步，结合随文注释，疏通文意，熟读成诵。教师在疏通文意之前，要做到知人论世，要充分了解所学古诗文的创作背景和内容，在了解了作者的生平经历、时代特征和写作动机后，会有助于学生走进作者的内心世界，感同身受地去体会作者写作时的思想和情感，从而更好地理解作品中的情感寄托，进而更准确地把握古诗文的内涵。在此基础上结合随文注释解决字、词、句的问题，即疏通文意时要做到字字落实，句句到位，准确理解文意。然后带领学生勤诵读，多吟诵，培养古诗文的语感。

第二步，强化古诗文的体裁和时代意识。在疏通文意的基础上，引入古诗文的体裁特点和时代意识分析。注重该种类型体裁的独特特点，找出其共性特征是当前新课标群文阅读和大单元阅读的应有之义。这在当今的教材编排时已经注意到这一点。如高中必修下第六单元中将三篇不同时代的小说放在一起。（明）施耐庵的《林教头风雪山神庙》是小说，鲁迅的《祝福》是小说，（清）蒲松龄的《促织》也是小说，三者有着不同的时代，不同的语言特点（分别为古代白话、现代白话和文言），却有着相同的体裁，找出其中的共性与差异，这样的教学才能将学生的思维一步步引向深入。

第三步，针对随文注释中当前学界有争议的疑难词语进行个案分析，培养学生的思维能力。在疑难词语的分析过程中可以积极开展自主、合作、探究的教学方式，教学内容的确定，教学方法的选择，评价方法的设定都应围绕这种学习形式来做。所以在当下的教学中应该积极倡导以问题为导向的教学方法，鼓励学生合作探究，加强学生团队协作意识、独立解决问题意识的培养。

---

① 温儒敏：《用好语文统编教材》，商务印书馆2024年版，第122页。

附 录

注释问题个案研究

一 语法教学

（一）《鸿门宴》"翼蔽沛公"句法结构辨正

《鸿门宴》是现行高中语文教材的重要篇目之一，当今通行教材均将该文中"翼蔽沛公"的"翼"看作名词作状语表比喻，即"像翅膀一样"[1]或"像鸟张开翅膀一样"[2]"像鸟的翅膀张开那样"[3]。该注释尚欠精准，从"翼"当时的句法功能来看，"翼"应为动词，即"遮蔽""遮护"义。下面从"翼"的词义和句法功能来试论之。

1. "翼"的词义演化

"翼"本为名词，即"翅膀"。《说文·飞部》："翼，翅也。"[4]《说文·飞部》："翼，翅也。从飞異（异）声。"[5]如成语"比翼双飞""如虎添翼"中的"翼"等。语言是一种社会现象，随着语言的发展，一个词的词义会不断引申，词义引申通常是通过联想（相关性联想或相似性联想）来实现的，因此，一个词本义与引申义之间通常会在人们心里建立起一种自然的联想。由于鸟的翅膀除用于飞行外，还对其身体有遮蔽、保护功能，于是"翼"就引申指动词"遮护"。如《诗经·大雅·生民》："诞寘之寒冰，鸟覆翼之。"该句是说"弃出生后，被放置在寒冰上，大鸟张开翅膀掩盖遮护他"。其间的引申脉络既清楚又合乎逻辑。表示"遮

---

[1] 袁行霈等主编：《高中语文》必修一，人民教育出版社2007年版，第23页。
[2] 丁帆、杨九俊主编：高中《语文》必修三，江苏凤凰教育出版社2014年版，第87页。
[3] 郭锡良等编著：《古代汉语》（上），商务印书馆1999年版，第189页。
[4] （汉）许慎撰，汤可敬今释：《〈说文解字〉今释》，岳麓书社2002年版，第1652页。
[5] 谷衍奎编：《汉字源流字典》，商务印书馆2008年版，第1960页。

蔽"义的"覆"除与"翼"构成同义连文表示"遮护"义外，还经常与"蔽"以同义连文的形式组合成复音结构表"掩盖遮蔽"。如《后汉书·孝殇帝纪》："郡国欲获丰穰虚饰之誉，遂覆蔽灾害，多张垦田。""覆蔽灾害"，即"掩盖遮蔽自然灾害"，然后"多夸大开垦的田地"来营造丰收的虚假氛围。以上两例中的"翼""蔽"，均可与"覆"构成同义连文。由此可见，"翼""蔽"同义。"翼"作动词表"遮护"义也习见于同时期的其他文献中。如《魏书·肃宗元诩》："虽帝胤蕃衍，亲贤并茂，而犹沉屈素履，巾褐衡门，非所谓广命戚族，翼屏王室者也。"该例中"翼"与"屏"并列，"翼"与"屏"均表"保护"。"屏"本为名词，即"宫殿挡门的小墙"，今俗称"屏风墙"，该墙具有遮挡风与视线的功能，于是就转引出动词"遮挡""遮蔽"义，"屏风"即"遮挡风"，在"遮蔽"义的基础上又引申出"遮护"义，如《汉书·王莽传上》："成王幼少，周公屏成王而居摄"，"屏成王而居摄"，即"保护周成王而代替他居其位处理政务"。"翼"由"遮护"义又引申指"辅助""帮助"。如：《孟子·滕文公上》："劳之来之，匡之直之，辅之翼之，使自得之。"该例意为"慰劳他们使他们来，匡正他们使他们正直，辅助他们帮助他们，使他们自得其善性。"再如《魏书·韦阆传》："卿常翼务中军。""翼务"即"辅佐军务"，意为"你常在军中辅佐军务"。其义项引申路径可图示如下：

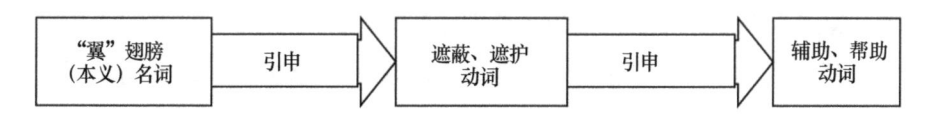

"翼"翅膀（本义）名词 → 引申 → 遮蔽、遮护 动词 → 引申 → 辅助、帮助 动词

图1　"翼"词义引申路径图

《汉语大词典》"翼"字条，未收录该义项，未收录的原因，可能将其看成了名词活用作动词。词类活用具有临时性，只有在某一特定语境下才能发生，即在古代汉语中，名词、动词、形容词在句子中分别充当什么成分是有一定分工的，三类词的基本功能是比较固定的，如果某词在某个具体句子中临时改变它的语法功能和语法意义，具有了别类词的

语法功能，才是活用作了另一类词，脱离了该语境就又恢复其本用时的意义与功能。而"翼"作动词表示"遮护"具有普遍性，不应看作活用。

2. "翼""蔽"与"翼蔽"的句法功能

"翼"表"遮护"，是一个及物动词，其后跟名词宾语，表遮护对象。如《左传·哀公十六年》："胜如卵，余翼而长之。"该例中连词"而"连接两个动词"翼"与"长"，意为"胜像鸟卵一样，我养育保护他，并使之成长"。"蔽"作及物动词，也有"遮护"义，如《左传·昭公二十年》："齐氏用戈击公孟，宗鲁以背蔽之。"该句是说"齐氏用戈击打公孟时，宗鲁用背遮护他"。因此，"翼"与"蔽"在"遮护"这一意义上是相通的。两者经常连用，构成"翼蔽"或"蔽翼"，一起表示"遮护"义。如：《宋史·忠义传·陈元桂》："有以门廊鼓翼蔽之者，麾之使去。"该例意为，陈元桂带病坚持指挥战争，坚守阵地，誓死不离开，有人用放在门廊里的鼓遮护他，他挥手让拿开。"明代孙应鳌《泛彭蠡歌》："楼船蔽翼此湖内，天地灏洞云雾蒙。"该句诗描绘的是战前的场景，"楼船遮蔽湖面，天地间弥漫着广阔无边深远的浓云密雾"。清代陈宏谋辑《五种遗规》："孙亦被执，贼方加刃，信吾以身蔽翼，遂同遇害。""以身蔽翼"，"以身"为介宾短语作状语，"蔽翼"为动词无疑，即"用身体遮挡保护"。

3. "翼蔽"成词与衰亡的成因

从历时角度看，"翼蔽"作动词表示"遮护"在秦汉时期就已出现，而"蔽翼"始见于明清。有以下两方面的原因：

其一，上古汉语单音词占优势，当时表示"遮护"义的常用动词只有两个"蔽"与"翼"，并且"翼"的使用频率还略高于"蔽"，当表示该义时，只需一个单音词"蔽"或"翼"就可以完成任务，除说话行文时韵律音节节奏的需要，两词很少连用，通过检索调查发现，汉代之前两词连用只出现1例，即出现在《史记·鸿门宴》中，并且两者连用时"翼"在"蔽"前，这主要是由当时该义项的使用频率决定的，这也是在上古未出现"蔽翼"连用情况的原因之一。从句法结构的角度来看，在上古，"翼蔽"存在着两种分析方法，既可分析为名词作状语表比喻，又可看作动词。"翼"的中心义项一直为名词"翅膀"，使用频率极高，其动词用法一直为其边沿义，使用频率较低，受人们常规句法分析意识的影响，"翼蔽"的语义、句法结构就会出现歧解。

其二，到了中古时期，"遮""护"均引申出了"遮护"义，该义项产生后，在使用频率上迅速超过上古时期产生的"翼"与"蔽"。"遮"表"遮护"义最早见于北魏贾思勰的《齐民要术》中，如《齐民要术·种麻子》："凡五谷地畔近道者，多为六畜所犯，宜种胡麻、麻子以遮之。"该例意为"凡是种粮食的地边靠近道路的，常被牲畜所践踏破坏，应该种些胡麻、麻子来遮护它"。"护"表"遮护"义最早见于三国时期魏国嵇康的《与山巨源绝交书》"仲尼不假盖于子夏，护其短也"中，该例是说"孔子不向子夏借伞是遮护他小气吝啬的缺点啊"。到中古时期，随着汉语词汇双音化的进程不断加速，"遮护"开始凝化为一个复音词并迅速流行开来。"遮护"固化成词的用例最早见于南朝宋刘敬叔《异苑》卷六："后一年，猛行至蒿中，忽见妇……既而俱前，忽逢一虎跳踉向猛，猛妇举手指抅，状如遮护。"该例中"遮护"已经凝化为一个词，表示"遮挡保护"。

中古以后，由于"翼蔽"受常规句法结构分析的影响，在句法结构上一直存在着歧义性分析，虽然其"遮护"义在继续使用，但使用频率一直不高。随着"翼"本身表"遮护"义动词用法的逐渐增多，"翼"才被认可为一个与"蔽"词义、功能均相同的同义词，为了摆脱其名词用法所带来的句法分析上的影响，与"蔽"连用时其自身结构也作了改进，这时"蔽翼"才开始出现。受汉语汇双音化大趋势的影响，动词"遮护"的出现，其表义精确性远远优于"翼蔽"，于是造成本来就举步维艰的"翼蔽"在适用范围与频率上更是雪上加霜。"翼蔽"是为了与"遮护"抗衡就开始改变自身结构，使得"蔽翼"才得以出现，这也是"蔽翼"出现较晚的原因之一，因此，"蔽翼"出现之时就伴随着"翼蔽"的萎缩之势，造成"蔽翼"也只能昙花一现，根本无法与动词"遮护"相抗衡，因此最终也没有流传到现代汉语中。

综上所述，《鸿门宴》中"翼蔽沛公"的句法结构，不是随文注释的"翼"名词作状语表比喻，"翼蔽"为以"同义连文"方式组合而成的一个复音词，"翼蔽沛公"应为动宾结构，即"遮护沛公"。

(二) 《过秦论》"席卷""包举""囊括"句法、释义辨正

1. 引言

（西汉）贾谊的《过秦论》为中学语文古诗文教学中的名篇之一。其中"席卷天下，包举宇内，囊括四海，并吞八荒之心"一句意境雄浑，气势恢宏，用铺陈排比的方式将秦孝公将要气吞天下的雄霸气势表现得淋漓尽致。该句中的"席卷""包举""囊括"在当今通行教材与教参中，大都把"席、包、囊"分析为"名词作状语表示比喻"，也有直接采用意译的方式的，不涉及其句法结构。意译通常仅用于古诗文中无法做到字字落实句句到位词句的翻译，其实该句直译更能准确表达其义旨。弄清其句法结构的关键是对其中"席""包""囊"词性、词义的准确把握。

2. 关于"席卷""包举""囊括"的句法、释义

袁行霈（2007）主编《高中语文》（必修三）将该句解释为："有席卷天下，包举宇内，囊括四海，并吞八荒之心"意思是"（秦孝公）有统一天下的野心。席卷、包举、囊括，都有并吞的意思，四海、八荒都是天下的意思。"[①] 温儒敏（2020）总主编《高中语文》选择性必修中册，基本沿用了袁文（2007）的注释[②]。温儒敏、王本华（2020）主编《高中语文》（教师教学用书中册）将该句翻译为："有席卷天下，征服九州，控制四海的意图，并吞八方荒远之地的雄心。"[③] 可见，当前统编教材和配套的教师教学用书的注释和翻译都未谈及"席卷""包举""囊括"的句法结构。刘强（2014）认为："席卷、包举、囊括都有'并吞'的意思。'席、包、囊'都是名词作状语，像席（包、囊）一样，极言秦孝公搜揽无余。"[④] 李支舜（2022）认为："席卷、包举、囊括都有'并吞'的意思。席卷，像卷席子那样地全部卷了去。包举，像用布包东西那样

---

① 袁行霈主编：《高中语文》（必修三），人民教育出版社2007年版，第50页。
② 温儒敏总主编：《高中语文》（选择性必修中册），人民教育出版社2020年版，第97页。
③ 温儒敏、王本华主编：《高中语文》（教师教学用书选择性必修中册），人民教育出版社2020年版，第72页。
④ 刘强主编：《高中文言文全解》，北京教育出版社2014年版，第244页。

整个地裹了去。囊括，像用袋子装东西那样全部装进去。"① 张启成、徐达等（2019）认为："席卷，像卷席子一样，形容全部占有。包举，像打包裹一样全部包了进去。囊括，像装口袋一样全部装了进去。"② 李支舜（2022），张启成、徐达等（2019）虽然没对"席卷、包举、囊括"的句法结构进行分析，从其译文来看，也将其中的"席、包、囊"看作名词作状语表示比喻。蔡淑美、施春宏（2023）认为："可能受贾谊经典语段'席卷天下、囊括四海'的影响，'瓜分、囊括、席卷'的组配成分至今没有多大变化。由于'分、卷、括'的及物性较强，在'NV + Obj$_{双}$'说文组合中，人们将'瓜分天下、席卷天下、囊括四海'整体看作'动+宾'结构，将原本没有什么结构形式的'瓜分、席卷、囊括'重新分析成比况复合动词，以满足句法和韵律运作的双重要求。"③ 可见，当前的主流分析方式是将其间的句法结构分析为前一个名词作状语表示比喻，意为"像用席卷起来那样卷起""像用包裹起来那样举起""像用口袋装起来那样拥有"。这样分析从意义上大体能讲得通，也符合当时的语境，不过，与当时的语言事实不大相符。因为在古代汉语中名词作状语表示比喻，通常用来描写主语所表示的人或事物像作状语的名词一样发出该动作。如：

（1）豕人立而啼。（《左传·庄公八年》）
（2）嫂蛇行匍匐，四拜自跪而谢。（《战国策·秦策》）

由例（1）（2）可知，作状语的名词所表示的人或物发出其后动词所表示的动作行为是常态，主语只是在某个特定情境下发出了该状语名词发出的动作，主语为本体，状语名词作喻体。"席卷""包举""囊括"的主语是秦孝公，"秦孝公"与"席""包""囊"之间不能构成比喻关系，故三者之间的句法结构不能分析为名词作状语表比喻。三者之间的

---

① 李支舜：《新编高考文言文阅读与指导》，上海辞书出版社2022年版，第320页。
② 张启成、徐达等译注：《文选》，中华书局2019年版，第3602页。
③ 蔡淑美、施春宏：《比况复合词的词汇化和句法化》，《中国语文》2023年第6期。

句法、语义结构关系究竟如何，下面分论之。

3. 席卷

"席"本义为名词"席"。《说文·巾部》："席，籍也。"《玉篇·巾部》："席，床席也。"《正字通·巾部》："席，坐卧所藉也。"《孟子·滕文公上》："皆衣褐，捆屦织席以为食。""席"本为名词，在汉代常作动词表示"席卷""全部占有"。如：

（3）夫人臣席天下之势，奋国家之用，身享其利而不顾其主，此尉佗、章邯所以成王，秦失其政也。（《盐铁论·论功》）

（4）席天下之权，御宇内之众，后车百乘，食禄万钟。（《盐铁论·毁学》）

（5）李斯相秦，席天下之势，志小万乘，及其囚于囹圄，车裂于云阳之市，亦愿负薪入东门，行上蔡曲街径，不可得也。（《盐铁论·毁学》）

《盐铁论》的作者为西汉桓宽，以上三例"席天下之势""席天下之权"，即"全部占有天下的权势"。"席"，均为动词，即"席卷、全部占有"。"卷"作动词，也有"席卷"义。如：

（6）今陛下起丰沛，收卒三千人，以之径往，卷蜀汉，定三秦。（《汉书·娄敬传》）

（7）今陛下起丰沛，收卒三千人，以之径往而卷蜀汉，定三秦。（《史记·刘敬叔孙通列传》）

例（6）（7）"卷"均为动词，表"席卷"。这样一来，"席""卷"就以同义连文的形式形成双音组合表示"席卷""全部占有"。如：

（8）虽无出兵甲，席卷常山之险，折天下之脊，天下后服者先亡。（《战国策·楚策》）

（9）于是陈胜起于大泽，奋臂大呼，天下席卷，而至于戏。

(《淮南子·人间训》)

例（8）"席卷常山之险"，即"全部占有常山险要之处"。例（9）"天下席卷"，即"天下被全部占有"。"席卷天下"之"席卷"，即"吞并占有"。（唐）李善为《文选·论一·过秦论》作注时引用《春秋握诚图》曰："诸侯冰散席卷，各争恣妄。"①"冰散席卷"即"诸侯即如冰溃散，又相互吞并占有"。

4. 包举

"包"的古文字字形为"勹"，本为形声字，从巳勹声。黄德宽（2007）《古文字谱系疏证》："包，从巳（甲骨文以巳为子），勹声。胞之初文。"② 其本义应有两个：一为名词，指胞衣；一为动词，指包裹。由此可见，"包"本像子在胎胞中。《说文·勹部》："包，像人裹妊，巳在中，像子未成形也。"段玉裁注："勹，象裹其中，巳字象未成之子也。勹亦声。"《玉篇·包部》："包，今作胞。"动词义"包裹"，如《诗经·召南·野有死麕》："野有死麕，白茅包之。"由"包裹"引申指"攻取占有"。如：

（10）包九夷，制鄢郢。（《谏逐客书》）
（11）猗与元勋，包汉举信。（《汉书·叙传下》）
（12）东包百越之地，南括群蛮之表。（《辩亡论上》）

例（10）"包"与"制"相对，"包"即"攻取占有"。例（11）"包汉举信"，即"占有汉中，推举韩信"。例（12）为晋代陆机的作品，"包""括"对举，均表示"占有"。"举"本为动词，指"双手向上托举物体"，如《说文·手部》："举，对举也。"后来辗转引申指"攻克占有"。如：

---

① （南朝梁）萧统著，（唐）李善注：《文选》，上海古籍出版社2019年版，第2277页。
② 黄德宽主编：《古文字谱系疏证》，商务印书馆2007年版，第676页。

（13）献公亡虢，五年而后举虞。(《榖梁传·僖公二年》)

（14）兴师以与楚战，一战而举鄢郢。(《史记·平原君虞卿列传》)

（15）我引兵鼓行而西，必举秦矣。(《史记·项羽本纪》)

可见，"包"与"举"作动词均有"攻克占有"义，故"包举"也是以同义连文的形式组合而成的双音组合。如：

（16）是时圣上固已垂精游神，包举艺文，屡访群儒，谕咨故老，与之乎斟酌道德之渊源，肴覈仁义之林薮，以望元符之臻焉。(《后汉书·班固传》)

（17）将欲包举六合，混同文轨。(《周书·武帝宇文邕》)

（18）括囊流略，包举艺文；遍该缃素，殚极丘坟。(《梁书·昭明太子萧统传》)

例（16）"包举艺文"即"全部占有六艺群书"；例（17）（18）"包举"分别与"混同"，"括囊"对举，均表示"全部占有"。

5. 囊括

"囊"本为名词，指"袋子""口袋"。《说文·橐部》："囊，橐也。"《诗经·大雅·公刘》："乃裹糇粮，于橐于囊。"《毛传》："小曰橐，大曰囊。"《汉书·王吉传》："及迁徙去处，所载不过囊衣。"颜师古注："有底曰囊，无底曰橐。"因袋子是用来装盛东西，故可引申指"把……装进口袋""装进"义。如：

（19）始皇乃取毒四支车裂之，取其两弟囊扑杀之。(刘向《说苑·正谏》)

（20）（人）皆囊于法以事其主。(《管子·任法》)

例（19）"囊扑杀之"，即"把他装进袋子里扑打致死"。例（20）意为"人们全被装进法律的范畴内侍奉他的主子"。

"括"本为动词,表示"系结"。《说文·手部》:"括,系也。"《广雅·释诂四》:"括,结也。"由"系结"可引申指"捆束"义,如《庄子·寓言》:"向也括,而今也被髮。"成玄英疏:"括,撮束发也。"由"捆束"引申指"包容、占有"。《正字通·手部》:"括,包括也。"如:

(21) 悉览休祥,总括群瑞。(《后汉书·马融传》)

例(21)"总括"与"悉览"相对,"括"为动词,即"全部占有"。例(12)"括"与"包"对举,也为动词。《文选·贾谊〈过秦论〉》:"有席卷天下,包举宇内,囊括四海之意。"(唐)刘良注:"括,盛也,犹囊盛而结之。"可见,在唐代人的语感里"括"为动词。

从句法结构看,"括囊"连文,可为动宾结构,也可为并列结构。前者即"为囊系结",喻指"闭口不言"。如《易·坤》:"括囊,无咎无誉。慎不害也。"孔颖达疏:"括,结也。囊所以贮物,以譬心藏知也。闭其知而不用,故曰括囊。"后者即"总括包含",即"全部占有","括、囊""囊、括"连文均可。如:

(22) 郑玄括囊大典,网罗众家,删裁繁诬,刊改漏失,自是学者略知所归。(《后汉书·郑玄传》)
(23) 公龙骧凤矫,咫尺八纮,括囊四海,折冲无外。(《宋书·武帝纪中》)
(24) 是以括囊杂体,功在铨别。(《文心雕龙·定势》)
(25) 然《国语》之外,尚多亡逸,安得言其括囊靡遗者哉。(《史通·二体》)
(26) 迨元太祖括囊俄罗斯,席卷五印度,余威振于欧罗巴。(《论不勤远略之误》)

例(23)"括囊四海",与"囊括四海"意义相同。例(26)为清代用例,"括囊"与"席卷"对举,均表示"全部占有"义。

"囊括"连文,如:

(27) 野尽山穷，囊括其雌雄。（扬雄《羽猎赋》）

(28) 斯固弥纶三极、囊括百代。（《周书·尉迟运等传·赞语》）

(29) 大哉圣人道，百家尽囊括。（黄遵宪《感怀》）

（唐）李善为《文选·论一·过秦论》作注时引用（东汉）张晏的注释："括，结囊也，言能苞含天下也。"可见，"囊""括"均为动词，"囊括"与"括囊"为同义连文。说明"囊括"也是以动词连文的方式组合而成的一个复音词组。

综上可知，（西汉）贾谊的《过秦论》中的"席卷天下，包举宇内，囊括四海之意，并吞八荒之心"中的"席卷""包举""囊括"的句法结构与"并吞"一样均为"同义动词连文"，表"全部占有"。"席卷天下""包举宇内""囊括四海"与"并吞八荒"均为动宾结构，即"包含、全部占有天下"。

（三）李清照《如梦令》"争渡"的句法、释义

李清照《如梦令·常记溪亭日暮》是宋词传世之作中的名篇之一，当前学界对其中"争渡"的解释大体上可分为以下几类：1. 认为"争"为疑问代词，相当于"怎"，"争渡"为反问句，即"怎渡"[①]；2. 认为"争"为副词，表示"尽力""奋力"，"争渡"，即"奋力把船划出去"[②]；3. "争"为动词"抢时间"，"争渡"，即"抢时间迅速通过"[③]；4. "争"为动词，表示"抢先、争先"，"争渡"即"抢先渡出"[④]；5. "争"为副词，"争相/竞相"，"争渡"，即"争相渡"[⑤]。若仅着眼于这首词，以上解释均能理顺。究竟何者为是？就需要将这首词放在同时期的大语境中来看。

---

① 侯健、吕智敏：《李清照诗词评注》，山西教育出版社1997年版，第33页；陈祖美：《李清照词新释辑评》，中国书店出版社2003年版，第2页。
② 温儒敏总主编：八年级《语文》（上册），人民教育出版社2017年版，第152页。
③ 王锡丽：《"争渡"词义考辨》，《河北师范大学学报》（教育科学版）2008年第10期。
④ 唐圭璋等：《唐宋词鉴赏辞典》，江苏古籍出版社1986年版，第659页。
⑤ 张振羽：《"争"辨》，《语文建设》2006年第2期。

以上注释分歧主要是对"争渡"是"一船争渡",还是"几船争渡"意见不一。据此可以将以上五种观点分为两类,前三种可归为"一船争渡"类,后两者可归为"几船争渡"类①。下面分别论述。

1. "一船争渡"说不可取

将"争"理解为表示反问的疑问代词"怎",主要是由于"争"在唐宋时期也可以作疑问代词表示反问,相当于"怎"。近人张相在《诗词曲语辞汇释》中指出:"争,犹怎也。自来谓宋人用怎字,唐人只用争字。"其实"争"作"怎"不只在唐代,在宋代及以后也较常用。如(宋)柳永《八声甘州》:"争知我倚阑干处,正恁凝愁。"(宋)无名氏《梁公九谏》第二谏:"则天谓狄相曰:'卿是一个人,争知天下人心?'"(元)郑光祖《王粲登楼》第一折:"楚天阔,争如蜀道难?"不过,李清照《如梦令》中的"争渡"不属于此类,从前后语境看,日暮天晚,本就归家心切,又误入藕花深处,此时不应感叹徘徊,而应竞相争渡,争着从藕花深处渡出。张振羽(2006)指出:"在李清照词中,疑问代词只用'怎'而不用'争'。"张说甚是,不过张文未明确指出"争渡"为"几舟争渡"。

把"争渡"解释为"尽力、奋力渡船"也不可取,"争"作副词没有该用法。当时表示"尽力、竭力"大概多用"力",如《全宋词·陈人杰·沁园春》:"君归去,但力行好事,休问穷通。"认为"争"为动词"抢时间",该观点从行文逻辑看,好像可通,因天色已晚,需要赶时间"争渡",即"抢时间迅速渡过"。不过,在古汉语中"争"作状语,同样没有该用法。

"争"本为"争夺""夺取"义。《说文》:"争,引也。"段注:"凡言争者,皆谓引之使归于己。"后引申出副词义,表示"竞相""争先"②,用在动词前表示一个以上的施事者争相施行某动作。该副词用法从先秦一

---

① "竞相""争先"为同义词,故观点4、5可合二为一。

② 表示"竞相"的"争":王力(1962/1999)认为"争"为不及物动词作状语,详见王力:《古代汉语》(修订版),中华书局1999年版,第352页;中国社会科学院语言研究所古代汉语教研室(1999)则看作副词,详见中国社会科学院语言研究所古代汉语教研室编《古代汉语虚词词典》,商务印书馆1999年版,第827页。笔者认为,从其作状语的功能和意义看不如将其视为副词。

直沿用至今。如：

(1) 明日，绞人争出，驱楚役徒于山中。（《左传·桓公十二年》）

(2) 募有能捕之者，当其租入。永之人争奔走焉。（《柳宗元集·捕蛇者说》）

(3) 乐军见衣服满地，争往取之，队伍尽失。（《三国演义》第十三回）

可见，以上"一船争渡"均不符合"争"作副词的常规用法。我们还对唐宋时期古诗词中"争渡"作了穷尽性统计分析，结合李清照其他词作中"争"的用法，经过考察发现该"争渡"并非一船独行，而应为"异舟争渡"，即"几船竞相争着摆渡"。

2. "争渡"在唐诗中使用情况

"争渡"在唐诗中共出现7例，"争"均作情态副词，表示"一个以上的施事者争着施行某动作"，可译为"争着摆渡""争着渡过""争着渡向"。如：

(4) 日暮行人争渡急，桨声幽轧满中流。（刘禹锡《堤上行三首》）

(5) 吹角动行人，喧喧行人起。笳悲马嘶乱，争渡金河水。（王维《相和歌辞·从军行》）

(6) 弄水游童棹，湔裙小妇车。齐桡争渡处，一匹锦标斜。（白居易《和春深二十首》）

(7) 粉席秋期缓，针楼别怨多。奔龙争渡月，飞鹊乱填河。（宋之问《牛女》）

(8) 山叶傍崖赤，千峰秋色多。夜泉发清响，寒渚生微波。稍见沙上月，归人争渡河。（刘长卿《龙门八咏·水东渡》）

(9) 山寺钟鸣昼已昏，渔梁渡头争渡喧。人随沙岸向江村，余亦乘舟归鹿门。（孟浩然《夜归鹿门山歌》）

(10) 渡口欲黄昏，归人争渡喧。(岑参《巴南舟中夜书事》)

例（4）（8）为"争着摆渡"；例（5）、例（6）为"争着渡过"；例（7）为"争着渡向"；例（9）、例（10）为"争着乘船渡河"。例（6）"齐桡"为舟子行船之歌。也见于李白《醉后·船上齐桡乐》："船上齐桡乐，湖心泛月归。白鸥闲不去，争拂酒筵飞。""锦标"为锦制的旗帜，古代用以赠给竞渡的领先者。后亦以称竞赛优胜者所得的奖品。由此可见，唐诗中"争渡"的主体或是"船与船"，或是"人与人"，不见一人或一船"争渡"的用法。

3. "争渡"在宋词中使用情况

"争渡"在宋词中共出现 6 例，除去李清照《如梦令·常记溪亭日暮》中的 2 例，还剩 4 例，其中"争"均作状态副词，也表示"一个以上的施事者争着施行某动作，可译为"争着摆渡""争着渡过""争着渡向"。如：

(11) 楚湘旧俗，记包黍沈流，缅怀忠节。谁挽汨罗千丈雪，一洗些魂离别。赢得儿童，红丝缠臂，佳话年年说。龙舟争渡，搴旗捶鼓骄劣。(张榘《念奴娇·重午次丁广文韵》)

(12) 闻道晚春时候，暖风是处花飘。游人争渡水南桥。多少池塘春草。(韩淲《西江月·晚春时候》)

(13) 电旗飞舞，双双还又争渡。湘漓云外，独醒何在？翠药红蕖，芳菲如故。深衷全未语。不似素车白马，卷潮起怒。但悄然、千载旧迹，时有闲人吊古。(蒋捷《女冠子·竞渡》)

(14) 一舸鸥夷云水路。贪游戏、悄忘尘数。明月长随，清风满载，那向急流争渡。(丘崈《夜行船·水满平湖香满路》)

例（11）—（14）均为"争着摆渡"；例（14）"向急流争渡"，即"怎能冲向急流与他人争渡"，"急流争渡"喻"仕途竞进"。例（12）为"人们争着渡过"。可见，宋词中的"争渡"也仅用于"船与船""人与人"之间"竞相摆渡"或"竞相渡过"。

4. 从李清照其他词作中"争"的用法及上下文语境看"争渡"的含义

唐圭璋（1965）《全宋词》中共收录李清照词 47 首，在 47 首词中"争"共出现 5 次，除了"争渡""争渡"两次外，还剩三次。分别为：

(15) 铺翠冠儿，捻金雪柳，簇带争济楚。《永遇乐·落日熔金》
(16) 看彩衣争献，兰羞玉酎。《长寿乐·南昌生日》
(17) 几日不来楼上望，粉红香白已争妍。《断句》

以上三例中的"争"均表示不同的施事主体争相施行某一动作。例（15）"人人争相比漂亮"；例（16）"不同的大臣竞相祝寿"；例（17）"不同的花已竞相逗美"。在李清照的词作中的"争+V"结构中，"争"均表示"人与人""花与花"之间竞相发出某动作或呈现出某种状态。

从唐诗宋词中的"争渡"的意义来看，其中的"争"均为情态副词，其主语所指是具有施动性的集体，表示"一个以上的施事者争着施行某动作"。词义具有时代性，故李清照《如梦令·常记溪亭日暮》中的"争渡"也不应例外，该词中的"争渡"应表示"船与船之间争相渡出藕花深处"义，即"友船竞渡"。

综上可知，李清照《如梦令》中的"争渡"也非一个施事主体，而是几船竞渡。从前后语境看，溪亭醉饮的美好，令人难忘，饮酒并非一人独酌，而是傍晚时分约三五好友饮酒赏景，酒逢知己千杯少，不觉沉醉忘归。既沉醉于友人相聚的美好，贪杯而醉；又陶醉于溪亭美景。忽觉日暮天晚，急忙归家，不小心误入藕花深处，心中更急。友人们竞相渡出藕花深处，喧闹嬉笑的声音惊起了一滩鸥鹭。故该词中的"争渡"并非一船独渡，而是几船争渡。由此可见，"争"应为情态副词，用于动词前，表示一个以上的施事者争相施行某动作，可译为"竞相""争先"，"争渡"，即"友船争相渡出藕花深处"。

二 近体诗格律可为律诗中的多音字定音辨义

——以杜甫《春夜喜雨》中"看、重"的音义为例

近来有学者一再呼吁,不管是古体诗还是律诗,要统一用普通话常用读音来读,这种"一刀切"的做法的确是方便了教与学。不过有些字在现代汉语中仍为兼有平、仄两读的多音字。律诗中的平仄本来就是为了利用声音的抑扬顿挫来增强诗歌的节奏感,使人们听起来悦耳舒适。字的读音分化本来就是为了区别意义,在律诗中如果全部统读有时会引起歧义而曲解诗人的本意。因此对易引起误解的多音字不妨仍标出该原在该诗中应有的古音,此处仍可允许按照其符合格律的音义来读,加深学生对律诗特性的认识。

《春夜喜雨》是杜甫诗中的名篇之一,先后被选入一些语文教材,影响之大,自不待言。当前通行教材中对该诗尾联中"重"的解释基本正确,如北师大版初中语文教材对"重"的注释是:"花朵饱含雨水故曰'重'"①,人教版小学语文教材解释为"花因沾满雨水显得饱满沉重的样子"②。运用近体诗格律可以确定该诗"重"与"看"的音义。当前通行语文教材中对律诗中的多音字多缺乏应有的注音释义,这就让一线教师在对该类字进行讲解时无所适从。本节以此为切入点对当前通行初中语文教材中所收律诗的多音字进行了穷尽性的调查辨正,并对如何运用近体诗格律来判定律诗中一些多音字的音义作了探讨,以期能对当前中小学语文教学与教材编写提供些参考。

近体诗是唐代初年才形成的一种严格按照格律写成的诗,也包括唐以后模仿该诗体而写的诗。近体诗对一首诗的平仄、押韵,每首诗的句数、每句诗的字数都有严格的限制与规定。近体诗每首诗句数、字数一般固定、绝句两联四句、律诗四联八句,每句五个或七个字,就是通常所说的五绝、七绝,五律、七律。此外,十句以上的律诗,即"排律",

---

① 孙绍振:《语文》七年级下,北京师范大学出版社2009年版,第47页。
② 课程教研所小学语文课程教材研发中心:《语文》六年级上,人民教育出版社2006年版,第101页。

句数通常是八的倍数。押韵非常严格，只能押平声韵，只能偶句入韵，奇句不入韵，即只能二、四、六、八句入韵。首句例外，首句有时可入韵。必须讲究对仗，通常中间两联（颔联、颈联）对仗，并且以工对为原则。平仄与粘对，是近体诗最主要的格律要求。

运用近体诗的平仄、"粘对"与用韵可以帮助判定一联之内、两联之间以及韵脚字等多音字的音义。我们在对当前通行的初中语文教材所收律诗中的易混多音字穷尽性调查统计的基础上发现易错读的多音字主要有"看""胜""应"等。具体论述如下。

（一）近体诗的平仄格律

平仄格式大体上是一句之中平仄相间，一联之内平仄相对。就汉语词汇系统而言，唐宋时以双音词为主，故律诗中的平平、仄仄通常都成对出现。又由于语音的节奏重心点一般落在第二个音节上，因而就有了"一、三、五不论，二、四、六分明"的说法，即处在每句第二、四、六个字的平仄一般不能违反格律，第一、三、五个字有时可平可仄。这样一来，就可以根据该平仄格式来确定诗中一些多音字的音义。举例如下。

韩愈《早春呈水部张十八员外》："天街小雨润如酥，草色遥看近却无。最是一年春好处，绝胜烟柳满皇都。"[①] 该诗中的"胜"处在一联对句的第二个字位置上，与本联出句中"是"相对。"是"的声调在唐代为上声，普通话为去声，均为"仄"，根据一联之内平仄相对，可知"胜"应为平声字，即今音"shēng"。"胜"是"勝"的简化字，其本义为"能承受""禁得起"，《说文·肉部》："胜，任也。从力朕声。"今成语"不胜其苦""不胜其烦"之"胜"即其本义。由"胜任"引申出"相称、相当"，如：《论衡·案书》："薄厚不相胜，华实不相符，则怨而降祸。"因"相当"隐含着双方完全相等的语义特征，进而引申虚化为副词"尽"，如"不胜感激""不胜枚举"。以上三个义项本读为"shēng（《广韵》识蒸切，平省蒸韵，书母。）"在"胜任"义的基础上也引申出"战胜，打败对方""超过"等义项，该引申义读音发生了变化，读为"shèng（《广韵》诗证切，去声证韵，书母）"。因此该诗"绝胜烟柳满皇都"中的"绝胜"

---

① 温儒敏：《语文》八年级下，人民教育出版社2009年版，第231页。

应为"绝对与……相称、相当"义,即"绝对比得上",其读音应为"shēng"而非"shèng",否则不合格律。普通话将两音统读为"shèng"就很容易将其理解为"战胜""超过"义。不过新编的《新华字典》将相应义项标明了旧读。"胜"的音义演化历程如图2所示。

胜（勝 shēng）本义：任 —引申→ 相称、相当 —引申→ 副词全、都
         —引申→ 战胜、超过（音变为 shèng）

图2 "胜"音义演化图

（唐）王昌龄《出塞》："但使龙城飞将在,不教胡马度阴山。"中的"教"与"使"相对,"使"声调为上声,即仄,那么"教"应读为"jiāo",意为"使、让"。（唐）杜牧《寄扬州韩绰判官》："二十四桥明月夜,玉人何处教吹箫。"中"教"与"明"相对,"明"平声字,那么"教"应读作"jiào",意为"指教"。

"教"的本义为"教育",其甲骨文字形是一个从攴爻声的形声字,爻与效（教）在上古同为宵部,形旁攴表示手持器械施教形。后盖为突出教育儿童义,又加表义偏旁子,就成了从攴从子爻声。到了小篆中"爻"与"子"又合体为孝。黄德宽指出："教,从子从效,效亦声。教乃效之繁文。所从爻旁或省作义形。战国文字或同义更换成殳旁,抑或省去攴旁简写作孝,遂为小篆孝字所本。"①《说文·教部》："教,上所施下所效也。从攴从孝。古孝切（jiào）。"由此可见,"教"的本义为"教育",在此基础上引申指"指教""管教";因传授知识是教育的主要内容之一,故可引申指"传授知识（该义音变为古肴切 jiāo）",又因传授知识要让对象学习,又引申指"使、让"义。在现代汉语中受表示"使、让"义的"叫"的影响,又俗读为"jiào"。"教"的音义演化历程如下图所示：

---

① 黄德宽：《古文字谱系疏证》,商务印书馆2007年版,第770页。

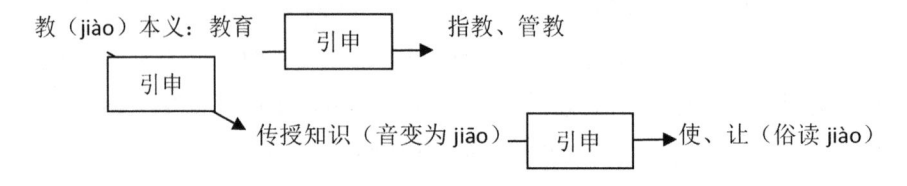

教（jiào）本义：教育 —[引申]→ 指教、管教

[引申] ↓

传授知识（音变为 jiāo） —[引申]→ 使、让（俗读 jiào）

图3　"教"音义演化图

表1　人教版初中语文教材所收律诗中的易混多音字统计

年级 / 诗作	诗作内容	多音字	诗中音、义
七年级	谭嗣同《潼关》："终古高云簇此城，秋风吹散马蹄声。"	散：sàn / sǎn	音：sàn 义：吹之使散开。
七年级	岑参《行军九日思长安故园》："遥怜故园菊，应傍战场开。"	应：yīng / yìng	音：yīng 义：应该
八年级	崔颢《黄鹤楼》："昔人已乘黄鹤去，此地空余黄鹤楼。黄鹤一去不复返，白云千载空悠悠。"	空：kōng / kòng	音：空（kōng）余 义：副词，只。 音：空（kòng）悠悠 义：间隔
九年级	韩愈《左迁至蓝关示侄孙湘》："知汝远来应有意，好收吾骨瘴江边。"	应：yīng / yìng	音：yīng 义：应该
九年级	杜甫《月夜忆舍弟》："有弟皆分散，无家问死生。"	散：sàn / sǎn	音：sàn 义：分散
九年级	白居易《望月有感》："共看明月应垂泪，一夜乡心五处同。"	看：kàn / kān	音：kān 义：视
九年级	杨炯《从军行》："宁为百夫长，胜作一书生。"	胜：shēng / shèng	音：shèng 义：超过

由表 1 可知当前初中语文教材所选律诗中涉及的多音字主要有五个：散、应、空、看、胜。

1. 《潼关》① 中的 "散" 与 "云" 相对，"云" 为平声，"散" 应为仄声，即 "sàn"，意为 "分散"。《月夜忆舍弟》② 中的 "散" 处在第五句末尾，与 "生" 相对，必为仄声，即 "sàn"。

2. 《行军九日思长安故园》③ 中 "应" 句的格律为 "仄仄仄平平"，根据格律 "应" 为仄声，因本联出句 "遥" 为平声。不过该字位于该句第一个字位置上可平可仄，根据语义应为 "应该" 义，故为平声，即 "yīng"。《左迁至蓝关示侄孙湘》中的 "应" 与 "瘴" 相对，"瘴" 为仄声，故 "应" 为平声，即 "yīng"，意为 "应该"。

3. 《黄鹤楼》④ 中两个 "空" 音义均不同。首联中 "空"，与 "已" 相对，"已" 为仄声，故 "空" 应为平声，即 "kōng"，意为限定范围副词 "只"。颔联中 "空" 与 "不" 相对，"不" 为入声字，即仄声，该句格律为 "仄仄平平平仄仄"，"不" 处在该句第五个字位置上可平可仄。不过本句中的第五字必须是仄声，如果是平声，该句的格律就变为了 "平平仄仄平平平"。"三平调（诗句末尾三字皆为平声）"，这是律诗中的大忌，因此该 "空" 字应为仄声，即 "kòng"，意为 "间隔"。意为 "唯有白云间隔千载依旧悠悠" 凸显出诗人物是人非之憾。

4. 《望月有感》"看" 所在诗句的格律为 "平平仄仄平平仄，仄仄平平仄仄平"，不存在拗救。"看" 与 "夜" 相对，应为平声，即 "kān"。《说文·目部》："看，睎也。从手下目。苦寒切。" 徐锴曰："宋玉所谓扬袂障日而望所思也。""睎"，即 "望"。"看" 的本义为 "远望"。《广韵·寒韵》："看，视也。苦寒切。"⑤ "苦寒切" 即今音 "kān"。视，即 "看（以视线接触人或事物）"《广韵·翰韵》："又苦干切。""苦干切"，

---

① 温儒敏总主编：《语文》七年级上，人民教育出版社 2016 年版，第 141 页。
② 温儒敏总主编：《语文》九年级上，人民教育出版社 2018 年版，第 59 页。
③ 温儒敏总主编：《语文》七年级上，人民教育出版社 2016 年版，第 64 页。
④ 温儒敏总主编：《语文》八年级下，人民教育出版社 2009 年版，第 232 页。
⑤ （宋）陈彭年：《宋本广韵》，江苏教育出版社 2005 年版，第 34 页。

即今音"kàn"。从《广韵》对该字的注音释义来看,去声翰韵无释义,看来在当时翰韵的"看 kàn"是寒韵"看 kān"的异读,两者之间在意义上并没有差别,并且该字读平声更具有普遍性。普通话中该义读作去声,故在注释中可指出在唐代该诗中应读"kān"。《从军行》[①] 该联格律为"平平平仄仄,仄仄仄平平"。"应"位于出句第一个字位置上,可平可仄,"宁"的读音就要根据词义来判断,为"宁可"义,应读作"nìng",意为表示两相比较后选取一方舍弃另一方。与"宁"相对的"胜"也处在第一个字的位置上,也可平可仄,因两句之间蕴含着两相比较一方超过另一方义,故"胜"应为"胜过""超过",读作"shèng"。

(二)近体诗的"粘对"

"粘对"也是律诗的主要格律特点。"粘"是就律诗两联之间的关系而言的,指律诗的上一联对句与下一联出句第二个字平仄相同。"对"指一联中两句之间的平仄关系而言的,指律诗的每一联中出句与对句第二个字平仄相对。因"对"在前文已经涉及,这里只谈如何运用"粘"来判定多音字的音义。

仍以杜甫《春夜喜雨》为例:"好雨知时节,当春乃发生。随风潜入夜,润物细无声。野径云俱黑,江船火独明。晓看红湿处,花重锦官城。"该诗尾联出句"晓看红湿处"中"看"在普通话中通常多作"kàn",意为"以视线接触人或事物",不过该义在唐代也可读作"kān",义为"视"(详见前文)。该诗中"看"读去声,还是平声,读者常常莫衷一是。根据律诗"粘对"规则可知,应为"kān",因该字与上联对句的第二个字"船"构成"相粘",两者之间平仄应相同,故应为"kān"。然后再根据"对"的规则可以判定出与"看"相对的"重"的读音应为仄声,即"zhòng",意为"花朵饱含雨水后变重了"。

(三)近体诗的用韵

律诗押韵非常严格,押韵通常必须合于平水韵,平水韵共106韵,其中平声韵共30个(上平声15个,下平声15个)。律诗通常只押平声韵,

---

① 课程教材研究所中学语文课程教材研究开发中心:《语文》九年级下,人民教育出版社2018年版,第206页。

并且只能偶句入韵，奇句不入韵，即只能二、四、六、八句入韵。首句例外，可入韵也可不入韵。再者，近体诗不能"出韵"，即韵脚（入韵的字）必须用同一个韵中的字，不准用邻韵的字，并且一韵到底。同一个韵脚字不能重复出现；避同义字入韵，如（花、葩）（忧、愁）。由此可见，凡是出现在同一首诗韵脚上的字必须合韵，即为平声字。根据这一规则，也可对律诗中一些多音字的读音作出判定。

表2　　人教版初中语文所收律诗韵脚中的易混多音字统计

年级 / 诗作	诗作内容	多音字	应读音、义
八年级	杜甫《月夜》："今夜鄜州月，闺中只独看。遥怜小儿女，未解忆长安。香雾云鬟湿，清辉玉臂寒。何时倚虚幌，双照泪痕干。"	看：kàn kān	音：kān 义：望
八年级	李商隐《无题》："相见时难别亦难，东风无力百花残。春蚕到死丝方尽，蜡炬成灰泪始干。晓镜但愁云鬓改，夜吟应觉月光寒。蓬山此去无多路，青鸟殷勤为探看。"	看：kàn kān	音：kān 义：探视
九年级	夏完淳《别云间》："三年羁旅客，今日又南冠。无限山河泪，谁言天地宽。已知黄泉路，欲别故乡难。毅魄归来日，灵旗空际看。"	看：kàn kān	音：kān 义：视

由表2可知，初中语文教材中所选律诗中的韵脚字只有一个"看"。《月夜》[①] 押"寒"韵，首联对句中的"看"，处在韵脚上，与第四、六、

[①] 温儒敏：《语文》八年级上，人民教育出版社2017年版，第138页。

八句中的"安""寒""干"都处在韵脚上，故应读"kān"，其义为"远望"。《无题》①押"寒"韵，并且首句入韵。因此，该诗尾联中"看"，也应与"难""残""干""寒"同为平声字，也应读"kān"，"看"，意为"视"，"探看"即"探视"。"探"与"视"同义连文，"视"也有"探望"义，如《论语·乡党》："疾，君视之，东首，加朝服，拖绅。"该例意为："孔子病了，国君来探视，他便头朝东躺着，身上盖上朝服，朝服上放着绅带。"《别云间》②首句不入韵，押"寒"韵，故处在韵脚上的"冠""宽""难""看"均应为平声。"冠"应读为"guān"，"看"读作"kān"，义为"观览"。"南冠"在该诗中为用典，本指"南方楚囚钟仪的帽子"，后来借指"囚犯"。这三首诗中的"看"从意义上看，在普通话中都读去声"kàn"，在教材中也应注明，该字在诗中本读看"kān"，普通话中读去声。

近体诗有严格的格律要求，作为一种影响深远的诗歌体裁，其魅力也在于其独特的韵律美。如果把其中一些特殊字词的读音都统读为普通话中常见读音，那么律诗的解读就和现代白话文无异了。利用近体诗的格律，并结合该字在诗中的具体意义，我们可以有效化解律诗中一些音近义通的多音字音义的认定问题，至少要让学生知道，在律诗中该字的读音不同于现代音。

三 词义教学

（一）《湖心亭看雪》"强饮"之"强"音义辨释

八年级《语文》下册教材将张岱《湖心亭看雪》"强饮三大白而别"的"强"字注释为"尽力"。该注释不够精准，其实应为"勉强（能力不够还尽力做）"。

《现代汉语词典》（第7版）对"尽力""勉强"的注释分别为：

---

① 温儒敏总主编：《语文》八年级下，人民教育出版社2009年版，第232页。
② 课程教材研究所中学语文课程教材研究开发中心：《语文》九年级下，人民教育出版社2018年版，第232页。

尽力：动→用一切力量：尽力而为 | 我一定尽力帮助你。①

勉强：①形 能力不够还尽力做：这项工作我还能勉强坚持下来。②形 不是心甘情愿的：碍着面子勉强答应下来了。③动 使人做他自己不愿意做的事：他不去算了不要勉强他了。④形 牵强，理由不充足：这种说法很勉强，怕站不住脚。⑤形 将就；凑合：这点儿草料勉强够牲口吃一天。②

鉴之，"尽力"与"勉强"词性与意义均不尽相同。"强饮"中的"强"作状语，应该是"尽力"，还是"勉强"，可从"强"的词义和上下文语境来确定。

1. "强"的词义

"强（彊）"本读"《广韵》：巨良切。"折合成今音为 qiáng，本义为"弓很硬"。《说文》："彊，弓有力也。"段注："彊，引申为凡有力之称。"《说文》："强，蚚也。"段注："强，假借为彊弱之彊。"可见，强、彊本义不同。"强"本指米中小黑虫，后假借为彊弱之彊。强、彊，除本义外，今为异体字。凡有力叫强（彊）。由"有力"引申为形容词，指"强大""强盛"，如《孙子·势》："乱生于治，怯生于勇，弱生于强。""强大"义也可作使动，如《韩非子·奸劫弑臣》："此管仲之所以治齐，而商君之所以强秦也。"

（1）"强"作副词表"尽力"

由"使强大"进而引申为动词，指"鼓励"，该义读音上发生了变化，变为《集韵》巨两切，折合成今音为 qiǎng。如《周礼·地官·司谏》："（司谏）掌纠万民之德而劝之朋友，正其行而强之道艺。"郑玄注："强犹劝也。""强""劝"对举，"劝之朋友""强之道义"均为连谓句，即"鼓励他们增进朋友之道""鼓励他们学习道艺"，连谓句中的前后两个动作的发出者不同，即"A 强（鼓励）B 做某事"。善意正向的鼓励即"劝勉"。该连谓句的语义重心在后一个谓语动词上，这种语义上

---

① 中国社会科学院语言研究所词典编辑室：《现代汉语词典》（第7版），商务印书馆2016年版，第679页。

② 中国社会科学院语言研究所词典编辑室：《现代汉语词典》（第7版），商务印书馆2016年版，第903页。

的不平衡会使人们认为前一动词的动作性较弱，当前后两个动作由同一个施事者发出并直接组合时，很容易引起对前一动词的重新分析。由于前一动词有时仅仅表示一种情态，这就与经常出现在该位置上经常作状语的情态副词的副词功能相一致，这时就会被重新分析为一个情态副词。中国社科院语言所编《古代汉语虚词词典》将该类"强"均看作副词，释义为"表示坚持不放松地做事、表示勉强进行某项活动"①。"强"在语义上表示施事者自己勉力自己去做某事。施事者自己勉力自己做某事可分为两类：一类是施事者主观上认为自己能力能够达到而心甘情愿地努力做某事，即尽力；另一类是施事者主观上认为自己能力不足而为情境所迫不得不尽力做某事，即勉强。

施事者主观上认为自己能力能够达到而心甘情愿地努力去做某事，又可分为两类：一类是外因驱动型认为自己能力能够达到而心甘情愿地尽力做某事，即施事者尽力做某事是别人要求进行的，即"别人要求 A 强 VP"；一类是内因驱动型，即施事者自己认为能力能够达到而心甘情愿地尽力做某事。前者如《孟子·梁惠王下》："君如彼何哉？强为善而已矣。"杨伯峻注："强，勉也。"《史记·老子韩非列传》："子将隐矣，强为我著书。"《考工记·梓人》："强饮强食，诒女曾孙诸侯百福。"（唐）李贺《艾如张》："锦襜褕，绣裆襦。强饮啄，哺尔雏。""强饮啄"即"努力加餐饭"。后者如：《左传·僖公二年》："宫之奇之为人也，懦而不能强谏。"《史记·殷本纪》："比干曰：'为人臣者，不得不以死争。'乃强谏纣。"（前蜀）韦庄《对酒赋友人》诗："乱离俱老大，强醉莫沾襟。"②《新唐书·裴遵庆传》："幼强学，该综图传，外晦内明，不干当世。"（宋）苏轼《寄刘孝叔》诗："忧来洗盏欲强醉，寂寞虚斋卧空瓯。"

(2) "强"作副词表"勉强"

主观上认为自己能力不足而为情境所迫不得不尽力做某事，多含有[-心甘情愿]的语义特征，即勉强。如《战国策·赵策》："老臣今者

---

① 中国社会科学院语言研究所古代汉语研究室编：《古代汉语虚词词典》，商务印书馆1999年版，第421页。

② 该句意为，战乱离散不断且我们都已年老，只有通过尽力喝醉才能忘却世事的纷扰。

殊不欲食，乃自强步，日三四里，少益耆食，和于身。"（宋）苏轼《饮酒》诗之三："有客远方来，酌我一杯茗。我醉方不啜，强啜忽复醒。"（金）元好问《倪庄中秋》诗："强饭日逾瘦，狭衣秋已寒。"有时还含有［＋应付］的语义特征，如《史记·留侯世家》："留侯不得已，强听（心中不愿而应付性为之）而食。"（唐）周昙《咏史诗·汉高祖》："爱子从烹报主时①，安知强（心中不愿而应付性为之）啜不含悲。太公悬命临刀几，忍取杯羹欲为谁？"

"强"也可表示强迫别人做他自己不愿意做的事，即强迫性勉强。既可以作状语，如《左传·昭公元年》："郑徐吾犯之妹美，公孙楚聘之矣；公孙黑又使强委禽②焉。"《史记·汲郑列传》："上以为淮阳，楚地之郊，乃召拜黯为淮阳太守。黯伏谢不受印，诏数强予，然后奉诏。"《颜氏家训·诫兵》："如在兵革之时，构扇反覆，纵横说诱，不识存亡，强相扶戴，此皆陷身灭族之本也。"《聊斋志异·梅女》："更阑颇殆，强使就寝。"中国社科院语言所编《古代汉语虚词词典》将该类作状语的"强"看作副词，释义为"表示动作行为是在某一力量强迫下施行的"③。也可以作述语，如（唐）蒋防《霍小玉传》："生起，请玉唱歌。初不肯，母固强之（勉强她）。发声清亮，曲度精奇。"《二刻拍案惊奇》卷十一："我非忘卿，只因归到家中，叔父先已别聘，强我成婚。"（清）陈天华《猛回头》："我等但求莫失这与外族做对的大宗旨，其余下手的方法，也就听各人自便，毫不能相强的。"

2. 结合上下文语境看"强"的词义

《湖心亭看雪》是明末清初文学家张岱的一篇叙事小品散文。本文开篇交代了事件发生的时间、地点、人物；然后写事件的起因——"大雪三日，湖中人鸟声俱绝"，这种场景与柳宗元《江雪》中所描写的"千山鸟飞绝，万径人踪灭。孤舟蓑笠翁，独钓寒江雪"的意境相同。《江雪》是对柳宗元被贬之后千万孤独心境的真切写照，也体现出了作者这次赏

---

① 该句意为，刘邦只能听凭父亲被烹杀，报告给他时。
② 委禽：男方向女方送上大雁作为贽礼。
③ 中国社会科学院语言研究所古代汉语研究室编：《古代汉语虚词词典》，商务印书馆1999年版，第420页。

雪时的处境心态也是孤独凄凉的。如何排解自己心中的凄凉孤独，对于一位痴迷山水的人来说，此时雪景正是好时候；接着写赏雪的经过，"夜深人静时，独往湖心亭看雪"，与"独钓寒江雪"之"独"如出一辙，作者那种孤高自赏，不与世俗同流的格调已溢于言外了。接下来写景，突出了"一"字，"雾凇沆砀，上下一白，长堤一痕、湖心亭一点、余舟一芥"，四个"一"正是我想要看到的独一无二的如此静谧的雪夜，这也从侧面体现了作者阳春白雪般孤高的性格。

  接下来，移步换景，前往湖心亭，准备燃炉而坐，静心细赏，可是有人先我而至，打破了自己心中原本的宁静，当初作者的心情肯定是吃惊而遗憾。对方却"见余大喜"，视为知己的惊叹——"湖中焉得更有此人"深深感染了自己，因着"酒逢知己千杯少"而"拉余同饮"。自己也被他的热情而感染，亭中对饮，自己完全是被动的。天是寒冷的，酒是沸腾的，喝下一杯，驱寒暖身。结合前文，可推知诗人本不善、不愿饮酒，本只欲围炉赏雪，可是面对此人、此景、此情又怎能推却，故此"强饮"体现了自己虽不胜酒力、心中不愿也不得不被动尽力为之的情态。"强饮三大白"之后，临别问其姓氏，"金陵人也"点出了只有"独在异乡为异客"的孤独之人才有这一雅兴，心中幡然有了一种同病相怜之感。故该"强"应读为"qiǎng"，即"勉强"。如果译为"尽力"，诗人被动、不胜酒力而又不得不尽力饮酒的情态就无法显现。

  本节主要梳理了"强"由本义到引申义演化轨迹，"强"由本义可引申虚化出副词义："尽力""勉强"。"尽力"指主观上认为自己能力能够达到而心甘情愿地努力做某事，"勉强"施事者主观上认为自己能力不足而为情境所迫不得不尽力做某事，含有［－心甘情愿］的语义特征。结合《湖心亭看雪》的上下文语境，可知该"强饮"应为"勉强"，表示"心中不愿而又不得不勉强为之"。

  （二）《卖炭翁》"何所营"究竟该作何解？
  ——兼谈疑问代词"何所"的词化历程、来源与动因
  在古代汉语中"何所V[①]"是一种常见句式，最早关注该句式的是王

---

  ① V，指动词或动词短语。下同，不再说明。

力先生。他主编的《古代汉语》(1999 [1981] 年版修订本) 例举《论语·子张》:"我之大贤与, 于人何所不容?"《史记·淮阴侯列传》:"任天下勇武, 何所不诛?"解释说:"何所……" 是主谓倒装的疑问句式,"所"字词组用作主语,"何"字用作谓语,"何所不容"就是"所不容(者)何"。这种说法在意思上带有周遍性,"何所不容", 意思是"无所不容"。(第一册 370 页)

　　王力先生的分析不能很好地解释以下问题: 上古文献中的"所……(者), 何也"句式多为真性疑问句, 而上举例句则为反问句。通过对上古十部文献①中"所……(者), 何也"句式的穷尽性检索辨别, 共见 19 例②, 其中 18 例为疑问句, 后续句对其前的疑问点进行回答, 仅 1 例为反问句。如:

　　(1) 王曰:"所谓一纯、二精、七事者, 何也?" 对曰:"圣王正端冕, 以其不违心, 帅其群臣精物以临监享祀, 无有苛慝于神者, 谓之一纯。玉、帛为二精。天、地、民及四时之务为七事。"(《国语·楚语下》)

　　(2) 为彘谋则去之, 自为谋则取之, 所异彘者何也?(《庄子·达生》)

　　例 (1) 为真性疑问句; 例 (2) 为反问句。后者"所异彘者何也"即"为人谋与为猪谋的标准不同, 为什么", 言外之意是"为人谋与为猪谋的标准应该相同"。不过, 在汉代之前的文献中未见 1 例"何所异"型问句, 所见最早用例为南朝文献《弘明集》卷七朱昭之《难顾道士〈夷夏论〉》:"夫道之极者, 非华非素, 不即不殊, 无近无远, 谁舍谁居? 不偏不党, 勿毁勿誉, 圆通寂寞, 假字曰无。妙境如此, 何所异哉?""何所异哉"表反问, 即"道家的妙境与佛家没什么不同"。可见, 由先秦时

---

① 十部文献包括:《左传》《论语》《国语》《老子》《墨子》《孟子》《庄子》《韩非子》《礼记》《战国策》。文中出现的"十部文献"与此同。下同, 不再说明。
② 19 例分布为:《国语》(3)、《墨子》(10)、《孟子》(2)、《庄子》(2)、《韩非子》(2)。

期的"所 V,何"同义移位而来的"何所 V"句式,到中古才开始出现。先秦时期若存在由"所 V,何"同义移位而来的"何所 V"应均为真性疑问句。从语用功能看,十部文献中共出现的 6 例"何所 V"句式,其中的"何所"均为偏正结构,5 例表反问,仅 1 例表真性疑问,说明在先秦汉语中表真性疑问的主谓倒装式与反问式"何所 V"不存在同时共存关系。

由于王力先生的解释不能全面涵盖古汉语中"何所 V"句式的句法、语义特征,故有关该问题的探讨一直没有间断过。

1.《论语》"于人何所不容"究竟该作何解?

该句原文为:

(3) 子夏之门人,问交于子张。子张曰:"子夏云何?"对曰:"子夏曰:'可者与之,其不可者拒之。'"子张曰:"异乎吾所闻。君子尊贤而容众,嘉善而矜不能。我之大贤与,于人何所不容?我之不贤与,人将拒我,如之何其拒人也?"(《论语·子张》)

这段话(宋)邢昺疏为:"若彼人贤,可与交者,即与之交;若彼人不贤,不可与之交者,则拒之。君子之人见彼贤则尊重之,虽众多亦容纳之;人有善行者则嘉美之,不能者则哀矜之。'君子尊贤而容众,嘉善而矜不能',即'所闻之异者也'。既陈其所闻,又论其不可拒人之事。设若我之大贤,则所在见容也,我若不贤则人将拒我,不与己交,又何暇拒他人乎?"① 从邢疏可知,"所在见容"即"于所在之处被容","何所"表处所,主语"我"与谓语"不容"之间的语义关系为被动,"我"为被容的对象。"于人何所不容",即"我之于人到哪里不被容纳",言外之意,"所在之处均被容纳"。

(宋)朱熹将这句话注为:"子夏之言迫狭,子张讥之,是也。但其所言亦有过高之弊。盖大贤虽无所不容,然大故亦所当绝。"② 朱熹把

---

① (清)阮元校刻:《十三经注疏·论语注疏》,中华书局 1980 年版,第 2531 页。
② (宋)朱熹:《四书集注》,岳麓书社 1987 年版,第 276 页。

"何所不容"注为"（子张）无所不容"，"我"与"不容"之间的语义关系为主动，即"我"为动作的发出者。该观点今人附之者众，如杨伯峻（1958/2009）、尹君（1989）等①。

邢昺与朱熹均为宋代人，两者注释何者为是？首先，从注释风格看，邢昺坚守疏不破注，注重句法关系、词义的揭示，朱熹则侧重义理阐发。其次，从语言系统性来看，在先秦文献中"主语+不容"式主谓句，主语为指人名词时，主、谓语之间的语义关系大多为被动，如《荀子·劝学》"行衢道者不至，事两君者不容"。最后，通过对上古十部文献中"何所V"句式中"何所"的穷尽性考察，"何所"均为名词性处所偏正短语，故该例中的"何所"也不应例外，应仍为处所偏正短语。相较之下，邢疏更接近语言事实。

从邢昺疏到朱熹注，为何会发生这种变化？这应与疑问代词"何所"的词汇化有关。偏正结构"何所"后来凝合成了疑问代词，成词后的"何所"其功能相当于"何"。"何所"成词后，其句法功能发生了变化，由原本的处所短语作状语变成了疑问代词作"不容"的前置宾语，其所指代的人或事物成了包容的对象，"我"则由本来的受事变成了施事，这时"（我）于人何所不容"就被重新解读为"我对人不包容谁/什么"，即"我对人无所不容"。疑问代词"何所"既可以指人，相当于"谁"；也可以指事物，相当于"什么"。如：

（4）二位道："自是老母理缺，佛爷爷于人何所不容。"（《三宝太监西洋记》第四十四回）

（5）地里鬼道："到你船上，你们元帅肯容我么？"……王明道："你还没有看见我们元帅，天高地厚，于人何所不容。"（《三宝太监西洋记》第八十三回）

这两例是明代的例子，"何所"为疑问代词。例（4）相当于"什么"，指代"老母所做的亏理事儿"；例（5）相当于"谁"。

---

① 杨伯峻：《论语译注》，古籍出版社1958年版，第207页，2009年版观点同此。

语言随时而变，后人以今例古，即使宋代大儒也在所难免。大概因朱熹注的影响太大，他对《论语》中"于人何所不容"的重新解读被后人广泛接受并传播开来。不过，作为古书注解应把其中的差异和变化解释清楚。既然这句话的重新解读与疑问代词"何所"的词化有关，下面谈谈其词化的历程、来源与动因。

2."何所"词化的相关研究

张幼军（2004）、冯赫（2014）对东汉汉译佛经材料中的"何所"进行研究，认为其中的"何所"相当于"何"，其意义和功能多样化。徐江胜（2017）认为，古汉语中"何所V"中的"所"是一个强调"何"的焦点标记，到汉代"何"与焦点标记"所"便凝固成词。王浩（2020）通过对上古、中古时期一些代表性文献中"何所"用法的穷尽性考察认为：在先秦文献《管子·问篇》①中"何所"已经成词，并发现汉文文献中固有的"何所"也存在佛经文献中那样的特殊用法；因此赞同本土汉语中"何所"来源于表询问处所的偏正短语"何所"，并发展出了译经中的"何所"；其动因是语义、语法、语用共同作用的结果。

综上可知，当前学界一致认为，古汉语中"何所V"句式中的"何所"在历时演变过程中曾凝固成词，其语法功能相当于"何"。其分歧主要集中在"何所"成词的时代、来源与动因上。成词时代有三：先秦说、汉代说、东汉说。来源有二：一是源于跨层结构"何/所V"；一为源于偏正结构"何所"。动因有三：一是跨层结构的重新分析，即"所V，何"的同义移位；一为偏正结构"何所"凝固而成，"所"空间范畴义转移或消失的结果；三是"何所V"中"所"的特殊句法位置使其成为复指或强调前置宾语"何"的语气助词或焦点标记词。其实"何所V"句式在先秦汉语中多表反问，"何所"表反问时与指代处所的疑问代词"安、恶、焉"以及由此组合而成的词组"安所、恶所、焉所"在句法功能与位置上均相同。因"安、恶、焉、何"均可单独

---

① 《管子》成书时代较复杂，据陈连庆考证《管子·问篇》大概成书于公元前485—前474年。详见陈连庆《〈管子·问篇〉的制作年代》，《社会科学辑刊》1988年第5期。

表处所，那么"安所、恶所、焉所、何所"表处所时"所"就显得多余而缀化，故从源头上看，疑问代词"何所"应源于偏正结构"何所"。本节从"何所 V"句式中"何所"的句法、语义与语用功能入手，结合"何""何所"在相同句法、语义结构中语义、句法上的互通性来探讨其词化历程、来源与动因。

3. "何所"的词化历程

在上古十部文献中"何所"共见 6 例，其中 5 例为反问句，仅 1 例为疑问句。如：

（6）弥援其手曰："子则勇矣，将若君何？不见先君乎？君何所不逞欲？且君尝在外矣，岂必不反？当今不可，众怒难犯，休而易间也。"（《左传·哀公二十五年》）

（7）桓公为司徒，甚得周众与东土之人，问于史伯曰："王室多故，余惧及焉，其何所可以逃死？"史伯对曰："王室将卑，戎、狄必昌，不可偪也。"（《国语·郑语》）

例（6）为反问句，"君何所不逞欲"即"国君到哪里不能满足自己的愿望呢"。例（7）"何所"作状语，实指处所，表示"什么地方"，为真性疑问句，后续句对先行问句进行回答。

从语义上看，先秦十部文献中的"何所"均为"疑问代词＋处所名词"式偏正短语，常在句中作状语，表反问。这与表处所的疑问代词"安""恶""焉"常作状语表反问的功能相一致。在先秦汉语中，"安""恶""焉"也可作定语与抽象化的空间范畴义名词"所"组合成"安所""恶所""焉所"①，两者在表义与句法功能上相同。如：

（8）尧舜禹汤文武焉所从事？曰：从事兼，不从事别。（《墨子·天志中》）

---

① 通过对先秦文献中"焉所""恶所""安所"的穷尽性检索辨别，"焉所"共见 5 例（2 例疑问，3 例反问），"恶所" 1 例（反问），"安所"共见 8 例（4 例反问，4 例疑问）。

(9) 夫类之相从也，如此其著也，以友观人，焉所疑？取友善人，不可不慎，是德之基也。(《荀子·大略》)

(10) 忧纡兮郁郁，恶所兮写情。(《楚辞·九思·哀岁》)

(11) 王曰："然则寡人安所太仁？安不忍人？"对曰："王太仁于薛公，而太不忍于诸田。"(《韩非子·内储说上》)

(12) 处湣湣之浊世兮，今安所达乎吾志？(《楚辞·七谏·怨世》)

例（8）（11）"焉所""安所"表疑问，例（9）（10）（12）"焉所""恶所""安所"表反问。无论表疑问，还是反问，均非实指，如例（8）"焉所从事"，即"致力于什么"。

因疑问代词"何"也可指代处所①，那么"何所"就与"焉所""恶所""安所"在意义和功能上等同起来。因"何"作疑问代词时的主要功能是指代事物，"何"指代事物时"何所（什么地方）"与指代"处所"的"何所（哪里的地方）"在语义上是等值的。又因"焉""恶""安"在指代处所时分别与"焉所""恶所""安所"在语义与功能上等同，这样就会给人留下一种印象，"何"与"何所"在意义与功能上也相同，这时"所"的空间范畴义就显得多余而缀化。在语义与功能上等同的单音词与双音词组，使用者在选择时或因满足韵律节奏的需要，亦或因强调语义。

由此可见，从句法、语义上看，"何所"在先秦还是一个偏正词组，与"焉所""恶所""安所"一样，其中"所"的概念义会受上下文语境的影响而高度抽象化，仅体现出空间范畴义。太田辰夫（1987）利用佛经材料证明"何所"在中古时期已经成词，其实在传世文献中亦如此。

到两汉，通过对《史记》《汉书》《后汉书》中"何所"的穷尽性考

---

① 马汉麟（1980）指出："正像现代汉语询问处所的'哪里'可以表示反问一样，古代汉语的'何''奚''焉''安''恶'也可以用来表示反问。"详见马汉麟《古汉语语法提要》，陕西人民出版社1980年版，第83页。

察发现，共见 20 例，其中《史记》7 例、《汉书》6 例、《后汉书》7 例。具体情况如下表。

表 3　　　《史记》《汉书》《后汉书》中"何所"的使用情况

文献\用法	疑问				反问			
	处所（偏正）		人或事物		处所（偏正）		人或事物	
	实指	虚指	人	事物	实指	虚指	人	事物
《史记》	1		1	1	1		3	
《汉书》	2	3（无定）				1		
《后汉书》		1（抽象）	2			1		2（方式） 1（任指）

由表 3 可知，20 例中表真性疑问 11 例，反问 9 例。先秦时期，以表反问为主，到两汉时期，表真性疑问的用例反而超过了反问用例，对这一变化的合理解释是"所"实词义逐渐消失而"何"的疑问代词性质逐渐凸显的结果。表反问时，有些"何所"的词义已抽象化。如：

（13）于官属掾史，务掩过扬善。吉驭吏耆酒，数逋荡，尝从吉出，醉呕丞相车上。西曹主吏白欲斥之，吉曰："以醉饱之失去士，使此人将复何所容？"（《汉书·丙吉传》）

该例中的"将""复"均为副词，语义指向动词中心语"容"，"何所容"，即"容于何所"虽然在字面上是"在哪里被包容"，其实已转指"人"，即"在哪里的人中被包容"。

如果"何所"指"哪里的人"，仍可看作空间域词语修辞转指的话，而在表示方式的反问句中，"何所"只能看作一个词，因为意义变化是成词的基础。如：

（14）若属有逸人交斗其间，鬼神而助之，以兴其凶怒，悔之何及？（《左传·昭公十六年》）

(15) 令尹将死矣，不及三年。求逞志而弃信，志将逞乎？志以发言，言以出信，信以立志，参以定之。信亡，何以及三？（《左传·襄公二十七年》）

(16) 设后北虏稍强，能为风尘，方复求为交通，将何所及？不若因今施惠，为策近长。（《后汉书·班固传》）

例（14）—（16）中的"何""何以""何所"均表方式，即"怎么"。"方式"已经不含［＋处所］的语义特征，可见至迟到东汉"何所"在有些句子中已经作为一个整体相当于一个反问语气副词，可认为已经成词。且在东汉以前的文献中，未见"所及（者），何"类句式出现，可见例（16）中的"何所"是由偏正结构"何所"演化而来。在一些问事物的真性疑问句中也完全相当于"何"，"所"成了一个词缀。如：

(17) 燕将见之，问曰："知臣何欲？"燕将曰："若欲得王耳。"（《汉书·张耳陈余传》）

(18) 扶风人孟佗，资产饶赡，与奴朋结，倾竭馈问，无所遗爱。奴咸德之，问佗曰："君何所欲？力能办也。"曰："吾望汝曹为我一拜耳。"（《后汉书·宦者传·张让》）

例（17）（18）"何""何所"均表真性疑问，"何所欲"，即"何欲"，"何欲"该用法在上古习见，到东汉，才出现了与其语义等值的"何所欲"，这时"所"就成了一个词缀。说明到东汉"何所"有了疑问代词用法，相当于"何"，既可以作状语、宾语，也可以作定语修饰名词，如《太平经》："愿闻睹断之耶，为何所酒哉？""但断市酒耳。"[1]

到魏晋南北朝时期，"何所"的疑问代词用法无论在数量上还是表义上均有较大突破。通过对《三国志》《魏书》《宋书》《世说新语》中"何所"的穷尽性检索发现，"何所"在前三书中共见73例，其中《三国

---

[1] 该例转引自徐江胜（2016），详见徐江胜《虚词"所"历时演变研究》，华文出版社2016年版，第160页。

志》12 例、《魏书》26 例、《宋书》25 例，在《世说新语》中共见 18 例。具体情况见表 4。

表 4　　　《三国志》《魏书》《宋书》《世说新语》中"何所"的使用情况

文献＼用法	疑问				反问			
	处所（偏正）		人或事物		处所（偏正）		人或事物	
	实指	虚指	人	事物	实指	虚指	人	事物
《三国志》	1				1			4＋6（方式）
《魏书》	2			7			1	12＋4（方式）
《宋书》		1（抽象）	1	9			1	7＋5（方式）＋1（原因）
《世说新语》				11		1		4＋2（原因）

由表 4 可知，在魏晋南北朝时期疑问代词"何所"得到了较快发展，其变化主要表现在：

第一，偏正结构"何所"的实指用法大幅减少，在中古四书中仅出现 3 例，仅占总数的 3.7%，在《世说新语》中 1 例未见。表反问的疑问代词用法继续发展并占绝对优势，在中古史书中体现得尤其明显，《三国志》中出现了 11 例，占总数的 91.7%。而在口语性较强的《世说新语》中则相反，表真性疑问占绝对优势，可见，其疑问代词性质在当时口语中显得更为灵活。

第二，疑问代词"何所"的反问用法继续发展，作方式状语时与动词之间出现了其他副词，并衍生出了原因状语用法。如：

（19）追思建平之妙，虽唐举、许负何以复加也！（《三国志·魏志·朱建平传》）

（20）吾凡人短才，生长富贵，任情用己，有过不闻，与物无恒，喜怒违实，致使小人多怨，士类不归。祸败已成，犹不觉悟，退加寻省，方知自招，刻肌刻骨，何所复补。（《宋书·范晔传》）

（21）或谓王公："可潜稍严，以备不虞。"王公曰："我与元规虽俱王臣，本怀布衣之好。若其欲来，吾角巾径还乌衣，何所稍严。"（《世说新语·雅量》）

（22）太问："朝廷何以徙我？"王曰："言卿狂逆。"太曰："逆则应杀，狂何所徙？"（《世说新语·黜免》）

例（19）（20）"何以复加""何所复补"句法、语义结构均相同，"何所""何以"均表方式，与其后的动词中心语之间出现了副词"复"。例（21）"何所稍严"与"潜稍严"相对，可见"何所"表方式。"何所复补"，即"怎么再补"；"何所稍严"，即"怎么要稍严"，在韵律节奏上副词"复""稍"将"何所"推在一个音步当中，在音感上也满足了成词的需要。例（22）"何所"与"何以"相对，表原因。

第三，疑问代词"何所"在该时期发展成熟的另一表现是，作宾语指代事物既可表反问，也可表真性疑问。反问句中，"何所"指代原因用法的发展在句法上也得到了体现。如：

（23）郗仓谓嘉宾曰："公今日拜，子猷言语殊不逊，深不可容！"嘉宾曰："此是陈寿作诸葛评，人以汝家比武侯，复何所言？"（《世说新语·排调》）

（24）国宝见王绪，问曰："比与仲堪屏人何所道？"绪云："故是常往来，无它所论。"（《世说新语·谗险》）

（25）若其不尔，居宗辅物者，但当即圣人之教，何所复明制于其间哉。（《宋书·郑鲜之传》）

例（23）（24）"何所言""何所道"句法结构相同，一为反问，一为疑问，"何所"均应为词。例（25）"何所"表原因，即"为何"，与动词之间出现了副词"复"。可见，到南北朝时期，疑问代词"何所"无论在疑问句中还是在反问句中，在用法上已相当成熟。

到唐代，"何所"的疑问代词用法进一步盛行，这从唐代注释家的注中也可看出来。如：

（26）无父何怙？无母何恃？（《诗经·小雅·蓼莪》）

（唐）孔颖达疏谓："无父何所依怙？无母何所依恃？""何所"指代人表反问，即"谁"。

（27）嗟土室之人，顾无喋喋占占，冠固何当！（《汉书·匈奴传》）

"冠固何当！"颜师古注："虽自谓著冠，何所当益也！"用"何所"解释"何"，即"光是戴着高帽子显得高贵又当什么"。

（28）其秋，黥布反，上自将击之，数使使问相国何为。（《汉书·萧何传》）

颜师古注："问其居守，何所营为。"用"何所"解释"何"，"何所"表疑问点，即"什么"。

由此可见，唐代"何所"作为一个疑问代词，使用得非常普遍，故注释家们用"何所"来解释"何"。再如：

（29）卖炭得钱何所营？身上衣裳口中食。（白居易《卖炭翁》）

现行统编初中语文教材八年级（下）将"何所营"注为"做什么用"①。该注释可商，应为宾语前置式疑问句，即"谋求什么"，后续句对先行句进行回答。因唐五代及其之前的文献中未见"所营（者），何"类句式，故不能把"何所营"看作"所营（者），何"的同义移位。并且在唐诗中，相同句式的同一句法位置上，常出现"何"。如：

（30）茫茫竟同尽，冉冉将何营。且申今日欢，莫务身后名。（《全唐诗·权德舆·广陵诗》）

---

① 温儒敏总主编：《语文》（八年级下），人民教育出版社2017年版，第126页。

(31) 孤拙竟何营，徒希折桂名。(《全唐诗·喻坦之·陈情献中丞》)

宋代以后，"何所"的疑问代词用法开始衰落，原因是新的疑问代词"那（哪）""那里（哪里）""甚""甚么、什么"等的盛行。通过对《朱子语类》中疑问代词使用情况的考察发现，该书在疑问代词的使用上多用新兴且不避承古，体现了朱熹文人口语的特色。如：

(32) 如公适间说学者来此不讲诵，蚕来莫去，是理会甚事？自初来至去，是有何所得？听得某说话，有何警发？每日靠甚么做本？从那里做去？(《朱子语类·训门人》)

(33) "天何依？"曰："'依乎地。'""地何附？"曰："附乎天。""天地何所依附？"曰："自相依附。天依形，地依气。"(《朱子语类·邵子之书》)

例（32）表反问，"甚事""何所得""何警发"均属于偏正结构短语，"何所"等同于"何"。在该句中还出现了新兴疑问代词"甚么""那里（哪里）"，相比之下"何所"的文言性更强；例（33）表疑问，"何依""何附""何所依附"前后相应，"何所"等同于"何"。

通过对该书中的"何所""那（哪）""那里（哪里）""那个（哪个）"的穷尽性调查发现，该书中"何所"共见 64 例（偏正结构 7 例，疑问代词 57 例）、新兴疑问代词"那（哪）"90 例、那里（哪里）63 例、那个（哪个）75 例。为了便于比较，列表如下。

表5　　　　　《朱子语类》中部分疑问代词使用情况

承古	近代新兴"那（哪）"系疑问代词		
何所	那（哪）	那（哪）里	那（哪）个
57①	90	63	75
57	228		

---

① 该数字表示该词在《朱子语类》中出现的总次数。下同，不再说明。

由表 5 可知，仅新兴的"那"系疑问代词在使用数量上是承古疑问代词"何所"的 4 倍，如果再加上新兴"甚（甚、甚么、什么）"系疑问代词的使用数量，"何所"使用比例已非常低。可见，至宋代，新兴疑问代词的强势兴起是造成"何所"衰落的主要原因之一。朱庆之（1990）认为："在汉语史上，一般疑问词都具有专职、单义和来源无考的特点，而上述特殊疑问词的非专职性、多义性以及来源的可知性都恰恰与这种特点相悖，也许这就是汉魏六朝一度行用而终归消失的一个重要原因。"朱庆之先生的这段话虽然不是针对"何所"而言，但为"何所"的衰落提供了很好的解释。

通过对元代《全元杂剧》《全元散曲》《西厢记》《窦娥冤》，明清小说《初刻拍案惊奇》《二刻拍案惊奇》《二十年目睹之怪现状》中"何所"的穷尽性调查发现，未见"何所"实指处所的偏正结构用法，仅见 16 例，均为疑问代词，其中 11 例表反问，5 例表疑问。说明元代以后"何所"作为一个承古疑问代词仅偶尔使用。

4. 疑问代词"何所"的来源

（1）偏正结构"何所"

先秦汉语中，"何所"本为偏正式名词短语，疑问代词"何所"就是由该结构逐步词汇化而来。偏正结构"何所"与处所疑问代词"何"在语义上是等值的，又具有相同的句法功能并经常出现在相同句式的同一句法位置上。

在先秦，偏正结构"何所"与处所疑问代词"何"均可在句中作状语，表反问。如：

（34）叔侯曰："虞、虢、焦、滑、霍、扬、韩、魏，皆姬姓也，晋是以大。若非侵小，将何所取？"（《左传·襄公二十九年》）

（35）文王所以造周，不是过也。故《诗》曰："陈锡哉周。"能施也。率是道也，其何不济？（《左传·宣公十五年》）

例（34）（35）句法位置与功能均相同。"将何所取"即"将从哪里取得土地"；"其何不济"，"何"表"抽象化的处所"，即"还在哪里不在先秦，处所疑问代词"何"作宾语表反问，汉代以后在相同的句法、语义位置上出现了"何所"。如：

(36) 子服惠伯曰："行！先君未尝适楚，故周公祖以道之。襄公适楚矣，而祖以道君，不行，何之？"(《左传·昭公七年》)

(37) 人行之动天地，譬犹车上御驰马，蓬中擢（櫂）舟船矣。虽为所覆载，然亦在我何所之可（耳）。(《潜夫论·本训》[①])

(38) 子曰："礼者，即事之治也，君子有其事必有其治。治国而无礼，譬犹瞽之无相，伥伥乎何所之？"(《孔子家语·论礼》)

例（36）—（38）均为反问句，"何"与"何所"句法、语义功能相同。这种现象在中古汉语中也存在。如：

(39) 冲又进曰："今者之举，天下所不愿，唯陛下欲之。汉文言，吾独乘千里马，竟何至也？臣有意而无其辞，敢以死请。"(《魏书·李冲传》)

(40) 天神在上占之，欲何所至乎？中为不知汝处邪？(《太平经·病归天有费诀》)

例（39）"竟何至也"意为"到底到哪里去啊"。例（40）"欲何所至乎"即"将无所至"。

"何"与"何所"在该类句式中就有了相同的句法、语义功能，人们就会认为"何V"与"何所V"为同义同构句式，这时"何所"中的"所"在语义上变得无足轻重，只起衬音作用。可见，疑问代词"何所"应由偏正短语"何所"词汇化而来。

先秦时期"何所V"中的"何所"与处所疑问代词"何"均可在句

[①] 擢、櫂亦古今字。"可"疑"耳"。详见（汉）王符著，（清）汪继培笺，彭铎校正：《潜夫论笺校正》，中华书局1985年版，第367页。

中作状语表反问。处在状语位置上的"何所"在意义上很容易发生虚化，当"何所"衍生出方式、原因状语用法时，其处所性就不复存在，"所"就成了在意义上不起任何作用的后附词缀，"何所"就成了一个后附式复音词。

（2）跨层结构"何所"

"所V，何"型疑问句在强调疑问点"何"时，就会形成主谓倒装"何所V"句式，这样一来"何"与"所"就在线性序列上连在一起。这种由跨层结构移位凝合而成的"何所V"结构大多为真性疑问或询问句，"何"为疑问点，后面通常有答语。如：

（41）曰：天之所欲者何也？所恶者何也？天欲义而恶其不义者也。（《墨子·天志下》）

（42）人之所不欲者何也？曰：病疾祸祟也。（《墨子·天志中》）

例（41）（42）为疑问句，后续句均对先行句中的疑问点"何"进行回答。该类句式通常与"何V"类宾语前置式疑问句，构成同义异构句式。如：

（43）大王又问耆老曰："狄人何欲？"耆老曰："欲土地。"大王曰："与之。"（《孔丛子·居卫》）

（44）为民纪纲者何也？欲也恶也。何欲何恶？欲荣利，恶辱害。（《吕氏春秋·用民》）

（45）然则天亦何欲何恶？天欲义而恶不义。（《墨子·天志上》）

例（43）—（45）中的"何欲"与例（41）中的"所欲者，何也"表义相同。东汉以后，在该类句式"何"的位置上出现了"何所"。如：

（46）古公事之以犬马牛羊，其伐不止；事以皮币金玉重宝，而

亦伐之不止。古公问："何所欲？"曰："欲其土地。"(《吴越春秋·吴太伯传》)

例（46）中的"何所欲"与例（43）—（45）中的"何欲"句法、语义结构相同，"何所欲"为"所欲，何"的主谓倒装式。《吴越春秋》是（东汉）赵晔所撰，故"何所欲"的出现是在东汉时期。从理论上来说，"何"与"何所"出现在相同句式的同一动词前，人们就会认为在该类句式中其功能完全相同，故在真性疑问句中"何所＝何"。久而久之，当这种观念深入人心时，"何所"在疑问句中就有了完全等同于"何"的句法语义功能。不过"何所欲"与"所欲者，何"在先秦汉语中未见同时出现的例证，意味着"何所 V"与"所 V（者），何"不存在同时共存关系。到东汉，才出现宾语前置式"何所 V"与主谓倒装式"何所 V"这种同义异构句式同时共存的用例。

先秦时期的"何所"均为偏正结构，在句中作状语，多表反问，偶尔也可表疑问，到东汉，处在状语位置上的偏正结构"何所"已初步凝合成词。在"何所"初步成词的东汉，词汇化后的"何所 V"与主谓倒装式"何所 V"语音停顿的节奏点不同，后者应为"何／所 V"，这一结构中的"何所"要想词汇化，就必须要促成这一节奏点由"何／所 V"向"何所／V"转移。这就需要"所 V，何"结构中的辅助性代词"所"的句法、语义功能完全消失，仅仅是一个衬音成分，才为"所"的靠前分析提供可能。主语位置上的"所字结构"中的"所"很难完全虚化，这在"所字结构"盛行的上古时期是很难实现的。

因主谓倒装式"何所 V"多表真性疑问，东汉以后，当成词后的疑问代词"何所"作宾语或状语，用于真性疑问句时就与主谓倒装式"何所 V"构成了同义异构句式，所以才造成了句法分析上的分歧，如例（46）中的"何所欲"。因两种句法结构在语义上是等值的，故在"何所"词汇化的初期，这种句法分析上的分歧会存在。不过，词汇化是主流，能够造成同义异构句式的动词仅限于少数几个，故随着疑问代词"何所"的功能不断扩展并完全成熟，在语言表达求简求易主流趋势的支配下，人们就不再区分其间的结构差异，把主谓倒装式"何所 V"中的

"何所"重新分析为一个疑问代词,将其拉入疑问代词行列。这种结构上分析分歧的完全消融应该出现在疑问代词"何所"盛行的魏晋以后。

从来源来看,疑问代词"何所"源于偏正结构"何所",东汉以后常处在状语位置上的"何所"逐渐凝固成词,成词后在语义和功能上与"何"完全相同,"所"只起衬音作用。"何所"成词后,功能扩展,既可作状语、定语,也可作宾语,当表真性疑问时,就与此时出现的主谓倒装式"何所V"形成同义异构句式。随着疑问代词"何所"的不断成熟,才逐渐将其拉入到了疑问代词的行列。

5. "何所"词汇化的动因

"何"与"何所"经常出现在同一句式的相同句法位置上是造成"何所"词汇化的句法动因;处所疑问代词"何"与名词性偏正结构"何所"语义相通是其语义动因;汉语词汇双音化大趋势的影响是其外部动因。

(1) 句法动因

"何"的常规句法功能是位于动词前作宾语、主语、状语或单独作谓语,既可用来问事物、处所,也可问方式、原因,既可表疑问,也表反问。在一些真性疑问句中,"何"作疑问代词经常与"何所"出现在相同句式的同一句法位置上。如:

(47) 曰:"不为者与不能者之形何以异?"……(《孟子·梁惠王上》)

(48) 郄君以为然,曰:"将何所以得组也?"公息忌对曰:"上用之则民为之矣。"(《吕氏春秋·去尤》)

例 (47)(48) 均为真性疑问句,"何以""何所以"均在句中作状语表方式,两者同义同构。"何以"与"何所以"中的"何"与"何所"在句法位置、功能和意义上均相同。到中古时期,甚至还出现了"何""所"互相通用的现象。吴金华(1981)指出:"'所在',即'何在',

魏晋时口语。"① 再如：

(49) 超怒诘广曰："危须王何故不到？腹久等所缘逃亡？"（《后汉书·班超传》）

(50) 问妾曰："夫人何从来？车上所载？丈夫何在？何故独行？"（《太平御览·鬼神部》引《搜神记》②）

例（49）"何故""所缘"对举，同为问询，表义相同，结构不同。例（50）"所载"犹言"何载"。其实在"何""所"的位置上也用"何所"。如：

(51) 诸假号素闻涉名，争问原尹何在，拜谒之。（《汉书·游侠传·原涉》）

(52) 公曰："子为寡人吊之，因问其偏袝何所在。"晏子奉命往吊，而问偏袝之所在。盆成适再拜，稽首而不起，曰："偏袝寄于路寝，得为地下之臣。"（《晏子春秋·外篇重而异者》）

例（51）"何在"与例（52）"何所在""所在"构成同义同构句式，从"何""何所""所"各自通行的句法功能来看，其句法结构不同，但表义相同。

"何所"与"何"作处所宾语表反问时，也出现在相同句式的同一句法位置上。如：

(53) 冀芮曰："子勉之。国乱民扰，大夫无常，不可失也。非乱何入？非危何安？"（《国语·晋语二》）

---

① 朱庆之（1990）指出，在汉魏六朝的佛典中出现了许多"所"单独表疑问的用例，而在传世文献中却不见用例，说明疑问词"所"在当时口语色彩过于强烈，始终没有被排斥口语的书面语所接受。吴金华先生所举例子，可以说明在传世文献中也存在这种情况。

② 《训世评话》载同一则故事，为"夫人何所从来？车上何载？丈夫何在？何故独行？"详见汪维辉编《朝鲜时代汉语教科书丛刊》，中华书局2005年版，第432页。

(54) 史皇曰:"安求其事,难而逃之,将何所入?子必死之,初罪必尽说。"(《左传·定公四年》)

这样一来,在句法聚合规则的类推作用下,经常出现在同一句子相同句法位置上的一些词,自然聚集成一个词类,故"何所"在该类句式中就具有了与"何"相同的句法功能。在人们常规句法意识的支配下,"何所"就会被重新分析为一个复音词。"何所"成词后与"何"表义相同,"所"成了一个类似于词缀的羡余成分。

(2) 语义动因

处所疑问代词"何"与名词性偏正结构"何所"在处所疑问句中语义互通,是造成"何所"词汇化的语义动因。在上古汉语中,处所疑问代词"何"与偏正结构"何所"在语义上是等值的,两者在处所疑问句中,意义相同。这样一来,在以"何"与"何所"为疑问点的处所疑问句中在同一句式的相同句法位置上可通用。如:

(55) 王坐于堂上,有牵牛而过堂下者,王见之,曰:"牛何之?"对曰:"将以衅钟。"(《孟子·梁惠王上》)

(56) 鸡鸣高树颠,狗吠深宫中。荡子何所之,天下方太平。(《宋书·乐志三》引《鸡鸣高树颠》)

这样一来,就可以给人们留下一种意识"何所"="何",迫使"所"成为一个衬音词。成词后的"何所"受"何"的类化,也就具有了"何"的其他功能和用法,在句中作状语、定语和宾语。如:

(57) 吾得启体幸全,归骨山足,亦何所多恨。(《宋书·谢瞻传》)

(58) 公欣然曰:"白雪纷纷何所似?"兄子胡儿曰:"撒盐空中差可拟。"(《世说新语·言语》)

(59) 王东亭与张冠军善。王既作吴郡,人问小令曰:"东亭作郡,风政何似?"答曰:"不知治化何如,唯与张祖希情好日隆耳。"

（《世说新语·政事》）

（60）此思亦何思，思君徽与音。（《文选·陆士衡·拟行行重行行》）

（61）孙皓问："卿字仲思，为何所思？"对曰："在家思孝，事君思忠，朋友思信。如斯而已！"（《世说新语·言语》）

（62）高祖曰："吾方思之。"对曰："公初杖兵樊、沔，此时应思，今王业已就，何所复思？昔武王伐纣，始入，民便曰吾君，武王不违民意，亦无所思①。"（《梁书·沈约传》）

例（57）"何所"作状语，表反问，即"哪里"。例（58）（59）"何所"与"何"相同，指代事物，表疑问，"何所似"，即"像什么"。例（60）（61）"何思""何所思"句法、语义结构均同，都表真性疑问，例（62）是梁武帝萧衍与沈约之间的对话，"何所"表反问，"何所复思"，即"怎么还考虑"。在南北朝及其以前的文献中未出现"所似/思（者）/何"，故不能将"何所似/思"看作由其移位而来。

（3）汉语词汇双音化大趋势的影响

东汉以前，处所疑问代词"何"与偏正结构"何所"在以处所为疑问点的问句中语义相通，东汉以后受汉语词汇双音化大趋势的影响，之前单用"何"的地方，就多用"何所"。如：

（63）欲何所之？莫要大船否？（《太平广记》引葛洪《神仙传·董奉》）

例（55）（63）中"何之""何所之"，句法结构与表义均同。

东汉以后，"何所"作为一个复音词在文献中频繁出现，这从古人的

---

① "无所思"，与前文"思之"相对，即"无思""没有考虑"。"无所"中"所"也有词缀化倾向，据徐江胜（2016）考察，汉代以前"无所闻、见、得"与"无闻、见、得"，"有所闻、见、得"与"有闻、见、得"经常在同时期的文献中共现。详见徐江胜：《虚词"所"历时演变研究》，华文出版社2016年版，第85页。可见，有时"有所""无所"与"何所"相似，其中的"所"仅起类似于词缀的衬音作用。

注释也可看出来。如：

（64）在今尔安百姓，何择非其人？何敬非其刑？何居非其宜与？（《史记·周本纪》）

裴骃《史记集解》引（三国·魏）王肃注曰："训以安百姓之道，当何所选择乎？非当选择贤人乎？"（汉）孔安国曰："当何所敬，非唯五刑乎？当何所居，非唯及世轻重所宜也？"均用"何所"解释"何"。

（65）何阖而晦？何开而明？（《楚辞·天问》）

（东汉）王逸解释说："言天何所阖闭而晦冥，何所开发而明晓乎？"同样用"何所"解"何"，在此句中"何"是状语，相当于"怎么"。

（66）嘉谷六穗，我穑曷蓄。（《史记·司马相如列传》）

（东晋）徐广曰："何所畜邪？畜嘉谷。"用"何所"解释"曷"。

（67）子诚能修其方，我何爱乎！（《史记·封禅书》）

（唐）司马贞《索隐》曰："上语栾大，云子诚能修文成方，我更何所爱惜乎？谓不吝金宝禄位也。"用"何所"解释"何"。

结语

疑问代词"何所"萌生于东汉，发展于魏晋，盛行于唐，宋以后开始衰落。从其来源来看，应源于偏正结构"何所"，偏正结构"何所"在先秦常在句中作状语表反问，这与处所疑问代词"何"单独作状语表反问，句法位置与功能均相同，"何所"中的"所"就因实词义的消融而缀化。东汉以后，成词后的"何所"在句中表真性疑问时，就与此时开始出现的主谓倒装式"何所V"形成同义异构句式。魏晋以后，随着疑问代词"何所"的功能扩展和不断成熟,当人们不再区分其间的结构差异时,主谓倒装式"何所V"中的"何所"才被拉入到了疑问代词行列。成词后的"何所"意义与功能等同于"何","所"只起衬音作用。"何所"词化的动因主要是:"何"与"何所"经常出现在相同句式的同一句法位置上是促使其词化的句法动因;处所疑问代词"何"与偏正结构"何所"在以其为疑问点的处所问句中语义互通是造成其词化的深层语义动因,汉语词汇双音化大趋势的影响是造成其词化的外部动因。

(三)《木兰诗》"同行"之"行"音义辨正

被誉为"乐府双璧"之一的《木兰诗》,以极高的艺术成就和深刻的思想内涵为历代文人所推崇,也被收录到了七年级语文教材中。教材对"同行十二年,不知木兰是女郎"中的多音字"行"没有注释,回避的结果就造成了师生们对该字音义的解读莫衷一是。下面,我们从"行"的音义历时发展变化的角度,结合上下文语境来探讨一下该字的音义问题,以祈正于方家。

1. "行"在现代汉语中的音义

在现代汉语中"行"有四个读音:行$_1$ háng,多为名词义,如"行列""行业""某些成行的东西"等;行$_2$ xíng,多为动词义,如"行走""旅行""进行""做"等;行$_3$ hàng,仅用于"树行子",表示排成行列的树木、小树林;行$_4$ héng,仅用于"道行",表示僧道修行的功夫。当前人们"同行"之"行"的音义解读,只涉及前两个读音,因此在探讨该问题时,只关注前两者核心义项的引申演化。

2. "行"的音义演化轨迹

"行"是一个象形字,其甲骨文字形为"彳卜",像交叉的十字路口,其本义为"道路"。《尔雅·释宫》:"行,道也。"① 《诗经·小雅·车辖》:"高山仰止,景行行止。""景行"之"行"即其本义。"景行",即"大道",与"高山"相对,该例意为"高山啊,只能仰望;大道啊,只能沿行啊"。其本义也可从现行的以"行"为意符的汉字中看出一些端倪。如"街",从行,圭声,本义为四路相通的大道;"衢",从行,瞿

---

① 黄侃笺识,黄焯编次:《尔雅音义》,上海古籍出版社1983年版,第183页。

声,指四通八达的道路;"术(術)",从行术声,为城市中的道路;"冲(衝)",从行,重声,为交通要道等等。该本义读音是什么呢?明代陈第在《毛诗古音考》中对该义项的读音作了说明。陈氏认为,《诗经·国风·周南》:"采采卷耳,不盈顷筐。嗟我怀人,寘彼周行。"中的"周行"中的"行"注音为"'行'音'杭'",今有杭、形两音,古则绝无形音也"①。由此可见,"行"的本义在上古时期只读为"杭",即"háng"。一条条直而长的大道与一道道排列得整齐划一的人或物之间具有相似性,这种相似性会使人们经常将这两种事物联想在一起。因此,该词就会在原义项的基础上引申出了新义项,即"行列"义,泛指人或物排成的行列。如《吕氏春秋·辩土》:"衡行必得,纵行必术(術)。正其行,通其风。"高诱注:"行,行列也。"该例是说"横排的行列一定要合适,纵排的行列一定要像道路一样端直。使庄稼的行列端正,使田中的风通畅。"该义项后来虚化为量词,用于称量成行的东西。《吕氏春秋·行论》:"燕王闻之,泣数行而下。"又由于人或物排成的行列与军队的行列之间也有相似之处,在此基础上又引申出"军队的行列"义,如《诗经·大雅·常武》:"左右陈行,戒我师旅。"陆德明《经典释文》:"行,列也。""左右陈行,即左右军队排成行列,告诫我全军军令",今词语"戎行"之"行"即为该义。然后由"军队的行列"义又引申出军队的单位义,即"二十五人为一行",如《左传·隐公十一年》:"郑伯使卒出豭,行出犬鸡,以诅射颍考叔者。"杜预注:"百人为卒,二十五人为行。"该例是说"郑庄公让每一百个士兵缴出一头公猪,每二十五位士兵缴出一条狗或一只鸡,用以诅咒射伤颍考叔的人。"今"行伍"一词,还保留着该义,古代兵制"五人为伍,五伍为行"②。又由于往同一个方向行走的人必须走在同一条道路上,这与从事某个行业工作的人经常从四面八方聚集在一起有相似之处,使得"行"又由"道路"义引申出"行业"义,后来泛指职业。如(宋)吴自牧《梦粱录·民俗》:"士农工商诸行百户衣巾装著,皆有等差。"该例是说"士农工商各行各业,衣着头

---

① (明)陈第著,康瑞琮点校:《毛诗古音考》,中华书局1988年版,第6页。
② (宋)陈彭年等编:《宋本广韵》,江苏教育出版社2005年版,第52页。

巾都有等级差别。"今熟语"隔行如隔山""三百六十行"等均为其义。

"道路"主要是供人们行走的，因此，"行"在本义的基础上就引申出了动词义"行走"。《说文》："人之步趋也，即人行走，包括慢走与快走。从彳从亍。户庚切。"①《说文》中的解释，即为该引申义。该引申义词性、读音均发生了变化，词性转化为了动词，今音为 xíng。如《诗经·唐风·杕杜》："独行踽踽。岂无他人？"即"孤独无伴地行走着。难道没有别的人？"进而相继引申出，车船的行驶、日月的运行和事物的流行等义。为了更清楚地看清"行"的音义引申演化轨迹，用图的形式表示如下：

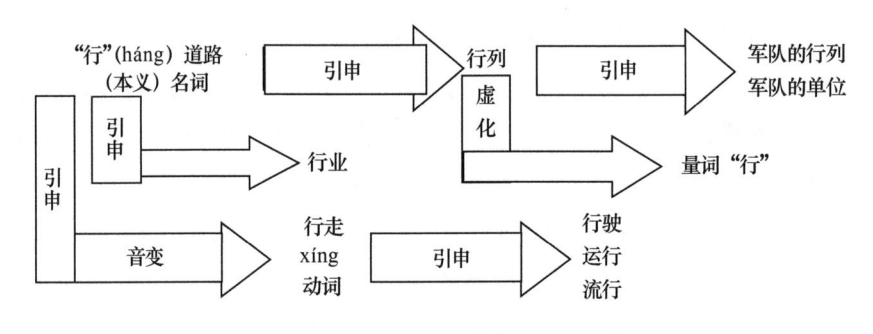

图 4　"行"音义演化图

3.《木兰诗》中"同行"之"行"音义

在古代汉语中，"同"与"行"经常组合在一起，构成一个词或短语，组合在一起通常表示的意义有：1."同行（háng）"表示在朝为官时同在一行列。如《汉书·扬雄传下》："今子幸得遭明盛之世，处不讳之朝，与群贤同行，历金门上玉堂有日矣。"颜师古注："同行谓同行列。""与群贤同行"，即"与各位贤臣同一行列"，这一意义后来引申出"同行业""同行业者"的意思。2."同行（xíng）"表示"一起出行、行走"或"同行之人"，如：（唐）杜甫《垂老别》诗："投杖出门去，同行为辛酸。"该例意为"扔掉拐杖出门去拼搏一番，同行的人也为我流泪辛酸。"3."同行（xíng）"也可表示"相同操行的人"和"一起行进，

---

① （汉）许慎撰：《说文解字》，中华书局 1963 年版，第 44 页。

即一致"。如：（汉）王充《论衡·语增》："武王德虽盛，不能夺纣素所厚之心；纣虽恶，亦不失所与同行之意。""同行之意"，即"纣王虽然作恶多端，也不会失去与他操行相同、臭味相投之类人的拥护之心"。《周易·睽》："二女同居，其志不同行。""同行"与"同居"相对，即"一起行进，即一致"。由此可见，作者可以根据表达需要临时将"同"与"行"组合成一个词组，组合成词组后的意思则是"同"与"行"词义的简单相加。《木兰诗》中"出门看火伴，火伴皆惊忙。同行十二年，不知木兰是女郎。"其中"同行"是对随同木兰回乡的战友伙伴们而言的，该"同行（háng）"应该是由"同"的"同一"义与"行"的军队单位"行伍"义组合而成，"同行（háng）"，表示"在军队中同一行或同一行的人"，而不是表示"同行（xíng）"的"一起行走"。"同"除了可以与"行"组合外，也可和"伍"组合在一起，表示"军队中同一伍的人"，如《晋书·刑法志》："谋反之同伍，实不知情，当从刑。"该例是说"军队中谋反者同一伍之人，即使实在不知情，也应当随同受刑。"到了近代，还有"同行伍"之说，如（金）元好问《遗山集·兖州同知五翼总领王公墓铭》："始迁与王同行伍，年相若，志相得，故尝约为兄弟。"该例意为"当初，段迁与王公同一军队，年龄相仿，志趣相投，因此曾结拜为兄弟。"

由此可知，《木兰诗》中"同行十二年"之"同行"意为"同一军行十二年"，而不是"一起出行十二年"。

（四）"春来江水绿如蓝"中"如"的释义

——兼谈近代新兴差比介词"如/似"的历史来源与形成机制

至迟至宋代，差比介词"如/似"基本上已替代了流行于上古的"于"，这一观点已成为学界共识。太田辰夫（1987/2003[①]）、黄晓惠（1992[②]）、李讷、石毓智（1998[③]）、冯春田（2000[④]）等对这一现象都

[①] [日]太田辰夫：《中国语历史文法》，蒋绍愚、徐昌华译，北京大学出版社2003年版，第167页。
[②] 黄晓惠：《现代汉语差比格式的来源及演变》，《中国语文》1992年第3期。
[③] 李讷、石毓智：《汉语比较句嬗变的动因》，《世界汉语教学》1998年第3期。
[④] 冯春田：《近代汉语语法研究》，山东教育出版社2000年版，第653—658页。

有过揭示，并初步勾画出了其发展脉络。不过，对其历史来源与形成机制的探讨尚不够全面、深入。本节在此基础上，对差比介词"如/似"的历史来源与形成机制作些探讨。主要涉及以下几方面的问题："于"与"如似"在上古、中古时期的比较功能是否有相通之处；在上古，与"如"一样作平比标记动词的"若"为何没有演化为差比介词；"如/似"能够替代介词"于"的动因机制是什么。

1. 差比介词"如/似"的产生与发展

冯春田（2000）对《吕氏春秋·爱士》："人之困穷，甚如饥寒。"中的"如"作为差比标记的最早用例仍然存疑，认为，可能出于偶然，或被后人改动过。不过，至迟至唐代，差比介词"如/似"已开始出现。如：

（1）信越功名高似狗，裴王气力大于牛。（唐 罗隐《关亭春望》）
（2）本寺远于日，新诗高似云。（唐 姚合《赠供奉僧次融》）
（3）大历中，高邮百姓张存以踏藕为业。尝于陂中见旱藕，梢大如臂，遂并力掘之。深二丈，大至合抱，以不可穷，乃断之。（唐 段成式《酉阳杂俎》）
（4）从义与峻不协，甚如水火。（《旧五代史·王峻传》）
（5）日出江花红胜火，春来江水绿如蓝。（唐 白居易《忆江南》）

例（1）"信越"为汉代的韩信与彭越的并称。"高似"与"大于"并举，"似"与"于"功能相同。例（2）"远于"与"高似"对举，"似"与"于"用法相同。例（3）"稍大如臂"，即"稍大于臂"，"稍"显示出了"大于臂"的程度。例（4）"甚如"，即"甚于"，在同时期的文献中"甚于水火"常见，如："逆党兵威，甚于水火。"（《旧唐书·卢奕传》）。例（5）"红胜火"与"绿如蓝"相对，一为胜过，"如"相当于"于"，表差比。

据李讷、石毓智（1998）统计，在 40 余万字的宋代白话语料中，共出现 17 个作为差比介词用例，14 例用"如/似"结构，只有 3 个用"于"。说明到宋代，与"于"字式差比句相比，"如/似"字式已占绝对优势，呈现出逐渐扩张之势。如：

(6) 如人入烂泥中行相似，只见一步深似一步，便浑身陷没，不能得出也。(《朱子语类·论语·宪问篇》)
(7) 伯夷格局更高似柳下惠。(《朱子语类·孟子·公孙丑》)
(8) 岁晚客天涯，短发苍华，今年衰似去年些。(宋 刘克庄《浪淘沙》)

例(6)两比较项均是相同的数量成分，来凸显其层递性差比进程。例(7)副词"更"本身就是一个体现差比的程度副词，用在此与差比句式一起来表明差别的程度。例(8)两比较项均为时间名词，表明某一事物在不同时期内的差别。

到元明时期，"如/似"式差比句仍非常盛行，"于"字式基本上被"如/似"式所替代。张赪(2005)指出，Ⅰ型"X 比 YW（W 为形容词）"式差比句产生于唐代，宋代渐渐多起来。Ⅱ型"X + V/AP + 于/如/似 + Y"式差比句中"于"字式在先秦就已出现；"如/似"字式萌生于唐代，唐诗仅见数例，宋代使用频率剧增，元明时期Ⅱ型差比句基本上使用"如/似"字式。明代初期，Ⅰ型差比句在使用数量上比Ⅱ型句还少得多；明代中期，两者之间才平分秋色；明代末期，Ⅰ型句超过Ⅱ型句。到清代取得绝对优势，进而成为现代汉语中的唯一句式。① 由此可见，元明时期，"如/似"式差比句仍为主流句式，它的逐渐衰落并固化成一种特殊格式都是在清代才发生的。如：

(9) 醉醺醺过如李白，乐陶陶胜似陶潜。(元 赵显宏《一枝花·行乐》)
(10) 真个赛过潘安，强如宋玉。(《二刻拍案惊奇》卷十四)
(11) 男名高标，女名秋芳。那秋芳反长似高标二岁。(《醒世恒

---

① 张赪：《从汉语比较句看历时演变与共时地理分布的关系》，《语文研究》2005年第1期。

言》第七卷)

（12）不想却遇了一个又狠似他的，轻轻捉去，打得个臭死。(《醒世恒言》第四卷)

（13）一个丑似一个的和尚。(《西游记》第二十回)

（14）从来说，"春雨贵如油"，这一年油倒少如了雨，一连两日不止。(《醒世姻缘传》第八回)

例（9）"过"与"胜"均为表"超过"义动词，其中的"如""似"为介词，引进超过对象；例（10）"赛过"与"强如"相对，可凸显"如"表差比。例（11）在比较短语的后面还带后补数量成分来说明具体的差值。例（12）"又"，表示程度上更进一层，该差比结构和"如/似"字式结合在一起表差比关系。例（13）两比较项是相同的数量词，来说明其中的层递性比较关系。例（14）"贵如油"，即为"贵于油"，"少如"，即"少于"。

清代以后，"X＋V/AP＋如/似＋Y"式差比句中开始呈现出衰落趋势，只出现在一定的固定格式中。如：

（15）贾琏的亏空一日重似一日，难免典房卖地。(《红楼梦》第一百零七回)

（16）那时忽听西北方凹底山边枪炮声一阵紧似一阵。(《孽海花》第三十三回)

（17）作的恶一日狠如一日。(《醒世姻缘传》第十二回)

由此可见，唐宋以来，"X＋V/AP＋如/似＋Y"中的"如/似"为可以充当差比标记的介词，在功能上相当于上古流行的另一个差比标记介词"于"。"如/似"能够替代"于"成为差比标记介词主要是由于两者在上古、中古时期在比较句中的功能就存在相通之处。

2. 历时视域下"于"与"如/似"在汉语比较句中的使用情况

（1）"于"与"如/似"在上古汉语中的比较功能

清代王筠认为，"于"为"吁"的本字，后来假借为动词"往"义，在此基础上虚化出一系列的介词用法；"於"的本义为"乌鸦"，其动词与介词用法是借于"于"字。董秀芳（2006）把"於""于"看作同一语言形式的不同写法。① 张玉金（2009）认为，"于"和"於"记录同一个词，早期写作"于"，后来逐渐被"於"所替代。② 我们认同他们的观点，认为作介词时"于""於"无别。

① "于"在上古汉语比较句中的使用情况

a. "于"作动词表平比

"于"在上古，作动词，相当于"如/似"，为其边沿意义，使用频率不高。

（18）介于石，不终日，贞吉。（《周易·豫》）

（19）总要万物于风雨。（《荀子·哀公》）

（20）包丘子饭麻蓬藜，修道白屋之下，乐其志，安之于广厦刍豢，无赫赫之势，亦无戚戚之忧。（《盐铁论·毁学》）

（21）故世至于枕人头，食人肉，菹人肝，饮人血，甘之于刍豢。（《淮南子·览冥》）

例（18）王弼注："辩必然之理，故不改其操，介如石焉，不终日明矣。"高亨注引王引之曰："于犹如也。"该句话意是：坚贞如石，不谄上渎下，故能居中正，明辨事物之理，用不了一天就能明察事物的精妙之理。例（19）杨倞注："总要，犹统领也。风以动之，雨以润之，言统领万物如风雨之生成也。"例（20）王利器注引王先谦曰："'於'当作'如'。案：'於'犹'如'也。见王引之《经传释词》。"③ 张新武（2009）对该例的解释提出了疑义，认为该例中"於"仍为介词表示差比，"安之於广厦刍豢"义为安贫乐道甚於安广厦刍豢。④ 我们不同意张文的观点，因为该句把"於"理解为动词"如"更为合理，"安之於广

---

① 董秀芳：《古汉语中动名之间"于/於"的功能再认识》，《古汉语研究》2006年第2期。
② 张玉金：《介词"于"的起源》，《汉语学报》2009年第4期。
③ 王利器：《盐铁论校注》，中华书局1992年版，第233页。
④ 张玉金：《介词"于"的起源》，《汉语学报》2009年第4期。

厦food豢"意为安居于白屋之下，以野草为食如同安居于广厦之中，以肉类为食。在汉语史中"动词+之+如/若+名词"已成为古汉语中的习用固定结构，多用打比方的方式来说明人的状态感受，如："安之若命""安之若此""安之若性""安之若素""甘之如荠""甘之若荠""趋之若鹜""疾之若仇""弃之若吹毛""处之若亲"等不胜枚举，在人们惯性意识的支配下，不会把它当作差比句式来使用。例（21）张新武（2009）也理解为差比句，我们认为，理解为平比句更为合适，意为，吃人如同吃牲畜类肉食一样。

b."于"作介词用于平比动词后构成"X+V（平比动词）+于+Y"式和差比句句中构成"X+A/V（超过类动词）+于+Y"式

第一，"于"在上古汉语中作介词是其中心功能，用于平比句中引进比较对象。如：

（22）故圣人之所以同于众，其不异于众者，性也。(《荀子·性恶》)

（23）木形之人，比于上角似于苍帝。(《黄帝内经·阴阳二十五人》)

（24）子墨子曰："伤矣哉！言则称于汤文，行则譬于狗豨，伤矣哉！"(《墨子·耕柱》)

以上三例"于"大都可以用"如"来替换形成等义关系，构成"同如""比如""譬如"。例（23）"木形之人比于上角"意为"木形之人的声音与五音（宫商角徵羽）中的上角音相同。例（24）是说一些人言行不一、道貌岸然，即说话与商汤、周文王相称，而行为则与猪狗相似。

第二，"于"作介词，在差比句中引进比较对象。如：

（25）季氏富于周公。(《论语·先进》)
（26）今吾智不及三子，而二世之无道过于桀、纣、夫差，吾以忠死，宜矣。(《史记·李斯传》)

例(25)(26)介词"于"前分别为形容词与动词。"于"为介词,引进超过对象。其前为形容词时,受其后作补语的介宾短语的影响,其前的形容词呈现出动词化倾向。

② "如""似"在上古汉语比较句中的使用情况

"如/似"在上古汉语比较句中的功能比较单纯,只出现于平比句中。如:

(27) 善之生如春,恶之死如秋。(《韩非子·守道》)
(28) 孟施舍似曾子,北宫黝似子夏。(《孟子·公孙丑上》)

(2)"于"与"如""似"在中古汉语比较句中的分布情况

① "于"在中古汉语比较句中的使用情况

a. 表平比

在中古,"于"作动词表示平比,仍偶见其用例。在《魏书》与《宋书》中均发现了该类用例。如:

(29) 迎《调露》于飞钟,赴《承云》于惊箭。(《宋书·谢庄传》)
(30) 谢能飞于无翼,故同滞于有待。(《魏书·李平传》)
(31) 寻以寿春内款,华阳稽服,蕞彼江阴,忧于系颈。(《魏书·匈奴刘聪传》)

例(29)意为迎接《调露》乐曲如飞转的钟一样快,奔赴《承云》乐曲则如离弦之箭。例(30)则是说,与能飞者相比愧如无翼,因此都滞留于将来。例(31)则理解为平比差比均可,"忧于系颈"既可指"忧如系颈之贼",又可指"比系颈之贼还担心"。

b. "于"作介词用于平比动词后构成"X + V(平比动词) + 于 + Y"式和差比句句中构成"X + A/V(超过类动词) + 于 + Y"式

在中古,"于"作介词用于平比句或差比句中与上古相比在使用频率上大大降低,不带介词"于"的形式占据了主导地位。不过承古的各类用例都还存在。如：

(32) 遇其所生，弃若粪土，褴缕比于重囚，穷困过于下使。（《宋书·文九王传·晋熙王刘昶》）

(33) 弼虽事务殷凑，而读书不辍，端谨慎密，口不言禁中之事，功名等于张黎而廉不及也。（《魏书·古弼传》）

(34) 江陵骂母，母以之自裁，重于伤殴。（《宋书·孔季恭传》）

② "如/似"在中古汉语比较句中的使用情况

"如/似"在中古汉语比较句中发生的主要变化是，除作动词表示平比关系外，在平比句中"如"还出现了介词用例。该用法大概是由动词"如"虚化而来。如：

(35) 浩纤妍洁白，如美妇人。（《魏书·崔浩传》）

(36) 何无忌，刘牢之甥，酷似其舅。（《宋书·武帝纪上》）

(37) 元徽中，暨阳县女人于黄山穴中得二卵，如斗大，剖视有人形。（《宋书·五行志》）

例(35)(36)用法均沿用于上古；例(37)"大"为形容词，"如"已虚化为介词。

(3) "于"与"如/似"在近代汉语比较句中的使用情况

① "于"在近代汉语中比较句中的使用情况

"于"在近代汉语比较句中在用法上与上古、中古相比发生了比较大的变化。"于"作动词表平比的用法还偶见其用例。可是出现在平比动词后构成"X＋V（平比动词）＋于＋Y"式和差比句中构成"X＋A/V（超过类动词）＋于＋Y"式中的介词"于"迅速脱落或前移，在当时的口语中已基本消失，只见于一些仿古性作品中。如：

(38) 昔我睿祖，取句骊于拾遗；今兹圣谋，易林胡于反掌。（唐 张九龄《开元纪功德颂》序）

（39）伏惟皇帝陛下勤于尧禹，英类祖宗。（宋 陈师道《代贺安西川表》）

（40）同渴士欲饮于琼浆，比旱苗待沾于春雨。（《敦煌变文集·维摩诘经讲经文》）

例（38）"于"作动词表平比关系，"于拾遗""于反掌"，即"臣服高句丽如拾起别人的失物那样容易""协调与林胡之间的关系如翻转手背那么简单"。例（39）"勤于"与"英类"相对，凸显出"于"为动词。例（40）"同""比"是由上古"同于""比于"脱落介词"于"而形成的。

② "如/似"在近代汉语比较句中的使用情况

"如/似"近代汉语中除与上古与中古一样继续作动词表示平比关系外，还新生出了介词用法表示差比。如：

（41）皆如孩子遇慈亲，乃似疾人逢妙药。（《敦煌变文集·维摩诘经讲经文》）

（42）你怎么一年老似一年，还是这样忙叨叨疯婆儿似的？（《儿女英雄传》第二十二回）

（43）今日容颜，老如昨日。（关汉卿《全元散曲·乔牌儿》）

（44）小如员外三四十岁。（《京本通俗小说·志诚张主管》）

例（41）动词"如""似"前都出现了副词，"如""似"为动词无疑。例（42）中的两比较项都是表示相同时间的数量结构，以此来凸显两比较项之间随着时间的推移而产生的层递性变化。例（43）两比较项之间也存在着时间差，来表示某事物自身的性状随着时间的推移而不断变化。例（44）在比较短语后，还带有数量词语来补充说明两比较项之间的差值。后三例中的"如""似"为介词。

(4)"于"与"如/似"在比较句中功能类同化现象分析

在近代之前，"于"与"如/似"在比较句中的分布特点：

①"于"在平比句中的功能与"如/似"存在着相通之处

通过对"于"与"如/似"在古汉语比较句中使用情况的分析，我们发现"于"与"如/似"在比较句中所起的作用上存在着一定的相通之处。首先三者都能作动词来表示平比关系，说明三者在语义上相通，虽然"于"的平比动词义始终不是其中心义，使用频率一直不高，但是，从语义上说，它可以和"如/似"一样联系两个在语义上等值的比较项来表示等比关系。

在上古、中古时期介词"于"经常出现在表示平比关系的动词后介引比较对象，由于等比动词所联系的两比较项之间在语义上本来就是等值的，"于"就经常位于两个等值的比较项之间。在该位置上如果出现一个同样可以联系两个在语义上等值的比较动词的话，从逻辑上说完全是可以的。又由于"如/似"的中心义项一直都是表示等比关系的动词，因此该位置上的介词"于"完全可以被"如/似"替换而保持语义不变。在语言事实中也如此。如：

（45）今王众不过数十万，皆蛮夷，崎岖山海间，譬若汉一郡，王何乃比于汉！（《史记·陆贾传》）

（46）遇其所生，弃若粪土，褴缕比于重囚，穷困过于下使。（《宋书·文九王传·晋熙王刘昶》）

（47）俯伏甚于鳖猬，冷涩比如寒蜓。（《风俗通义·十反》）

（48）（倭人）对应声曰"噫"，比如"然""诺"。（《三国志·魏志·东夷传》）

例（45）（46）"比于"均为"比如"，表示"如同"义。例（47）"寒蜓"即"寒蝉"，"比如寒蝉"即"如同寒蝉"；例（48）"比如'然''诺'"，即"如同'然''诺'"。这四例中的"比于"与"比如"意义完全相同，"于"与"如"因经常出现在相同的句法位置上，两者之间必然会在人们的心里留下一种印象，"于"与"如"在表示等比关系的动词后所起的作用相同。这种特殊的句法位置使"于"与"如/似"之间具有了同功能性。

②"于"在差比句中的功能与"如/似"存在着相通之处

在上古中古时期，"于"作介词用于差比句中，也经常与"如/似"

类的动词出现在相同的句法位置上。如：

（49）季氏富于周公，而求也为之聚敛而附益之。（《论语·先进》）
（50）车子长大，富于周家。（《搜神记》卷十）
（51）裂地定封，富比陶、卫。（《战国策·齐策》）
（52）万邦归仰，国富如海。（《宋书·夷蛮传·阇婆婆达国》）
（53）富如相如，明如贾谊。（柳宗元《与杨京兆凭书》）

以上五例中的前两例，"富于"表示差比，"季氏富于周公"即"季氏比周公富"，"富于周家"意为"比周家富裕"。而在"富"的后面，常常也跟表示平比关系的动词形成平比关系句，如后三例。"富比陶、卫"即"富同陶、卫"，其中的"陶"指陶朱公魏冉，"卫"指商鞅，在当时都以豪富著称；"国富如海"是一种比喻性的平比关系句。从认知上来看，当两个语言单位长时间出现在同一个语言结构中的相同句法位置上时，这两者之间在句法功能上或者在语义上肯定存在着某种相通之处。"于"是一个虚词，与"如/似"类动词相比，表义具有不确定性，它既可以引进差比对象，也能引进平比对象。这样一来，"于"表差比还是表平比就要靠具体的语境才能确定。由于语境本身也具有不确定性，因此对于一些句子的理解就会出现歧义。如：

（54）宗庙之灵见欺，兆民之望已失；使七百危于累卵，社稷坠于一朝。（《魏书·尔朱荣传》）
（55）而刘彧滔天，杀主篡立，苍生殄悴，危于缀旒。（《魏书·毕众敬传》）
（56）今因此众力，图之易于反掌，千载一时，万不可失。（《宋书·沈文秀传》）
（57）除君侧之恶，非唯一代，况此等狂乱罪飢，终古所无，加之篡戮，易于摧朽邪。（《宋书·范晔传》）
（58）腾威发号，星流汉转。以上临下，易于转圆。（《宋书·臧

质传》）

（59）诸将咸云："平殄小贼，易于拾遗。"（《宋书·王景文传》）

同时，在同时期的文献中还分别出现了与例（55）—（59）中的"于"字结构相同的平比意义表达式。

（60）复言仆众不足以自强，身危如累卵。（《北齐书·文襄帝纪》）

（61）祖宗盛业，危若缀旒，社稷鸿基，殆将沦坠。（《魏书·肃宗元诩》）

（62）以此思归死士，掩袭何、刘之徒，如反掌耳。（《宋书·武帝纪上》）

（63）尉元以宽雅之风，受将帅之任，取瑕丘如覆掌，克彭城犹拾遗。（《魏书·慕容契传》）

（64）外援既服，然后攻其孤城，拔之如反掌耳。（《魏书·源贺传》）

（65）文明太后令曰："六军电发，有若摧朽，何虑四难也。"（《魏·高闾传》）

（66）下官悉率文武，骆驿继发。凭威策懦，势同振朽，开泰有期，悲欣交集。（《宋书·萧思话传》）

（67）既籍取乱之权，方乘转圆之势。（《魏书·李谐传》）

（68）事易走丸，理同拾芥，此而不乘，将欲何待。（《魏书·南安王元桢传》）

（69）吾先曾观其形势，易攻耳，吾取之如拾遗也。（《魏书·南安王元桢传》）

例（60）—（69）与例（55）—（59）相比在使用频率上明显高于后者，以"危若缀旒"为例，该语在《魏书》中见3例，而"危于缀旒"仅见1例。例（55）—（59）中的"于"字是表示平比关系的介词,还是表示差比关系呢?有时即便依靠上下文语境,也很难分辨,两者均可。我们认为例(55)—例(59)中的"于"仍为差比标记,毕竟介词"于"出现在一般形容词后表示差比是其主要功能。不过,从这些类似熟语性质的表达式中可以看出,"于"用作差比标记介词时与"如/似"类动词也同样出现在相同句子的同一句法位置上。这样一来,就会给人们造成一种假象,"于"与"如/似"的句法功能相同,由于熟语为人们所喜闻乐见,使用频率相对较高,随着像例(60)—例(69)中这些类似于熟语性质的固定表达式高频率地出现在人们的视野中时,这种假象就会以假乱真,从而使"如/似"具有与介词"于"相似可作为差比标记的功能,这到近代汉语中才得以实现。

4. "如/似"与"于"在比较句中的功能趋同化的动因

(1) 句法机制

"如/似"与介词"于"经常出现在同一句子的相同句法位置上,是促使"如/似"成为差比标记词的主要动因。由前文的分析可以得知,在上古和中古时期,无论在平比句中还是在差比句中介词"于"出现的位置上都同时有"如/似"类等比动词出现。当介词"于"出现在平比动词之后时,由于平比动词所连接两端特殊的语义关系使介词"于"与动词"如/似"可经常出现在相同句子的同一句法位置上。当出现在差比句中"XA 于 Y"式的形容词后时,这与平比句中的"XA 如/似 Y"式在句法结构上又不谋而合,介词"于"与"如/似"同样能够出现在相同句法结构的同一句法位置上,甚至经常出现在"X""Y""A"都完全相同的句子中。根据我们调查得知,当"XA 于 Y"与"XA 如/似 Y"中的"X""Y""A"完全相同时,"XA 如/似 Y"经常形成一种具有熟语性质且使用频率较高的固定表达式,因此该句式出现时,人们一般就会对它产生歧解。"于"与"如/似"在比较句中的这种特殊的句法位置,向人们传递了一个信息,即三者之间具有相同的句法功能。语法规则的聚合关系告诉我们,经常出现同一句法位置上的词因具有相同的句法功能而自然地聚集成群,形成一个聚合,进而形成一个词类。

而在上古和中古汉语中的实际情况是出现在该位置上的"如/似"是一个实义动词而不具有出现在其他句式中的介词用法,它仍是一个等比动词。该位置上的"于"也不是一个等比动词,出现在等比动词和形容词后介引比较对象是介词的主要功能。"于"虽然具有等比动词义项,但毕竟是它的罕用义,因为说话人在选择一个等比动词表等比关系时,一般会选择一个常用的而不会去选择一个罕用的。这说明在上古或中古时期介词"于"与"如/似"出现在同一语言单位相同的句法位置上时,无论在语义上还是在句法功能上都存在着明显差异。这样一来就与语法规则的类推作用相矛盾,为了解决这一矛盾,只有迫使等比动词"如/似"的虚化,因为实词的语法化是语言发展过程中的一个总趋势。

  造成"如/似"语法化为一个表差比标记的介词另外一个原因就是,两汉以后介词"于"的迅速脱落与前移。介词"于"的脱落给比较句的发展带来两个变化:平比句中"X+等比动词+于+Y"成了"X+等比动词+Y"式,"X+A+于+Y"式演变成了"X+A+Y"式。"于"在平比句中的脱落不但不影响句意的表达,并且更加简易化,因此,在平比句中的脱落在中古时期就已基本完成。"于"在差比句中的脱落则会造成表意不明的现象,如"X美Y"既可以理解成"X美于Y",又可以理解成"X使Y美"。这样一来,为了弥补"于"在差比句中的脱落所带来的缺憾,就产生了两种新的差比句式——"X比YW(形容词)"式和"X+V/VP+如/似+Y"式,而这两种句式的出现已到了唐代。太田辰夫(1987)指出差比句有"A—形—介—B(A式)"和"A—介—B—形(B式)"两种词序。A式的比较词有"于""如""似"等,B式的比较词为"比"。他指出,表差比的"如""似"字句在唐代已经产生,并指出这一时期的一些"比"字句用例已经可以认为是差比用法。[①] "X比YW(形容词)"的出现是介词"于"前移的结果,"X+V/VP+如/似+Y"式的出现是"X+A+于+Y"随着介词"于"的脱落而逐渐解体的结果。石毓智、李讷(2001)认为,当一个结构解体的时候,它的功能最容易落在各方面都与之相近的另一个结构上。[②] 因为介词"于"与

---

  ① [日]太田辰夫:《中国语历史文法》,蒋绍愚、徐昌华译,北京大学出版社2003年版,第166—168页。

  ② 石毓智、李讷:《汉语语法化的历程》,北京大学出版社2001年版,第192页。

"如/似"在句法结构上的象似性就迫使"如/似"语法化为一个差比标记介词。

(2) 语义机制

"于"与"如/似"语义上的相通性,也为等比动词"如/似"的语法化起到了一定推动作用。"于"的等比动词义,虽然不是它的中心义项,但也进一步拉近了与经常用作等比动词的"如/似"之间的距离。介词"于"经常出现在平比动词后,由于平比动词所连接两比较项之间特殊的语义关系,或多或少使介词"于"与表平比关系的等比动词建立起了更为密切的关系。这些都为"X + A + 于 + Y"式解体之后将"于"的介引差比对象的功能转嫁给"如/似"奠定了语义基础。

在这个问题上还有一个不可回避的问题就是:为何"如/似"语法化为了差比标记词,而在上古汉语中与它具有相同意义和功能的其他等比动词却没有发生语法化。我们认为,这是在语言发展过程中语言自身优选的结果。在上古汉语中表示平比关系的等比动词有"等""同""如""若""似""比""方""拟"等,但是,在后来的发展中只有"如""似"脱颖而出,使用频率最高,其他动词则逐渐被淘汰。陈明富(2011)认为:"无论周秦至西汉、东汉至宋或元明清,"XA 若 Y"的用量与比例都无法与"XA 如 Y 相比。"① 因此,在优选理论的支配下,随着语言的发展只有"如"与"似"语法化为了差比标记介词。在唐代,"若"受"如/似"的类化影响,偶尔也会出现类似用法,但最终没有扩展开来,如:陆龟蒙《秋夕文宴》:"飞觥壮若游燕市,觅句难于下赵城。"该句意为推杯换盏比当年荆轲在燕饮酒时还悲壮。

5. "如/似"字差比句消亡的原因

"X + A/VP + 如/似 + Y"式差比句式消亡的原因主要有以下三个方面。

一是前期"于"字式不断消亡的大趋势的影响。"如/似"作为新生介词的出现是出于对该式中本来就已濒临危亡的介词"于"的替换,而

---

① 陈明富:《东汉至宋代汉语相似比类形比句句式研究》,《南京理工大学学报》2011 年第 1 期。

"于"的不断脱落或前移汉代以后已经开始并逐渐成为语言发展的主流趋势,到唐宋时期"于"字式基本上脱落殆尽。在介词"于"几近消亡之时,这时又出现了新兴介词"如/似"来与"于"抗争,"如/似"作为新生事物,在后来的抗争中获得了的胜利,因为本来就已衰落的"于"字式根本不堪一击,"于"字式在后来的发展中退出了历史舞台,除了在仿古式的表达中,该式已基本不用。由于在语言的发展过程中,介词短语由主要动词之后逐渐前移或脱落是语言发展的主流趋势。何乐士(1984)认为,发生在汉代前后的介词短语由主要动词之后大规模向前迁移。就拿"于"来说,《左传》中动词之前和之后的"于"的比例为1∶20,而在《史记》中则为1∶4。位于动词之前的"于"的比例大幅度提高。同样的表达,《左传》用"于",《史记》则不用。[①]"如/似"字式在获得一定的发展后因抵抗不住语言发展大趋势的影响,也未能逃脱"其亡也忽焉"的历史轨迹。

二是"如/似"字式差比句的诞生并没有影响到该式的平比表达功能,因此出现该句式中的"如/似",既可以表差比,又可以作动词,表平比。有些句式表差比还是表平比,很难辨别,如《西游记》第五十三回:"如意钩强如蝎毒,金箍棒狠似龙巅"。这种歧义性表达不符合语言发展要越来越明晰精确的要求,"如/似"字式的产生也就注定了只能以失败告终。三是同时期新生带有先天优势的"X比YW(W为形容词)"式的影响。唐代新生的两种差比句式"X比YW(W为形容词)"和"X+V/AP+如/似+Y"式。前者"比"已虚化为介词并且位于主要谓语前,并且表义单一,是顺应语言发展大趋势而产生的新生句式,后来一直沿用到现代汉语中,并逐渐发展成了主要差比句式。后者则逆语言发展潮流而生,是上古固有句式"于"字式在垂死挣扎之时而衍生出来的一种句式,虽然也呈现出一定的回光返照之势,但由于逆历史潮流而无法摆脱迅速灭亡的厄运。因此,在两者的较量中,后者根本不具有竞争性。到清代,"X比YW(W为形容词)已经完全占据了主流,而"X+V/AP+如/似+

[①] 何乐士:《〈史记〉语法特点研究》,见程湘清主编《两汉汉语研究》,山东教育出版社1992年版,第242—253页。

Y"式已基本消失。据李讷、石毓智（1998）对《红楼梦》（第二十六回至第五十四回），约30万字的统计，42个"X比YW（W为形容词）"式全部都是表示差比，已经和现代汉语基本相同了。

从来源来看，唐代新兴差比标记介词"如/似"是由动词"如/似"语法化，进而替换上古流行的差比标记介词"于"而来。在上古、中古时期，与比较介词"于"经常出现在相同句法结构的同一句法位置上，是促使"如/似"语法化，并能产生替换的主要动因，"于"与"如/似"语义上的相通性，也为等比动词"如/似"的语法化起到了一定推动作用。清代以后，受前期"于"字式逐渐消亡大趋势的影响，再加上"如/似"兼有表平比、差比功能的先天缺陷，使得"如/似"字式逐渐衰落并仅保留在一种特殊句式中。

四　汉字教学

（一）现代形近汉字字符辨析三组

所谓字符就是构成合体字的基本构字单位。在现代汉字中，人们一般把汉字字符分成意符、音符和记号三类。仲崇山（2009）指出："粗略地说，跟字义有联系的字符是意符，跟字音有联系的字符是音符，跟字音和字义都没有联系的字符是记号。"[①] 现代汉字中，独体字大都是记号字，能够作为构字部件与其他字符组合成合体字。形近字符是指形体上近似的汉字字符。因形体近似，字符之间很容易误写混用。

汉字形体在历史发展过程中发生了较大变化。就其演变的整体趋势而言，是朝着简单易写的方向发展的。简化的结果导致了一些原本在形体上差异相当大的汉字逐渐趋同起来。明其流必要知其源，要想弄清现代形近汉字字符之间的区别就要了解其形体历时演化历程。为了便于人们能够准确地书写汉字，更好地推进汉字教学和汉字规范化，本节选取了三组常用且易混易错的汉字字符进行探源讨流式的探究和分析，希望能够对中小学汉字教学提供一些可资参考的资料。

---

① 仲崇山：《现代汉字字符切分的分离性原则和理据性原则》，《汉字文化》2009年第5期。

1. "朿"与"束"

"朿"（cì）甲骨文字形是"✥"，金文字形为"✥"。从其古文字字形可以看出，"朿"本义是指长在树木上的尖刺。如《说文》：朿，木芒也，象形。"① 木芒，即树上长着的如麦芒一样的东西，树刺。"束"甲骨文字形"✥"，金文字形"✥"，小篆字形为"✥"。从其小篆字形看，本为会意字。中间有圆圈，表示绳索，圆圈里面又有木，在木上加圈，表示用绳索把木捆绑起来。《说文》："束，缚也。从囗木。"（南唐）徐锴《说文解字系传》："从囗木，束薪也。囗音围，象缠。"不过，从其甲骨文、金文字形来看，本为象形字，像两头用绳索扎住的囊，只不过到了小篆时期，讹变成了从囗木。故"束"本义就是"捆绑、捆缚"。如成语"束之高阁""束手待毙"之"束"。

楷化后的"朿"，其本义后来写作"刺"。"刺"是一个形声字，从刀朿声，由于树上的刺像刀一样尖锐，因此在旁边加了"刂（立刀旁）"来凸显其意义。"朿"是"刺"的本字。《说文》："刺，直伤也。从刀朿，朿亦声。""直伤"，即"锋利如刀，直入刺伤"。"✥"楷化为"朿"。楷化后的"朿"与"束"字形相像，人们在书写时，稍不注意就会把它们混淆在一起。在现代汉字中，"刺"与"剌"也易相混。《说文》："剌，戾也。从束从刀。刀者，剌之也。"徐锴曰："剌，乖违也。束而乖违者，莫若刀也。"王筠《说文解字句读》："刀性坚强，虽束之，不能附属如薪也。"段玉裁《说文解字注》："戾者，违背之意。既束之则当藏弃之矣。而又以刀毁之。是乖剌也。"从三者的解释来看，"剌"的本义为"违背"无疑。不过对于为何为"乖违"义三者存在分歧，徐锴、王筠认为"刀性刚硬，捆束在一起时相互乖违不合，故显示出乖剌义"，段玉裁认为"捆束在一起的东西本应收藏起来，却又用刀刺之，这是违背常理之举，故显示出该义"。从汉字的系统性来看，从刀的字多以刀为工具，如"初""制""耴""劓""到""刺""刓（用刀削去金属棱角）""删""刊""剟""则"等，由此可见，段说是也。《说文》："刺之也。"中的"之"，当代指"束"。"剌"由"束"与"刀"会意，用刀

---

① 谷衍奎：《汉字源流字典》，语文出版社2008年版，第233页。

毁坏成束的东西既可以用直刺的方式，又可以通过来回摩擦将其划开，故又衍生出新的义项，表示"划破""割开"，音读为"lá"。以此为声符所构成的常用字如"喇叭""喇嘛"的"喇"。

其实，"束"的核心义素为"捆缚"，只把连接口给围封住了，被捆缚包围的东西才不易散开；而"朿"指树上生长的尖刺，既然是尖刺，那么必定是向外呈放射性伸张，两刺之间呈开口状，故下面不封口。在现代汉字中，由"朿"作字符组合而成的合体字，其字义多表示与树上的刺有关，如"荆棘"的"棘"，"枣树"的"枣"等。"棘"与"棗（枣）"，均由两个"朿"构成，"棘"是由两朿并列而成，表示一种低矮丛生的带刺灌木，"枣"是两朿上下重叠而成，表明它是一种带刺的挺生乔木。这两种树有共性特征就是树枝上都带着尖锐的树刺。现代汉语中的"棘手"，表示像荆棘刺手一样，形容事情难办。在现代汉字中从"束"的字在字义上都与"捆绑"有关，如"辣""剌"等。"辣椒"的"辣"，《说文》中无此字，（南朝梁）顾野王《玉篇》、（北宋）陈彭年、丘雍等《广韵》都作"辢"，旧题（明）宋濂撰《篇海类编·干支类·辛部》："辣，痛也。辛味也。"本为会意兼形声字，从辛从剌（lá），剌省声。"辛"本为"刑刀"。《说文》："辛，罪也。"罪责过于抽象，故用刑刀来表示。服罪的过程是痛苦辛酸的，这与辣味给人的感受相似，所以引申指辣味。"剌"，表违背之义。辛辣味的葱姜蒜之类通常具有强烈的刺激性气味，会使人的心性迷乱，迷乱即违背人的正常心性。佛家不动荤，本来指的就是不吃这类食物。"辣"最早见于南北朝时期，如（北魏）贾思勰《齐民要术·种蒜》："白软地蒜甜美而科大；黑软次之；刚强之地，辛辣而瘦小也。"就南北朝时期的传世文献而言，仅多见于《齐民要术》，其他文献罕见，疑为当时民间俗字。

2. "东"与"東"

"东"甲骨文字形为"✲"，小篆字形是"东"。从其古字字形来看，其本义有两种说法：一说依据《说文》，依其小篆字形来分析，认为"東"本是会意字，从日从木，表示日在木中，即太阳刚升到木中，后来引申指"太阳升起来的方向"。《说文·東部》："東，动也。官溥说，从日在木中。"段玉裁《说文解字注》:"日在木中曰東,日在木上曰杲,日在木下曰杳。"段注也试从系统性来为《说文》作注,也是主要依据小篆字形得出的这一结论,其实"東"中的"日"在甲骨文、金文中通常不写作"日",只是到了小篆中讹变成了"日"。另一说以甲骨文字形为依据,其甲骨文字形像绳索扎住的橐(一种无底口袋),是"束""橐"的初文,"東"为"束"的因声指事字,"束"中间加一横笔为指事性符号即为"東",因上古"束""東"音近,故可假借为东方之东。因表方位的字很难造,"南""西""北"都是假借,故从系统性来看,"東"也应为假借字。后者才是文字学意义上的本义、假借义。不过,因其本义一直被"束""橐"来代替,故在现有文献材料中未见到"東"表"口袋"的意义用法。不过,以《说文》为依据符合人们的观感常识,便于汉字教学,故在中小学语文教学中流行甚广,其实在教学过程中应该以理据为本。

"东"为繁体"柬"(jiǎn)的简化字。甲骨文中无"柬",其金文字形为"✦",小篆字形"✦"。从其古文字字形来看,"柬"本为会意字,从束从八,"束"表示捆绑,"八"表示分开,会意为从捆绑在一起的物品中挑选东西,因此"柬"的本义就是挑选、选择。《说文·束部》:"柬,分别简之也。从束从八。八,分别也。"段玉裁《说文解字注》:"'柬'训分别,故其字从八。为若干束而分别之也。"如《荀子·修身》:"安燕而血气不惰,柬理也。"① 意思是说,安逸地休息就会气血不怠惰,是选择了合乎事理的方法去做。由于人在写信札、名帖时要挑选对象,在此基础上,"柬"又引申出信札、名帖的意思。后来,其本义就写成了"揀",即简化字"拣"。

简化后的"東"与"柬"变成了纯粹的符号字,分别为"东"和"东",形体相像,但用法上有别。"东"在现代汉字中既可以作为独体字单独使用,也可以作为构成合体字的构字部件与其他字符组成合体字。作为字符构成合体汉字时,"东"大多仅用作声符,如"栋、冻、鸫、崇、陈"等。"东"在现代汉字中只能作为构字字符在合体字中出现,

---

① 蒋南华译:《〈荀子〉全译》,贵州人民出版社2009年版,第25页。

"东"作为字符多用作亦声字的声符,既表音又表意,从"东"的字大都含有[+挑选]的语义特征,如"拣、练、炼"等。"练"有"挑选"义,如"简兵练卒";"炼"的本义"熔冶金属等物质,用加热的方法使物质的纯度提高","提高纯度",即"挑选出好的"。

3. "市"与"巿"

现在汉字字符中,"巿"有两个来源,一为"巿(fú)";一为"巿(bèi)"。"巿"(fú)的金文字形为"𫝀",小篆字形"巿"。根据其古文字字形可以看出它本是一个象形字,像古代系在腰间仅能遮蔽人体前部的围裙形。《说文·巿部》:"巿,韠也。上古衣蔽前而已,巿以象之。从巾象连带之形。""韠"之言"蔽"也,两者音近义通。黄德宽《说文谱系疏证》:"巿,从巾上加一横分化为巿,西周金文或在竖笔上加圆点为饰。"① 由于"巿"系在腰间垂至膝部,所以在古代常称其为"弊膝",即古代朝觐或祭祀时,遮盖膝部的一种礼服。"巿"在等级森严的封建社会中也是身份与级别的象征,如《说文·巿部》又曰:"天子朱巿,诸侯赤巿,卿大夫葱衡。"② 段玉裁《说文解字注》:"卿大夫下当有赤巿二字,夺文也。"该句意为"天子,朱色的蔽膝;诸侯,赤色的蔽膝;大夫赤色的蔽膝配青色的玉衡。"北宋书画家米芾,初名"黻",即源于此义。"巿(bèi)"的小篆字形为"𣎵",楷化后讹为与"巿(fú)"同,其本义为"草木茂盛的样子"。《说文》:"草木盛巿巿然。象形八声。"段玉裁《说文解字注》:"巿巿者,枝叶茂盛因风舒散之儿。"根据《玉篇》的注音,该义读作"甫味切",今音为 fèi 或 pèi。该字符在现代汉字中常作声符,以"巿(bèi)"为声符时多兼表意义,含有[+盛大]的词义特征,如"沛""肺""旆""柿(fèi)"等。"沛"多表示盛大的样子;"肺"在五脏六腑中位置最高大者,覆盖着其他脏腑;"旆"表示旌旗下垂飘扬的样子。以"巿(fú)"为声符的如"芾(fú)"。

"市"金文字形是"𠂔",小篆字形为"𢍱"。根据其小篆字形可看出"市"本是一个亦声字。从冂(jiōng)从乁(jí"及"的古字),从

---

① 黄德宽主编:《古文字谱系疏证》,商务印书馆2007年版,第2500页。
② 丁福保:《说文解字诂林》,中华书局1988年版,第3444页。

之，之亦声。从"冂"表示划定的范围；从"乁"表示集市内商家相互连及；从"之"表示人们前往集市到进行交易的场所去。"之"本是象形字，像人的脚，现代汉字中凡从"之"的字大都表示与行走有关，该字中"之"兼表声。金文中下加兮，兮相当于"啊"，凸显人们做买卖时的高声喊叫声。因此，"市"的本义就是指做买卖的固定场所，也就现在所是说的集市。《说文·冂部》："市，买卖所之也。市有垣，从冂，从乁。乁，古文及，象物相及也。之省声。"在现代汉字中，"市"既可以作为独体字单独使用，也可以作为字符组合成合体汉字。作字符时，既可作意符，如"闹"；也可作声符，如"柿""铈"等。

现在汉字"柿（fèi）"与"柿"字形相似，但音义都相差甚远。"柿（fèi）"是一个形声字，从木市声，表示砍削木材而产生的木皮。《说文·木部》："柿，削木朴也。从木市声。"朴者，木皮也。《诗经·小雅·伐木》："伐木许（hú）许。"《毛传》："许许，柿貌。泛指伐木时四溅之木屑。""柿"中的"市"，只作声符，与意义无关，指柿子。

本节选取了人们在使用现代汉字过程中容易写错的三组常用形近汉字字符："朿"与"束"、"東"与"东"、"市"与"巿"。分别对它们进行了探源讨流式的分析与辨别。并结合由这些字符组合而成的形近汉字作了介绍与辨析，旨在帮助人们能够正确使用这些汉字，为当前的中小学汉字教学提供参考。

（二）"侯"与"候"

现代汉字"侯"和"候"在现代汉语中使用频率很高，也是很容易被忽略的一组形近字，中间只差一"｜"，在使用时经常被写混、读混。下面我们从源流演变的角度来探讨一下二者之间的区别和联系，以便人们对其用法有比较明晰的认识。

1. 侯

侯（hóu），从它的古文字字形来看，在甲骨文中写作"🏹"，在小篆中写作"矦"。从它的字形内部结构来看，是一个象形字，从厂（hàn），像张布，矢在其下。甲骨文字形，像张布著矢之形，本义是箭靶。古代有"射侯"一词，就是"射靶"。如：《诗·齐风·猗嗟》："终日射侯。"古代的"射侯"总是与"人"有关，所以到了小篆中又增加了一个"人"字作为偏旁。"射"是我国古代"六艺"（礼、乐、射、御、书、数）之一。由于射箭在军事和狩猎活动中起着非常重要的作用，因此在我国古代一直备受人们重视。此外，"射"还是我国古代选拔武官的一项重要举措。到了现代，"射"艺逐渐演变成了手枪、步枪等实弹射击运动。随着语言的发展演变，"侯"在本义的基础上也随之不断引申发展。由于在我国古代射礼中，凡是能够射中箭靶（侯）最多的人，就是最了不起的男子，从这里就引申出有本事的人可以称"侯"。后来，当比射成了选拔武官的重要标准之一后，"侯"又引申出了表示官职等级的一种，即"诸侯"。又由于古代多以官职作为自己家族的姓氏，所以，"侯"字就成了一个姓氏。在现代汉字中，"侯"只能作名词，并且它能够作为构字偏旁（经常作为形声字的声符），与其他偏旁组成新字，如"猴""喉""篌"等。

2. 候

候，小篆作"候"，形声。如果对它的古汉字字形的内部结构进行分析，就可以看出："候"是一个形声字，从人，侯声。古人举行射礼或比射时，由于射箭者与箭靶之间有相当远的距离，有时能达到百步远，古代有"百步穿杨"的说法，如《史记·周本纪》："楚有养由基者，善射者也，去柳叶百步而射之，百发而百中之。""步"的今义指行走时两脚之间的距离。而古时一举足（迈一次脚，即现在的一步）叫"跬"，如《荀子·劝学》中的"不积跬步，无以至千里"就是指此义。两足各跨一次（即两脚各迈一次，相当于今天的两步）叫"步"。古时的百步大致相当于今天的两百步远的距离，因此，古代射箭的时候，需要在箭靶的旁边站着一个人来观察、测定是否中靶，然后报告给射者。所以，"候"的本义就是"守望、侦察"的意思。古代有"候馆、候楼"，都是指用于瞭望、侦察敌情的高楼。用的就是其本义。那么，在箭靶旁的守望者需要随时报告射者中靶的情况，于是就从这个意义引申出了随时变化的新情况的意思,如"火候""征候""症候"中的"候"。由于射者要想知道自己是否中靶,就必须等待在箭靶旁守望的人仔细观察后再来报告,所以,"候"就由本义引申出了"等候"的意思。现代汉语中,在一些常用词语中还保留着这个用法,如:"候车室、候诊、候补、候审、候选人"等。又由于"等候"和时间密切相关,所以"候"还可以用来指"时间"义,多用于表示"时节",如"时候、气候、候鸟"。"候"字具有相当强的独立性,在现代汉字中,它不能作为构字偏旁(形符或意符)与其他任何偏旁组合成新字。

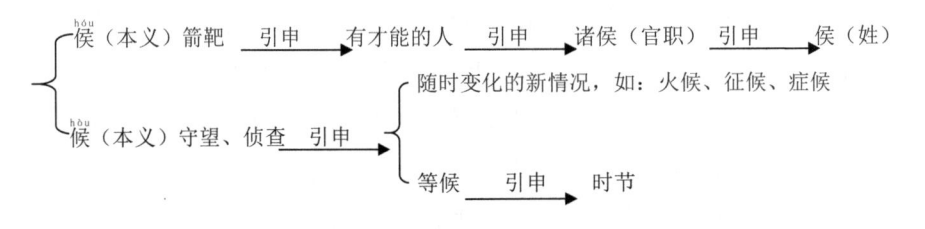

```
┌ 侯(本义)箭靶 ──引申→ 有才能的人 ──引申→ 诸侯(官职) ──引申→ 侯(姓)
│                        ┌ 随时变化的新情况,如:火候、征候、症候
└ 候(本义)守望、侦查 ──引申→ ┤
                         └ 等候 ──引申→ 时节
```

图 5　"侯""候"词义引申图

通过以上分析,可以看出,"侯"和"候"之间相差的一"丨"就是古代汉字中一个"人"字的变形。"侯"只能作名词,单独使用时,最初指箭靶,这一意义在现代汉语中基本消失,如今单用时,用得最多的是表示姓氏。它有很强的构字能力,经常作为构字偏旁(形声字的声符)与其他偏旁组成新字,如:"猴""喉""篌(乐器名)""堠(土堆子)""糇(干粮)"等。而"候"在单用时,既可作动词,又可作名词,在现代汉语中一般不单用。它没有构字能力,不能与其他任何一个偏旁组成新字。所以遇到与这两个字相关的合体字,那么这个构字偏旁一定是"侯"。并且二者在普通话中的读音也不相同:侯,读阳平;候,读去声。所以,了解了以上情况,我们就能很容易地分辨出两者在现代汉语普通话中的使用情况。

(三)"曰"与"日"

"曰"与"日",从它们的外部结构来看,二者都是独体字,只不过在书写时,"曰"略为扁平,"日"稍显瘦高,这是对两者的外部形态所作的一个形象化描述。至于为什么这样？还需要考察一下它们各自的内部结构，即结合它们的古文字字形分别考察一下构成这两个汉字与它们所代表的语音、语义之间的联系。

"曰"在甲骨文中写作"⊟"，在小篆中的字形是"ㄩ"。从"曰"的古文字字形来看，"曰"是一个指事字，字的下面是一个象形字"口（ㄩ）"，像人口形，上面的一横"一"，是一个抽象的指事性符号，表示人口中所说出的话。由于人们说出的话无形可象，只能用一个抽象的指事性符号来代替。据此我们可以看出，"曰"的本义就是"说"的意思，成语"子曰诗云"中用的就是其本义。

"日"在甲骨文中的字形是"⊙"，小篆写作"日"。"日"是一个象形字，甲骨文和小篆字形均像太阳形。轮廓像太阳的圆形，一横或一点表示太阳是实心的，里面装满了东西，有重量。由此可以看出，古人对太阳观察得很仔细，想象力也很丰富①。"日"的本义是太阳，成语"日薄西山""日落西山"中用的就是其本义。

随着汉字在发展演变过程中不断地简易化、规范化，楷书字体应运而生。"⊟""ㄩ"楷化为"曰"，"⊙""日"楷书字体演化成了"日"。楷化后的"曰"与"日"，在笔画、笔顺上完全相同，在字形上也极为相近，像一对孪生的双胞胎，一个矮胖，一个瘦高。

"曰"字的下面原本是一个象形字"口（ㄩ）"，而"日"是一个

---

① 对于"日"的古文字字形中间的一点或一横，当前学界有不同看法：王祥之（2009）认为，中间的一点或一横是为了区别于其他的圆形（详见王祥之《图解汉字起源》，北京大学出版社 2009 年版，第 386 页）。施政宇（2009）认为，中国古文字字形"日"中的小点是太阳的黑子（详见施政宇《原原本本说汉字》，北京大学出版社 2009 年版，第 75 页）。唐汉（2007）认为，"日"的构形源自太阳，圆中的一点表示太阳的发光（详见唐汉：《发现汉字·图说字根》，陕西师范大学出版社 2007 年版，第 98 页）。我们认为，以上解释均欠妥当。其一，区别于其他圆形说，这种说法有些牵强，因为区别于其他圆形的方式很多，为何偏偏在中间加一点呢？其二，黑子说，即便从神话传说的角度来说，太阳中有黑子的话，古人在造字时绝不会仅仅用一点代替，因为一点与"黑子"相差太远。其三，圆中的一点表示太阳的发光说，更不可信，因为根据人们的常识来判断，太阳不会向内发光，只能向外围发光。因此，我们认为，一点表示太阳是实心的。《说文》释"日"为"实也，太阳之精不亏，从口一，象形。"说明"日"是太阳的象形，中间的一点标示内中有实质的存在［详见（东汉）许慎《说文解字》，中华书局 1963 年版，第 137 页］。

圆圆的太阳的形状，人的口比之于太阳，在外形上显然没有太阳圆浑，因此两字楷化为方块汉字后，"曰"就略显"扁平"，"日"相对"瘦高"。现代楷体的"曰"字的外部形态仍能折射出"口"的形状，而"日"也能显示出是圆圆的太阳外形的方块化。

就它们分别在现代汉字中作构字字符时所体现的意义而言，"曰"作为字符构成合体汉字时，有时仍表示与说话有关，如：表示流水的声音就用"汩"字，所表示的意义就是"流水说话的声音"。人们通常还用它来模拟流水的声音，如"汩汩""汩嘟嘟"等，有时还用它来描摹其他的声音，如"汩碌碌"。与"汩"字形相近而又极易相混的就是"汨罗江"中的"汨"，"汨罗江"因战国时期伟大的爱国主义诗人屈原怀沙沉江于此而名扬天下。我们应该注意的是："汨罗江"中的"汨罗"是一个地名，与"水声"无关，所以"汨"字的右边是"日"而不是"曰"。

在现代汉字中从"日"的字，在字义上大都表示与"太阳"有关，如："暖""晒""暄（嘘寒问暖）""昏""昔"等。不过，在现代汉字中该是"日"的地方，当位于上下结构的合体字的上部或下部时，却常常讹变成了"曰"，如"旦""晨""暮""杲""杳"等。在现代汉字中有些"曰"与"日"所表示语义与本义毫无关系，是"甘"的变形，如"香"与"旨"等。"香"，会意字。据小篆，从黍，从甘。现代汉字中的"禾"是"黍"省形的结果。"黍"表谷物，"甘"表香甜美好。本义：谷的香味。"旨"，从甘，从匕。从"匕"的古文字字形来看，为象形字，像"汤匙"之形，在人们的心里"汤匙"与"美味"之间通常会产生一种自然的联想，因此"匕"就可代指美味，"旨"的本义为"美味的食品"，如"旨酒（美酒）"。现代汉字"昌"是一个上下结构的合体字，它由两个构字部件组成：上部为"日"、下部为"曰"。"日"寓意"光明"，"曰"就是"说"，因此，"昌"的本义就是"光明正大的话语。"《说文》：昌，美言也，从"日"从"曰"①。

我们从3500个常用汉字中共统计出从"日""曰"的字共计41个：

---

① （东汉）许慎：《说文解字》，中华书局1963年版，第138页。

暗间晶旧旷明昵暖晴响时曙晚旺晤阳昭照昨昔香者春曾曹昏,查昌朝晨旦旱厚晃昙星宣易晕早旨。现代汉字中的"日""曰"来源较复杂,就它们分别在现代汉字中作构字字符时所体现的意义而言,"日"作为字符构成合体汉字时,在上下结构的合体字中,在字的上部与下部时为了字形上的美观,与"曰"混同了,如"旦""杲""杳""昃""景""昏""昔"等。"日"在左右结构的合体字中位于左侧或右侧时仍写作"日",如"时""明""昨""昶"等。

(四)从"寶"到"宝"的造字秘密

"宝"的繁体楷书"寶①"字是一个由四个部件构成的合体字,这四个部件分别是"宀""王(玉)""缶""贝"。简体的"宝",由两个部件构成:"宀"和"玉"。为何在从"寶"到"宝"的简化过程中却偏偏少了"缶"与"贝",保留了"宀"和"玉"。下面我们就该问题一探究竟。

"宀"在甲骨文里写作"𠆢",《说文》:"宀,交覆深屋也。象形。"段注:"东西与南北皆交覆也②。有堂有室,是为深屋。"③ 根据段玉裁的解释,可知,"宀"是一个象形字,它的意思就是:东西南北四方全部围盖起来的,有堂有室的大房子。在现代汉字中,凡是和"宀"这个部件有关的字,其字义大都和房子有关,如:家、牢、安、灾等。

"玉"在甲骨文里写作"丰",小篆字形写作"王",《说文》:"象三玉之连,丨其贯也。"意思就是说,"玉"的古文字字形像一条绳子贯穿起来的三块玉。我国一直有尊玉、重玉的传统,人们经常用玉字来组词,以表达自己喜爱的事物,例如玉貌、玉体、玉女、玉容、玉照……在现代汉字中,"玉"作为一个构字偏旁出现在字的左侧时经常写作"王",如:环、珍、珊、珠、瑜、瑞、琳、琼、瑶、璇、璐、璋、琪、珅、璜、珏等。

"缶"在甲骨文里写作"𠙹",小篆字形为"𦈢"。《说文》:"缶,瓦

---

① "寶"又写作"寳",我们疑为"缶"与"尔"草书写法形近而误。
② 此处的"交"为"全、都"义,如"心力交瘁、风雨交加"中的"交"。
③ (清)段玉裁:《〈说文解字〉注》,浙江古籍出版社1998年版,第337页。

器，所以盛酒浆，象形。"意思即是说，从"缶"的古文字字形来看，"缶"是一个象形字，上面像一个器皿的盖，下方像一个器皿，其本义就是一种盛酒浆的瓦器。这种烧制的陶器，因其制作工序相对简单，在当时是人们生活中一件必备的日用品。

"贝"甲骨文字形为"ϾϿ"，小篆字形为"貝"。《说文》："象形。古者货贝而宝龟，周而有泉，至秦废贝行钱。"说明"贝"是一个象形字，古时候，人们以"贝"作为用来交换东西的货币，到了西周时期，出现了一种泉币，后来秦始皇统一六国后，统一了度量衡、货币，才废除了贝币。由于"贝"在我国古代相当长的一段时期被当作"钱币"来使用，所以在秦代之前人们一直把它当作宝物。时至今日，"宝贝"一词一直活跃在我们的生活中。在现代汉字中，凡是和"贝"有关的，一般都和钱币有关，如：货、财、贷、贫、贪、贿、赂等。

"寶"在甲骨文里写作"宝"，小篆字体写作"寶"。从它的甲骨文字形来看，"宝"是一个会意字，像房子"宀"下有两样东西"ϾϿ（贝）"和"丰（玉）"。"贝"是殷商时期的货币，称贝币，显而易见，"贝"当时是宝物，因此，现在我们仍以"宝贝"相称。在我国历史上，"玉"一直是一种名贵的饰物，人们尊玉、重玉、爱玉。以"玉"为宝，自古有之，正因为此，"宝玉"一词才经久不衰。"玉"字在人们心目中向来是一个美好而高尚的字眼，把它作为尊贵、高尚、纯洁、美丽的象征，房子内有"贝""玉"，会意为寶（宝）。到了"小篆"字体通行的秦汉时期，在房子"宀"内又增加了一样东西——"缶"。"缶"楷书的写法基本上同于小篆，小篆写作"缶"，上面是一个器皿的盖，下方是一个器皿，所以"缶"的本义就是一种盛酒浆的瓦器，小口大腹。李商隐《行次西郊》诗："浊酒盈瓦缶"，就是说，没过滤的酒装满了瓦缶。这种烧制的陶器在当时是一种生活的必需品，所以，人们也常常用它来殉葬。从作为殉葬品的角度来看，在当时，"缶"取得了与"玉"同等重要的地位，但在日常生活中远不如"玉"贵重，可能是由于陶器的制造工序相对简单，在生活中非常寻常。那么，"缶"在"寶"字中的出现，既表示该字的读音又表义,"缶"在当时与"宝"的读音相近①。"宝[𡪷]"在从甲骨文字体到小篆的演变过程中,增加一个表音的声符"缶",也符合语言自身的发展演变规律。语言是人类最重要的交际工具,语言符号本身是一个音义结合的符号系统,语音是语言的物质形式,语义是语音所代表的意义内容。随着语言的发展,人们越来越注意到语音的重要性。作为记录语言的书写符号体系文字,人们在掌握它时,不但要会写,更重要的是还要会读,因此,从造字法的角度来说,人们就在文字上尽可能地体现出该字的读音来。就汉字而言,这一时期的形声字大量出现,到了东汉许慎的《说文解字》里,形声字占80%之多,所以,"宝"到了小篆时期就成了一个典型的形声字,《说文》:"宝,珍也。从宀从王从贝,缶声。"② 后来,随着社会的发展,只有"玉"作为一种宝物一直流传了下来,"贝壳"已经成为人们司空见惯的寻常物品了,更谈不上什么宝物。随着语音的发展变化,"缶"也不再能表示该字的读音。因此,新中国成立后,随着《汉字简化方案》的逐步实施和推行,人们就把"宀"下的"贝"和"缶"省去,只留下一个"玉"字,又成了一个典型的会意字。具体简化过程可图示如下。

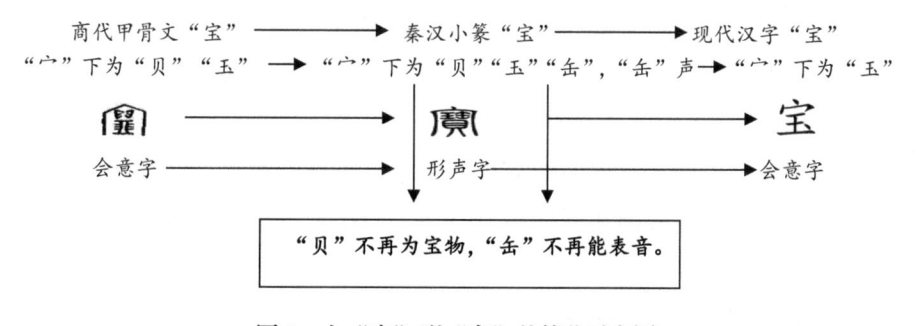

商代甲骨文"宝" ——→ 秦汉小篆"宝" ——→ 现代汉字"宝"
"宀"下为"贝""玉" → "宀"下为"贝""玉""缶","缶"声 → "宀"下为"玉"

𡪷 ——→ 寶 ——→ 宝

会意字 ——→ 形声字 ——→ 会意字

"贝"不再为宝物,"缶"不再能表音。

图6 由"寶"到"宝"的简化示意图

---

① 根据郭锡良先生的考察,"宝"与"缶"在上古同是"帮母、幽部、上声"字,即两者的声、韵、调均相同。详见郭锡良《汉字古音手册》,北京大学出版社1986年版,第158、178页。

② (汉)许慎撰:《说文解字》,中华书局1963年版,第151页。

结　　语

  当前的中学语文教学使用的教材全部是温儒敏先生任总主编、由人民教育出版社出版的新版部编版教材。《义务教育语文课程标准（2022年版）》指出："教材选文要体现正确的政治导向和价值取向，文质兼美，具有典范性，富有文化内涵和时代气息。题材、体裁、风格要丰富多样，各种类别配置适当，难易适度，适合学生学习。"可见，当前中学语文古诗文教学中也要让学生了解各种体裁的特点，而当前的古诗文教学体裁意识普遍不强，有的甚至一律统称为"文言文"。有鉴于此，我们对当前中学语文教材中的古诗文，从体裁、时代性、随文注释精确性方面进行考察，以便为师生更好地学好古诗文提供一些有价值的参考资料。

  《义务教育语文课程标准（2022年版）》提出了语文核心素养的四个方面：语言文字运用，思维的训练，审美的培养，还有文化的传承。这为我们的教学指明了方向，语文就是要教语文核心素养。语言文字运用是核心，主要包括阅读和写作两个方面，阅读是解决如何读懂作品，揣摩作者的构思布局与行文表达，写作就是学生如何表达的问题，如何谋篇布局和精准用词。在语言文字运用学习的过程中融入思维训练、审美情趣的培养和文化传承，将四者融为一体，在不断地语言实践中得到综合提升。就古诗文教学而言，语言文字运用方面主要是阅读，即如何读懂古诗文，要想深入透彻地学习古诗文就要了解古诗文的文体特点，时、地特点，作者的写作背景等重要信息。我们对当前的古诗文教学方法进行了调查并提出了一些有益的建议。

  当前中学现行统编版教材共收录古诗文194篇，其中初中123篇，高中71篇。从选文时代来看，近代作品占比较高，共132篇，占总数的68%；其次为上古，37篇，占总数的19.1%；中古最少，25篇，占总数的12.9%。从选文体裁来看，韵文占比较高，共127篇，占总数的65.1%；散文为67篇，占总数的34.9%。散文中说理文最多，共16篇，占散文总数的23.9%。韵文中，律诗占绝对优势，共51篇，约占韵文总数的40%；其次为古体诗37篇，占总数的28.8%。

统编版中学语文教材所选古诗文的随文注释存在不够精准的现象。具体又可分为以下几类：一是字际关系注释术语不够精准。我们在尊重语言事实的基础上对统编版中学语文教材古诗文随文注释中涉及的所有通假字、异体字、古今字作了穷尽性统计，并按照当前学界通行标注方式分别给予了较为合理的标注建议。二是应注未注。在统编版语文课本古诗文中，有一些词语古今异义并且很容易引起误解。对于古今词义迥异且容易引起歧义的词语，文中应该给予注释，可是教材注释中存在该注未注的情况。三是注释不够精准。在教材注释中，编者常常采用串讲文句的方式来注解词义、句意，在串讲时切忌仅串讲大意，有时似是而非的串讲很容易引起学生误解，故在注释时应该注意古汉语的特点，做到字、词、句落实。我们在前人研究的基础上对统编版中学语文教材中古诗文的注释系统中涉及的以上三种情况作了穷尽性的调查统计，并在前人研究的基础上作了一些补充，希望能够为中学一线语文教师提供一些有价值的参考资料。

结合语文核心素养的培养，利用古诗文的文体与注释在古诗文阅读教学中，可采用"三步教学法"来进行教学：

第一步，结合随文注释，疏通文意，熟读成诵。教师在疏通文意之前，要做到知人论世。在此基础上，结合随文注释解决字、词、句的问题，即疏通文意时要做到字字落实、句句到位，准确理解文意。然后带领学生勤诵读，多吟诵，培养古诗文的语感。

第二步，强化古诗文的体裁和时代意识。在疏通文意的基础上，引入古诗文体裁特点、时代意识和写作特点的分析。

第三步，针对随文注释中当前学界有争议的疑难词语进行个案分析，培养学生的思维能力。

附录为注释问题个案研究,共分为四个专题:语法教学、近体诗格律、词义教学和汉字教学,每个专题分别选取两三个个案进行深入研究,对一些当前学界尚未关注或存在的争议问题作了有益的补充。

囿于时间和精力,对一些问题的探讨不够深入细致,假以时日,再继续逐步推进。

主要参考文献

专著

陈祖美：《李清照词新释辑评》，中国书店出版社 2003 年版。

丁帆、杨九俊：《高中语文》必修三，江苏凤凰教育出版社 2014 年版。

丁福保：《说文解字诂林》，中华书局 1988 年版。

董志翘、杨琳：《古代汉语（第二版）》，武汉大学出版社 2019 年版。

范文澜：《文心雕龙注》，人民文学出版社 1958 年版。

谷衍奎：《汉字源流字典》，语文出版社 2008 年版。

郭锡良等：《古代汉语》（上），商务印书馆 1999 年版。

郭锡良：《汉字古音手册》，北京大学出版社 1986 年版。

何乐士：《〈史记〉语法特点研究》，见程湘清主编《两汉汉语研究》，山东教育出版社 1992 年版。

侯健、吕智敏：《李清照诗词评注》，山西教育出版社 1997 年版。

洪成玉：《古今字字典》，商务印书馆 2013 年版。

黄德宽：《古文字谱系疏证》，商务印书馆 2007 年版。

黄德宽：《古代汉语》，高等教育出版社 2015 年版。

黄灵庚：《中学古诗文教学与训释》，商务印书馆 2023 年版。

黄侃笺识，黄焯编次：《尔雅音义》，上海古籍出版社 1983 年版。

蒋南华：《〈荀子〉全译》，贵州人民出版社 2009 年版。

蒋绍愚：《近代汉语研究概要》，北京大学出版社 2017 年版。

课程教研所小学语文课程教材研究开发中心：《语文》六年级上，人民教育出版社 2006 年版。

课程教材研究所中学语文课程教材研究开发中心：《语文》九年级下，人民教育出版社2018年版。

李支舜：《新编高考文言文阅读与指导》，上海辞书出版社2022年版。

刘强：《高中文言文全解精练》，北京教育出版社2014年版。

卢烈红：《古汉语研究丛札》，中国社会科学出版社2013年版。

马汉麟：《古汉语语法提要》，陕西人民出版社1980年版。

裘锡圭：《文字学概要》，商务印书馆1988年版。

石昌渝：《中国古代文体丛书·小说》，人民文学出版社1994年版。

石毓智、李讷：《汉语语法化的历程》，北京大学出版社2001年版。

施政宇：《原原本本说汉字》，北京大学出版社2009年版。

孙绍振：《语文》七年级下，北京师范大学出版社2009年版。

唐圭璋等：《唐宋词鉴赏辞典》，江苏古籍出版社1986年版。

唐汉：《发现汉字·图说字根》，陕西师范大学出版社2007年版。

汤可敬：《〈说文解字〉今释》，岳麓书社2002年版。

唐贤清：《东汉三国佛教文献副词研究》，商务印书馆2021年版。

王景琳、徐匋：《中国古代文体丛书·词》，人民文学出版社1994年版。

王力：《古代汉语》（校订重排版），中华书局2018年版。

王利器：《盐铁论校注》，中华书局1992年版。

王海根：《古代汉语通假字大字典》，福建人民出版社2006年版。

汪维辉：《朝鲜时代汉语教科书丛刊》，中华书局2005年版。

温儒敏总主编：《语文》（八年级上册），人民教育出版社2009年版。

温儒敏总主编：《语文》（七年级上册），人民教育出版社2016年版。

温儒敏总主编：《语文》（七年级下册），人民教育出版社2016年版。

温儒敏总主编：《语文》（八年级上册），人民教育出版社2017年版。

温儒敏总主编：《语文》（八年级下册），人民教育出版社2017年版。

温儒敏总主编：《语文》（九年级上册），人民教育出版社2018年版。

温儒敏总主编：《语文》（九年级下册），人民教育出版社2018年版。

温儒敏总主编：《语文》（高中必修上册），人民教育出版社2019年版。

温儒敏总主编：《语文》（高中必修下册），人民教育出版社2019年版。

温儒敏总主编：《语文》（高中选择性必修上册），人民教育出版社2020年版。

温儒敏总主编：《语文》（高中选择性必修下册），人民教育出版社 2020 年版。

温儒敏总主编：《语文》（高中选择性必修中册），人民教育出版社 2020 年版。

温儒敏、王本华：《高中语文》（教师教学用书选择性必修中册），人民教育出版社 2020 年版。

温儒敏：《用好语文统编教材》，商务印书馆 2024 年版。

王祥之：《图解汉字起源》，北京大学出版社 2009 年版。

谢楚发：《中国古代文体丛书·散文》，人民文学出版社 1994 年版。

许嘉璐：《古代文体常识》，中华书局 2013 年版。

徐江胜：《虚词"所"历时演变研究》，华文出版社 2016 年版。

杨伯峻：《论语译注》，古籍出版社 2009 年版。

杨伯峻、何乐士：《古汉语语法及其发展（修订本）》，语文出版社 2003 年版。

杨荣祥：《"具""俱"之别及其源流演变》（纪念王力先生百年诞辰学术论文集），商务印书馆 2002 年版。

幺书仪：《中国古代文体丛书·戏曲》，人民文学出版社 1994 年版。

叶君远：《中国古代文体丛书·诗》，人民文学出版社 1994 年版。

尹恭弘：《中国古代文体丛书·骈文》，人民文学出版社 1994 年版。

袁济喜：《中国古代文体丛书·赋》，人民文学出版社 1994 年版。

袁行霈：《陶渊明集笺注》，中华书局 2003 年版。

袁行霈等主编：《高中语文》（必修一），人民教育出版社 2007 年版。

袁行霈等主编：《高中语文》（必修三），人民教育出版社 2007 年版。

张启成、徐达等译注：《文选》，中华书局 2019 年版。

中国社会科学院语言研究所古代汉语教研室编：《古代汉语虚词词典》，商务印书馆 1999 年版。

中国社会科学院语言研究所词典编辑室：《现代汉语词典（第 7 版）》，商务印书馆 2016 年版。

中华人民共和国教育部制定：《义务教育语文课程标准》，北京师范大学出版社 2022 年版。

朱冠明：《先秦至中古汉语语法演变研究》，中国社会科学出版社 2015 年版。

朱声琦等：《古代汉语使用教程》，江苏人民出版社 1998 年版。

（汉）许慎撰：《说文解字》，中华书局 1963 年版。

（汉）王符著，（清）汪继培笺，彭铎校正：《潜夫论笺校正》，中华书局 1985 年版。

（南朝·梁）萧统著，（唐）李善注：《文选》，上海古籍出版社 2019 年版。

（宋）陈彭年等：《宋本广韵》，江苏教育出版社 2005 年版。

（宋）朱熹：《四书集注》，岳麓书社 1987 年版。

（宋）朱熹：《诗集传》（卷一），上海古籍出版社 1980 年版。

（明）陈第著，康瑞琮点校：《毛诗古音考》，中华书局 1988 年版。

（清）段玉裁：《〈说文解字〉注》，浙江古籍出版社 1998 年版。

（清）阮元校刻：《十三经注疏·论语注疏》，中华书局 1980 年版。

（清）魏源：《诗比兴笺序》（《魏源全集》第 12 册），岳麓书社 2004 年版。

［日］太田辰：《中国语历史文法》，蒋绍愚、徐昌华译，北京大学出版社 2003 年版。

单篇论文

蔡淑美、施春宏：《比况复合词的词汇化和词法化》，《中国语文》2023 年第 6 期。

常志伟：《〈鸿门宴〉中"翼蔽沛公"句法结构辨正》，《语文学刊》2019 年第 3 期。

常志伟：《近体诗多音字的定音辨义探析》，《现代语文》2022 年第 1 期。

陈丽琴：《破体为记　范式独特——〈岳阳楼记〉的文体学意义》，《中学语文教学参考》2020 年第 9 期。

陈连庆：《〈管子·问篇〉的制作年代》，《社会科学辑刊》1988 年第 5 期。

陈明富：《东汉至宋代汉语相似比类形比句句式研究》，《南京理工大学学报》2011年第1期。

董秀芳：《古汉语中动名之间"于/於"的功能再认识》，《古汉语研究》2006年第2期。

方一新：《人教版高中课本文言文失误举例》，《浙江师范大学学报》2006年第6期。

冯赫：《论汉译佛经"何所"与"诸所"的源形式》，《东岳论丛》2014年第2期。

伏斐：《感悟文言不同文体教学方法的异同》，《湖北函授大学学报》2010年第1期。

黄晓惠：《现代汉语差比格式的来源及演变》，《中国语文》1992年第3期。

李国英：《异体字的定义与类型》，《北京师范大学学报》（社会科学版）2007年第3期。

李讷、石毓智：《汉语比较句嬗变的动因》，《世界汉语教学》1998年第3期。

李运富：《中学语文教材文言文注释应注意的几个问题》，《课程·教材·教法》2002年第11期。

刘世友：《"古文体教学小札"补记》，《中学语文教学参考》1994年第5期。

石锓：《论疑问词"何"的功能渗透》，《古汉语研究》1997年第4期。

王国彬：《中学文言文中的应用文体》，《中学语文教学参考》1994年第6期。

张华：《阅读教学设计要凸显文体特征》，《中学语文教学》2013年第12期。

张君平：《关注文体特征 感受文言之美——以〈阿房宫赋〉为例谈文言文教学内容的确定》，《语文学习》2014年第1期。

孙占华：《古诗词教学应凸显文体特征》，《汉字文化》2018年第15期。

赵彬：《从文体角度看中学阅读教学——以〈五柳先生传〉教学为例》，《西部学刊》2019年第6期。

王亚男：《中学语文教材中的古代曲体文学编选及教学启示》，《中学语文教学参考》2023 年第 5 期。

吴怀东：《陶渊明〈五柳先生传〉文体性质论》，《苏州教育学院学报》2024 年第 1 期。

王浩：《复音疑问代词"何所"凝固的过程、动因与机制》，《励耘语言学刊》2020 年第 1 辑。

汪维辉：《评新版中学语文课本文言文的注释》，《古汉语研究》1992 年第 3 期。

王锡丽：《"争渡"词义考辨》，《河北师范大学学报》（教育科学版）2008 年第 10 期。

王鑫、常志伟：《也说"咸来问讯"之"问讯"》，《中学语文教学参考》2015 年第 5 期。

许嘉璐：《中学课本文言文注释商榷》，《北京师范大学学报》1980 年第 6 期。

许嘉璐：《中学课本文言文注释商榷（续）——兼论注释学的研究》，《北京师范大学学报》1984 年第 3 期。

尹君：《关于"何所……"这一形式》，《古汉语研究》1989 年第 2 期。

张赪：《从汉语比较句看历时演变与共时地理分布的关系》，《语文研究》2005 年第 1 期。

张幼军：《〈道行般若经〉中"何所"的用法》，《古汉语研究》2004 年第 3 期。

张玉金：《介词"于"的起源》，《汉语学报》2009 年第 4 期。

张振羽：《"争"辨》，《语文建设》2006 年第 2 期。

仲崇山：《现代汉字字符切分的分离性原则和理据性原则》，《汉字文化》2009 年第 5 期。

学位论文

陈海燕：《部编本中学语文教材文言文注释研究》，硕士学位论文，重庆三峡学院，2020 年。

陈浩：《人教社课标版高中语文古诗文注释研究》，硕士学位论文，华东师范大学，2010 年。

范程鹏：《部编初中语文古诗词文体教学策略研究》，硕士学位论文，东华理工大学，2022年。

黄成叔：《部编版初中古代散文教学中的文体教学研究》，硕士学位论文，重庆师范大学，2021年。

尚善利：《语文版高中语文教材（必修）文言文注释研究》，硕士学位论文，海南师范大学，2015年。

王志营：《高中文言文文体教学研究》，硕士学位论文，河南大学，2015年。

许翠翠：《基于问题分类的中学文言文教学策略研究》，硕士学位论文，华中师范大学，2017年。

张琴：《部编版中学语文宋词教学研究》，硕士学位论文，贵州师范大学，2024年。

赵红艳：《基于文体特征的中学文言文教学研究》，硕士学位论文，青岛大学，2017年。